___/___/___

NAS FRONTEIRAS DA NOVA ERA: UMA LEITURA DAS OBRAS DE
MANOEL PHILOMENO DE MIRANDA
Copyright© EBM EDITORA

Editor: *Manu Mira Rama*
Coeditor: *Miguel de Jesus Sardano*
Supervisor editorial: *Tiago Minoru Kamei*
Revisão: *Lívia Schubert Coelho e Rosemarie Giudilli*
Projeto gráfico e diagramação: *Tiago Minoru Kamei*
Capa: *Ricardo Brito - Estúdio Design do Livro*

1ª edição - novembro de 2017 - 1.000 exemplares
2ª impressão - maio de 2018 - 1.000 exemplares
3ª impressão - abril de 2023 - 1.000 exemplares

Impressão: *Lis Gráfica e Editora Ltda*
Impresso no Brasil | Printed in Brazil

Dados Internacionais de Catalogação na Publicação (CIP)
(Câmara Brasileira do Livro, SP, Brasil)

Schubert, Suely Caldas

Nas fronteiras da Nova Era : uma leitura das obras de Manoel Philomeno de Miranda / Suely Caldas Schubert. -- 1. ed. -- Santo André, SP :

EBM Editora, 2017.

1. Espiritismo - Doutrinas 2. Espiritismo - Estudo 3. Miranda, Manoel Philomeno de, 1876-1942

I. Título.

13-07105   CDD–133.901

Índices para Catálogo Sistemático
1. Espiritismo : Doutrina espírita 133.901

ISBN: 978-85-64118-62-1

EBM EDITORA
Rua Doutor Albuquerque Lins, 152 - Centro - Santo André - SP
CEP: 09010-010 | Tel. 11 2866-6000
ebm@ebmeditora.com.br | www.ebmeditora.com.br

SUELY CALDAS SCHUBERT
Prefácio de Manoel P. Miranda

Nas fronteiras da
NOVA ERA

Uma leitura das obras de
Manoel Philomeno de Miranda

ebm
editora

SUMÁRIO

DEDICATÓRIA..........08

AGRADECIMENTOS..........09

PREFÁCIO DE MANOEL P. DE MIRANDA..........11

APRESENTAÇÃO..........15

PRÓLOGO - O GRANDIOSO PROJETO DA
TRANSIÇÃO PLANETÁRIA..........21

PRIMEIRA PARTE - TRANSIÇÃO PLANETÁRIA

CAPÍTULO 01 - NOVOS RUMOS..........35

CAPÍTULO 02 - O VISITANTE ESPECIAL..........38

CAPÍTULO 03 - A MENSAGEM-REVELAÇÃO..........49

CAPÍTULO 04 - ROTEIROS TERRESTRES..........74

CAPÍTULO 05 - NOVAS EXPERIÊNCIAS..........81

CAPÍTULO 06 - O SERVIÇO DE ILUMINAÇÃO..........88

CAPÍTULO 07 - O AMOR COMO FORÇA DIVINA........95

CAPÍTULO 08 - SOCORROS INESPERADOS..........100

CAPÍTULO 09 - DESAFIOS EXISTENCIAIS..........105

CAPÍTULO 10 - LIÇÕES DE ALTA MAGNITUDE........112

CAPÍTULO 11 - APRENDIZAGEM CONSTANTE........120

CAPÍTULO 12 - A VIDA RESPONDE CONFORME
PROGRAMADA..........129

Capítulo 13 - Conquistando o tempo malbaratado..........139

Capítulo 14 - Diretrizes para o futuro..........152

Capítulo 15 - Experiências iluminativas..........163

Capítulo 16 - Programações reencarnacionistas..........176

Capítulo 17 - Ampliando o campo de trabalho..........192

Capítulo 18 - Reflexões e diálogos profundos..........213

Capítulo 19 - Preparação para o armagedom espiritual..........227

Capítulo 20 - O enfrentamento com a treva..........235

Capítulo 21 - As batalhas difíceis..........251

Capítulo 22 - Preparativos para a conclusão do labor..........262

Segunda parte - Amanhecer de uma nova era

Capítulo 01 - Responsabilidades novas..........270

Capítulo 02 - Programação de alto significado espiritual..........277

Capítulo 03 - Planejamento de atividades espirituais..........287

Capítulo 04 - Atividades abençoadas..........294

Capítulo 05 - Procedimentos libertadores......302

Capítulo 06 - O socorro prossegue.........311

Capítulo 07 - O amor nunca põe limites........320

Capítulo 08 - Aprofundando os conhecimentos.........334

Capítulo 09 - O grande desafio.........344

Capítulo 10 - O enfrentamento com a treva.........353

Capítulo 11 - As atividades prosseguem luminosas.........369

Capítulo 12 - As lutas recrudescem.........383

Capítulo 13 - Atendimento coletivo.........396

Capítulo 14 - Elucidações preciosas e indispensáveis.........413

Capítulo 15 - Intervenção oportuna.........426

Capítulo 16 - Durante a grande transição planetária.........438

Capítulo 17 - Últimas atividades.........455

Capítulo 18 - Labores finais e despedidas.........467

Conclusão - O amanhecer da nova era.........476

DEDICATÓRIA

PARA O QUERIDO AMIGO Manoel Philomeno de Miranda, autor espiritual dos dois livros que estou comentando, pelo ensejo de aprofundar o meu olhar sobre o universo de seu pensamento, sempre lúcido, elegante e que, principalmente, nos edifica, dedico esse meu trabalho. Nele procuro enaltecer o que o autor transmite nessas páginas de real importância que nos remetem ao planeta regenerado do porvir.

Igualmente estendo essa dedicatória ao médium que psicografou as duas importantes obras citadas, nosso querido amigo Divaldo Franco. A você, Divaldo, que já vive NAS FRONTEIRAS DA NOVA ERA, pelos anos de nossa amizade, que fez resplender de bênçãos a minha trajetória nessa reencarnação.

Aos dois benfeitores, o preito do meu reconhecimento e do meu amor.

Suely Caldas Schubert

AGRADECIMENTOS

AO QUERIDO E INESQUECÍVEL amigo Hermínio Miranda, que retornou ao Lar espiritual, deixando para todos nós, seus leitores, seus admiradores, seus alunos, como eu mesma me considero, livros notáveis que exalam o perfume de sua alma nobre e feliz. A ele o preito da minha gratidão e amor.

Não posso deixar de mencionar, uma vez mais, os queridos amigos que, ao longo dos anos, estão sempre presentes a enriquecerem os meus dias, com nossas reuniões, nossas conversas, a quem devo o estímulo para a jornada terrena: Abigail Magalhães, Sílvio Magalhães, Consolação Muanis, Trindade do Nascimento, Lucy Ramos, Cleber Mauricio Gonçalves, Lenise Gonçalves, Marcia Leitão, Vitor Ferraz, Fernando Mendes, Sonia Mauad, Carla Lanna; e aos novos que estão chegando: Lucia Freitas, Adriano Genovez, Ana Paula Bartholomeu, Marcos Pita.

Lembro aqui, com gratidão e afeto, a querida amiga Glória Guimarães Caribé, de São Bernardo do Campo, em cujo lar, recanto abençoado pleno de beleza natural e verdadeiro "Santuário do Amor", recebo as melhores vibrações de paz e alegria, por ela cultivadas.

Ao amigo muito querido, Edson Lorenzini, exemplo de trabalho para Jesus, a reconfortar os sofrimentos humanos cuja amizade é, para mim, valioso convívio que reconforta os meus dias.

Ressalto a afetuosa presença dos queridos amigos Miguel Sardano e Terezinha Sardano, exemplos de verdadeiros espíritas, por esses anos de nossa amizade.

Tive a especial colaboração da querida amiga Nivalda Stefens, na perfeita digitação de trechos importantes de Manoel Philomeno de Miranda, que adiantaram em muito o meu trabalho.

Ao querido amigo Décio Norberto Gomes, por nossas conversas extremamente enriquecedoras, que muitas vezes nos levaram a aprofundar textos da Codificação, enquanto consultávamos obras diversas, garimpando ideias.

Tenho a alegria de contar com os queridos amigos Ângela Eveline Santos, Lucas Milagre, Ademir Mendes e Regina, Julio e Gina Biondo.

Ao amigo Ricardo Pinfild que, ao dirigir a "Candeia" (Organizações Candeia) também ilumina vidas, na vivência da fraternidade, a expressão do meu reconhecimento.

Especial menção ao meu querido sobrinho, Luciano Caldas Camerino e à minha querida irmã Mariana Caldas Camerino, pela presença afetuosa nesse caminho que trilhamos.

Estreitando os laços de família, tenho a alegria de contar com minha querida irmã Maria Lúcia, exemplo de perseverança e trabalho, além de amiga carinhosa.

Aos meus filhos e netos e à minha pequena bisneta Alice, agradeço o ensejo que Deus me concedeu de formar com eles a nossa amada família.

Recordo-me, por fim, das presenças amorosas, delicadas e suaves dos queridos Benfeitores Espirituais, que são fonte perene de luz e amor em minha vida, aos quais agradeço diariamente pela caridosa paciência com que relevam minhas poucas luzes.

PREFÁCIO

MANOEL PHILOMENO DE MIRANDA
NAS FRONTEIRAS DA NOVA ERA

DIANTE DOS ACONTECIMENTOS que demonstram a realidade da transição planetária, facultando o amanhecer de uma nova era, confirma-se o destino glorioso que está reservado à Terra, na sua próxima fase de mundo de regeneração.

O crescimento da violência e os distúrbios de toda ordem, que dão lugar às crises que assolam as nações, caracterizam os anúncios de mudanças inevitáveis no processo de desenvolvimento intelecto-moral dos homens e mulheres convidados às mudanças de comportamento para melhor, única alternativa para a conquista do bem-estar que todos anelam.

Os fenômenos sísmicos que estarrecem e as condutas morais que aturdem ampliam o desespero que toma conta das criaturas humanas aterrorizadas com as enfermidades degenerativas e os angustiantes transtornos psicológicos que se avolumam, não permitindo fruir-se a decantada paz que seria conquistada pelos valores amoedados ou pelas projeções sociais, no teatro físico, rico de ilusões e pobre de conquistas transcendentais.

Os estudiosos dos vários ramos da cultura psicológica, sociológica, religiosa, ética, política e econômica estabelecem programas para solucionar os gigantescos problemas que to-mam conta da sociedade, e embora as boas intenções e esforços hercúleos, logo comprovam a sua ineficácia.

Na voluptuosa viagem para fora, assim também na sôfrega ânsia do prazer, o ser humano abandonou o legítimo significado existencial — o enriquecimento interior em favor da própria imortalidade — para ater-se ao hedonismo ilusório, procurando esquecer a transitoriedade do envoltório carnal, atribuindo-lhe equivocada perenidade.

As indústrias do prazer e os veículos de entretenimento construíram os mitos da felicidade inexaurível, apaixonando e arrastando os seus sectários para a luxúria, as fantasias exageradas, de modo que não ficasse tempo para a reflexão nem para o despertamento da realidade que são considerados terríveis adversários. Tudo fazem para manter os seus adeptos fascinados e vencidos pelos vapores do prazer, olvidando do milagre do tempo que a tudo vence no mundo...

A disputa insana pelas posições de relevo, pelos minutos de holofotes e pelo poder a qualquer custa, enlouquece as massas que se arrogam o direito de desfrutá-los em longo prazo... Nada obstante, o tédio, o cansaço, o vazio existencial aparecem dominadores e as soluções habituais, mediante a fuga pela drogadição, pelo alcoolismo, não impedem que se instale a depressão devastadora...

Simultaneamente, as obsessões apresentam índices jamais alcançados de vítimas que lhes tombam nas malhas, aturdindo os especialistas em saúde mental, que não estão preparados para o grande enfrentamento com a imortalidade e a comunicabilidade dos Espíritos.

Tais ocorrências, no entanto, são frutos espúrios da ausência do sentido espiritual na existência humana, que foi relegado a plano secundário ou propositalmente abandonado pelo fetiche do materialismo.

Concomitantemente, porém, novos valores surgem e chamam a atenção, uma geração nova desperta as mentes adormecidas para avaliação do significado da vida terrestre, apresentando uma ética vazada no que o filósofo alemão Immanuel Kant denominou de conduta correta, que está exarada no Evangelho de Jesus, conforme os sublimes postulados do amor.

Reencarnam-se em toda parte no Planeta tumultuado Espíritos missionários encarregados de apressar os acontecimentos, a fim de que se instale nas mentes e nos corações o Reino de Deus ou o estado de plenitude.

♦ ♦ ♦

A nossa querida consóror Suely Caldas Schubert, portadora de alta sensibilidade parapsíquica e inspirada escritora, amadurecida psicológica e moralmente pelas expressivas experiências no serviço de socorro aos sofredores de ambos os planos da vida, reflexionando em torno das nossas propostas nos dois livros de nossa lavra mediúnica[1], que deram origem à presente obra, penetrou em profundidade a sonda das análises felizes em torno do nosso pensamento e apresenta-nos o seu trabalho valioso, que nos merece grande respeito e consideração.

Médium portadora de peregrinas faculdades, dedicada à lavoura de Jesus, depois de percorrer caminhos desafiadores na divulgação dos postulados espíritas e vivenciá-los, além

---

[1] *Os dois livros são:* **TRANSIÇÃO PLANETÁRIA** e **AMANHECER DE UMA NOVA ERA,** *psicografados pelo médium Divaldo Pereira Franco. Nota do autor espiritual.*

das próprias conclusões foi inspirada por nós outro em algumas das reflexões que se encontram exaradas neste livro.

Esperamos que os caros leitores desculpem-nos a nós ambos, neste esforço conjunto de apresentar informações em torno destes dias que demarcam as fronteiras da nova era, se não conseguimos ser mais claros e eficientes.

A todos augurando a conquista do equilíbrio e da alegria de viver mediante as ações dignificantes, somos o servidor devotado,

Manoel Philomeno de Miranda.

Salvador, 16 de junho de 2013.

(Página psicografada pelo médium Divaldo Pereira Franco, na Mansão do Caminho, em Salvador, Bahia).

APRESENTAÇÃO

ESTAMOS VIVENDO o amanhecer de um novo tempo. A transição planetária, ora em curso, impele-nos a uma tomada de consciência acerca dessa mudança jamais vista pela Humanidade. Abrem-se as comportas mentais para a absorção das novas ideias que gradualmente se impõem e uma interação de alta magnitude está ocorrendo entre os dois mundos: o mundo das causas e o mundo dos efeitos. Há um anúncio geral em toda parte para que se conheça a realidade transcendental que impera no ser humano.

Allan Kardec, o missionário da Terceira Revelação, penetrando "os mistérios peregrinos", os mistérios dos destinos humanos, possibilitou, graças à Doutrina Espírita, um novo olhar acerca da vida, transcendendo assim os parâmetros que norteiam o plano material, para alcançar esse insondável e estranho mundo interior, pouco perscrutado, ignorado, cuja descoberta só muito gradualmente se faz, porém, quem chega nesse passo decisivo também descobre que o despertar é sofrido e requer esforço e persistência, mesmo que na expectativa do belo e da alegria de vencer a si mesmo, que aos poucos cresce como um radioso amanhecer, vencidas as trevas da "noite escura da alma".

Assim, Manoel Philomeno de Miranda, na vanguarda do tempo propõe, nas duas notáveis obras que estou comentando neste livro, **TRANSIÇÃO PLANETÁRIA** (Leal, 2010) e **AMANHECER DE UMA NOVA ERA**

(Leal, 2012) ditadas ao médium Divaldo Pereira Franco, um novo pensar sobre a transcendente realidade que expressa o verdadeiro sentido da vida terrena e sua ligação com a vida espiritual, que se interpenetram quando da volta do Espírito à vida corporal, no âmbito do processo evolutivo.

Importa considerar que não tratamos aqui de duas obras de ficção ou romanceadas, nem que estejam deslocadas do contexto de uma programação superior, trazendo um tema espetacular, atraente. Sabemos que a atual reencarnação de Divaldo Pereira Franco, o médium que as psicografou, traz uma programação, estabelecida no plano espiritual, em perfeita sintonia com sua Mentora Joanna de Ângelis, de acordo com as várias frentes de trabalho que se abririam para ele e que seriam sustentadas pela mediunidade, que o conectaria desde cedo, com Espíritos também integrantes do mesmo projeto. Uma análise mais detalhada do labor missionário do médium baiano reflete um projeto, perfeitamente articulado, em abrangência de realizações concretizadas à custa de disciplina férrea e persistência edificante, alicerçada sempre no evangelho do Cristo, a quem serve desde épocas remotas, agora à luz meridiana do Espiritismo.

Os livros em questão, portanto, despertam a atenção porque abrem perspectiva totalmente luminosa quanto ao grande momento de transição que todos nós habitantes de planeta estamos enfrentando, ao tempo em que refutam a ideia de que o mundo vai acabar neste ou naquele dia, como também evidenciam a misericórdia do Pai do Céu, que se manifesta em quaisquer circunstâncias na vida de todas as criaturas, sem preferência por tal e qual religião, raça, sexo, posição social, pois a justiça divina é equânime e perfeita.

Esta é uma realidade extremamente bela, que nos leva a perceber, afinal, que *tudo está em tudo* (**O Livro dos Espíritos**, q.33), ampliando a expansão do pensamento e propelindo-nos, enquanto Humanidade, às fronteiras do Universo. Esta a visão da rede cósmica, na qual tudo e todos estamos inseridos.

Desde os tempos imemoriais os Espíritos se fazem presente, de diferentes maneiras e formas, dando ao ser humano a certeza de que a morte não existe, de que ele é imortal e que a vida na Terra nada mais é do que um interregno, importante sim, para a evolução do Espírito; porém, a nossa pátria de origem é o plano espiritual.

Este é, portanto, um livro diferente, caros leitores. Nele estou comentando dois livros muito importantes e especiais, acima citados, os quais merecem reflexões profundas, que suscitam abertura de consciência e que desvendam perspectivas ilimitadas para os que se inteiram de seus conteúdos. Este é o tempo em que o pensamento mágico, aos poucos amadurecido, se transforma em algo concreto, livre das peias dogmáticas, para penetrar na cosmovisão das verdades eternas.

Com este propósito, buscando uma abordagem didática, dividi este livro em duas partes, facilitando apreensão dos assuntos que, afinal, tratam do atualíssimo e fascinante tema da transição planetária, quando a Terra, livre do estigma de provas e expiações e vencidas as sombras das noites milenares, irá aconchegar no seu imo a nova Humanidade regenerada, iluminada pela claridade de um tempo sem fim.

Vale ressaltar que o segundo livro, **AMANHECER DE UMA NOVA ERA,** do querido amigo espiritual Philomeno de Miranda, desdobra e complementa a obra

TRANSIÇÃO PLANETÁRIA, que ele ditou em primeiro lugar, na psicografia do médium baiano.

Ao se projetar uma visão global das duas obras, resplende em todas as páginas a Providência Divina a prodigalizar inúmeros recursos a fim de amparar a todas as criaturas, em uma programação na qual o amor se desdobra para cada uma em particular. Assim podem ser observados os cuidados do Plano Espiritual Superior, sempre atento às necessidades e sofrimentos humanos, em constante busca para minorá-los.

Nesta perspectiva, enviados do mais Alto empenham-se em socorrer os que foram atingidos pelo tsunami, quando desencarnaram mais de 200 mil pessoas visando, em especial, libertar os Espíritos presos aos despojos carnais, ao tempo em que eram despertados face à própria condição espiritual. Por outro lado, preparam com extremo zelo e carinho o processo reencarnatório dos Espíritos provenientes de outra morada, a longínqua estrela Alcíone, com o elevado objetivo de auxiliarem o progresso do planeta Terra.

É relatada, pelo autor, a dedicação dos Benfeitores da Vida Maior a fim de atenderem às Sociedades Espíritas que estão sendo alvo do ataque de Espíritos inferiores, interessados em impedir a divulgação e o avanço das diretrizes libertadoras da Doutrina. Tais entidades vêm tentando desestruturar algumas Casas Espíritas, por meio de assédios aos diretores e trabalhadores, os quais gradualmente obsidiam, a fim de alcançarem seus propósitos nefastos. Um momento de grande impacto na obra é a presença de um ex-rabino e seus asseclas, quando do enfrentamento com as trevas, finalmente resgatando-os para as claridades redentoras de uma nova vida.

Na parte final é apresentada, com detalhes, a visão espiritual de uma "cracolândia". Passagens belas e comoventes desfilam nas páginas das duas obras, entre as quais pontuam as presenças de Francisco de Assis, de Bezerra de Menezes e outros benfeitores da Espiritualidade Maior.

No Prólogo apresento o "Grandioso Projeto da Transição Planetária", evidenciando que as duas obras estão plenamente fundamentadas nas sólidas bases doutrinárias, consideradas sob todos os aspectos, o que dará ao leitor e à leitora a garantia de credibilidade, como convém às obras espíritas e como recomenda o ilustre Codificador Allan Kardec, quando aconselha a que sejam submetidas ao controle da universalidade do ensino dos Espíritos e da concordância que deve existir entre eles, seja qual for o nome daquele que a ditou.

Apraz-nos constatar a impressionante sequência e correlações encontradas desde as mais antigas revelações, relacionadas com a grande transformação que o globo terrestre iria vivenciar, quando chegassem os tempos preditos. O Espiritismo, aclarando as profecias e possibilitando aberturas mentais significativas demonstra, com especial raciocínio, que a Terra passará de mundo de provas e expiações para mundo de regeneração, quando se instalarão em nosso orbe os paradigmas da justiça, do dever, da ordem e do amor.

Portanto, estimados leitores e leitoras, esta é uma viagem que remete o pensamento às fronteiras da Nova Era.

Sejam felizes!

Juiz de Fora (MG), outono de 2013.

PRÓLOGO
O GRANDIOSO PROJETO DA TRANSIÇÃO PLANETÁRIA

SÃO CHEGADOS OS tempos, dizem-nos de todas as partes, marcados por Deus, em que grandes acontecimentos se vão dar para a regeneração da Humanidade. (**A Gênese,** cap. 18 it. 1 – Feb, 41 ed. 2002).

♦♦♦

Desde eras imemoriais sempre se ouviu falar em uma grande transição, em um tempo em que tudo se transformaria e que o planeta Terra passaria por uma enorme mudança para melhor. Catástrofes e terríveis tragédias foram vaticinadas para que houvesse, a partir desses flagelos, as condições para a mudança decisiva.

Mas, como se daria esse acontecimento? Quando começaria? Como se poderia detectar que a transição estaria ocorrendo? De onde viriam Espíritos nobres para auxiliarem o progresso do globo terrestre? Como reencarnariam? Quem seriam os pais? Que preparações seriam necessárias para a concretização de um projeto de tal magnitude? Jesus profetizou isto?

A Bíblia registra que antes de Jesus os profetas Isaias, Enoch e outros anunciavam as tribulações que dariam lugar a um novo mundo. Também o Calendário Maia prevê graves acontecimentos em todo o orbe, embora não o fim do mundo, como muitos o entendem. Outro profeta que se tornou célebre, Nostradamus, assinala que eventos dolorosos se abateriam sobre os seres humanos, caso estes prosseguissem em sua conduta de devassidão, de insanidade e desequilíbrio.

Jesus, como Governador Espiritual do planeta, legou-nos profecias que somente agora, com a chave interpretativa do Espiritismo, estão sendo desvendadas com mais clareza. Os evangelistas Mateus (caps. 24 e 25), Marcos (cap.13) e Lucas (21:5-36) registram o sermão profético, as palavras que Ele proferiu para que, nos tempos vindouros, pudessem ser apreendidas em sua profundidade. João evangelista no seu memorável Apocalipse, igualmente confirma as revelações do Mestre, levando-nos a entender que estamos hoje em plena transição anunciada.

Em importante página intitulada "Para os montes" (**Caminho, Verdade e Vida,** Feb, 1948 c. 140), Emmanuel comenta o versículo registrado por Mateus: *Então os que estiverem na Judéia, fujam para os montes* (Mt: 24,16).

> *Referindo-se aos instantes dolorosos que assinalariam a renovação planetária, aconselhou o Mestre aos que estiverem na Judéia procurar os montes. A advertência é profunda, porque, pelo termo 'Judéia', devemos tomar a 'região espiritual' de quantos, pelas aspirações íntimas, se aproximam do Mestre para a suprema iluminação.*

Prosseguindo em seus brilhantes comentários, Emmanuel traça, com a acuidade que lhe é peculiar, o panorama terreno. Deve-se levar em conta que o autor espiritual escreve no ano de 1948, porém é como se estivesse relatando, àquela época, o que estamos vivendo atualmente em todos os quadrantes do planeta, o que atesta uma visão ampla e profunda do que já se delineava no horizonte da Humanidade.

Observemos como ele explana.

> *Em todos os recantos estabelecem-se lutas e ruínas. Venenos mortíferos são inoculados pela política inconsciente nas massas populares. A baixada está repleta de nevoeiros tremendos. Os lugares santos permanecem cheios de trevas abomináveis. Alguns homens caminham ao sinistro clarão de incêndios. Aduba-se o chão com sangue e lágrimas, para a semeadura do porvir.*

Vale interromper o relato de Emmanuel e refletir em torno de tão impressionante trecho, que é tal qual uma profecia relacionada com os tempos atuais. Ao leitor e à leitora é fácil reconhecer retratado, com tintas fortes, como convém e é exatamente assim, o cenário mundial. Venenos mortíferos, nevoeiros tremendos, trevas abomináveis – resultantes das loucuras e perversidades humanas; promovendo guerras fraticidas, e em meio aos escombros e ruínas caminham os que se comprazem com a dor alheia, direcionados todos por Espíritos das trevas que tentam impedir o progresso.

Emmanuel alerta para a questão da mudança vibratória, ou seja, elevar-se através das ideias e ideais superiores. E finaliza:

> *É chegado o instante de se retirarem os que permanecem na Judéia para os 'montes' das ideias superiores. É indispensável manter-se o discípulo do bem nas alturas espirituais, sem abandonar a cooperação elevada que o Senhor exemplificou na Terra; que aí consolide a sua posição de colaborador fiel, invencível na paz e na esperança, convicto de que, após a passagem dos homens da perturbação, portadores de destroços e lágrimas, são os filhos do trabalho que semeiam a alegria, de novo, e reconstroem o edifício da vida.*

É interessante notar, nessas considerações que estou apresentando na abertura deste livro, que as várias obras e textos selecionados tratam do tema transição planetária em diferentes épocas, mas todos com absoluta e precisa continuidade, em um desdobramento de ideias de elevadíssimo teor, que evidenciam uma programação espiritual elaborada pelo próprio Cristo e que, somente aos poucos, tomamos conhecimento. Tudo tem, portanto, o momento certo.

Façamos agora uma digressão.

Oportuno consultar o texto evangélico onde está inserido o versículo acima, comentado por Emmanuel. Para tanto recorremos à obra **O Novo Testamento**, tradução de Haroldo Dutra Dias (Cei, 2010).

Os capítulos 24 e 25 de Mateus são intitulados "O sermão profético" e abrangem o discurso de Jesus denominado "Grandes tribulações", também registrado em Marcos e Lucas acima mencionados. Recomendamos aos prezados leitores e leitoras que consultem os evangelistas citados, para mais compreensão do que estou abordando.

O Mestre faz uma grave profecia referindo-se às tribulações que assolarão os seres humanos, no momento previsto por Ele; fala de dores de parto e menciona ser esse o tempo de vigilância; por fim enfatiza a separação entre os que herdarão a Terra e os que não mais poderão permanecer – nas expressões próprias da época, serão expulsos para o inferno. O sermão profético é longo e é imprescindível atentarmos para o fato que foi proferido há dois mil anos, por Aquele que é o Governador Espiritual do planeta, o tipo mais perfeito que Deus enviou à Humanidade para servir de guia e modelo para todas as criaturas humanas. (**O Livro dos Espíritos**, Feb, 2006. Trad. Evandro Noleto Bezerra, ed. Comemorativa, p. 625).

A questão da renovação planetária mereceu do Codificador uma pergunta que, pela sua importância, ele coloca como a última, a 1019 de **O Livro dos Espíritos,** pois que ela enfeixa brilhantemente tudo o que foi apresentado pelos Espíritos que assinam a obra. Esta questão trata do reinado do bem.

A resposta vem do Espírito São Luiz.

O bem reinará na Terra quando entre os Espíritos que a vêm habitar, os bons predominarem, porque, então, farão que aí reinem o amor e a justiça, fonte do bem e da felicidade. É pelo progresso moral e pela prática das leis de Deus que o homem atrairá para a Terra os bons Espíritos e dela afastará os maus.

Predita foi a transformação da Humanidade e vos avizinhais do momento em que se dará (...) Essa transformação se verificará por meio da encarnação de Espíritos melhores, que constituirão na Terra uma geração nova. Então, os Espíritos dos maus, que a morte vai ceifando dia a dia, e todos os que tentem deter a marcha das coisas serão daí excluídos, pois que viriam a estar deslocados entre os homens de bem, cuja felicidade perturbariam. **Irão para mundos novos, menos adiantados, desempenhar missões penosas, trabalhando pelo seu próprio adiantamento, ao mesmo tempo que trabalham pelo de seus irmãos ainda mais atrasados.** (grifo nosso)

O tema será retomado por Kardec, trazendo novas considerações, em **A Gênese**, no cap. XVIII, cujo título é "São chegados os tempos", com os itens *Sinais dos tempos* e *A geração nova*.

Afirma o Codificador que o nosso globo, *(...) como tudo o que existe está submetido à lei do progresso.*

Ele progride fisicamente pela transformação dos elementos que o compõem e, moralmente pela depuração dos Espíritos encarnados e desencarnados que o povoam. Ambos esses progressos se realizam paralelamente, porquanto o melhoramento da habitação guarda relação com o habitante (C. 18 it. 2).

(...) Nestes tempos, porém, não se trata de uma mudança parcial, de uma renovação limitada a certa região, ou a um povo, a uma raça. Trata-se de um movimento universal, a operar-se no sentido do progresso moral. Uma nova ordem de coisas tende a estabelecer-se, e os homens, que mais opostos lhe são, para ela trabalham a seu mau grado. A geração futura, desembaraçada das escórias do velho mundo e formada de elementos mais depurados, se achará possuída de ideias e de sentimentos muito diversos dos da geração presente, que se vai a passos de gigante (...).

Quanto mais se avança, tanto mais se sente o que falta, sem que, entretanto, se possa ainda definir claramente o que seja: é isso efeito do trabalho íntimo que se opera em prol da regeneração. Surgem desejos, aspirações, que são como que o pressentimento de um estado melhor. Mas uma mudança tão radical como a que se está elaborando não pode realizar-se sem comoções. Há inevitavelmente luta de ideias. Hoje não são mais as entranhas do planeta que se agitam: são as da Humanidade (...). Para que na Terra sejam felizes os homens, preciso é que somente a povoem Espíritos bons, encarnados e desencarnados, que somente ao bem se dediquem. Havendo chegado o tempo, grande emigração se verifica dos que a habitam: a dos que praticam o mal pelo mal, ainda não tocados pelo sentimento do bem, os quais, já não são dignos do planeta transformado, serão excluídos, porque, senão, lhe ocasionariam de novo perturbação e confusão e constituiriam obstáculo ao progresso. Irão expiar o endurecimento de seus corações, uns em mundos inferiores, outros em raças terrestres ainda atrasadas, equivalentes a mundos daquela ordem, aos quais levarão os conhecimentos que hajam adquirido, tendo por missão fazê-las avançar. Substituí-los-ão Espíritos melhores, que farão reinem em seu seio a justiça, a paz e a fraternidade (...). Tudo, pois, se processará exteriormente, como sói acontecer, com a única, mas capital diferença de que uma parte dos Espíritos que encarnavam na Terra aí não mais tornarão a encarnar. **Em cada criança que nascer, em vez de um Espírito atrasado e inclinado ao mal, que antes nela encarnaria, virá um Espírito mais adiantado e propenso ao bem** (G its. 06,07,27).

Nessa altura é mais que oportuno citar uma das afirmativas de Jesus, inserta no extraordinário **Sermão da Montanha**, quando Ele proclama acerca das bem-aventuranças:

Bem-aventurados os mansos, porque eles herdarão a Terra (Mt: 5-5). Nada mais claro que essa afirmativa do Mestre, em alusão à transição planetária, ora em pleno curso. Herdarão a Terra os bons, os pacíficos, os propensos ao Bem; herdarão a Terra os que estiverem em sintonia vibratória superior.

Em seguida observemos o comovente relato de Emmanuel, no livro **Há dois mil anos**, psicografado por Chico Xavier em 1939. O autor espiritual registra no capítulo VI, da segunda parte, intitulado "Alvoradas do Reino do Senhor", o momento em que Jesus vai ao encontro de um grupo de mártires, sacrificado no circo romano. Dentre eles está Lívia, que fora esposa do senador Públio Lentulus.

O Mestre dirige-se a eles, como nos tempos de suas inesquecíveis pregações *junto às águas tranquilas do pequeno 'mar' da Galileia.*

A certa altura diz Jesus:

> *(...) O Evangelho floresce, agora, como a seara imortal e inesgotável das bênçãos divinas. Não descansemos, contudo, meus amados, porque tempo virá na Terra, em que todas as suas lições hão de ser espezinhadas e esquecidas (...).*
>
> *Quando se verificar este eclipse da evolução de meus ensinamentos, nem por isso deixarei de amar intensamente o rebanho das minhas ovelhas tresmalhadas do aprisco! (...).*
>
> *Quando a escuridão se fizer mais profunda nos corações da Terra, determinando a utilização de todos os progressos humanos para o extermínio, para a miséria e para a morte, derramarei minha luz sobre a carne **e todos os que vibrarem com o meu reino e confiarem nas minhas promessas, ouvirão as nossas vozes e apelos santificadores!... Pela sabedoria e pela verdade, dentro das suaves revelações do Consolador, meu verbo se manifestará novamente no mundo, para as criaturas desnorteadas no caminho escabroso, através de vossas lições, que se perpetuarão nas páginas imensas dos séculos do porvir!...***

Analisemos este trecho acima.

Jesus afirma, há dois mil anos, que o Evangelho

àquela época está florescendo e que representa a seara inesgotável das bênçãos divinas, mas logo em seguida, penetrando nos arcanos do futuro, antevê a trajetória da Humanidade, e que os Seus ensinamentos seriam **espezinhados e esquecidos.** Seriam desprezados, descartados, como se viu atualmente um pastor dizer na TV, perante milhares de pessoas, que tudo o que Jesus pregou e exemplificou só Ele conseguiu vivenciar, que ninguém mais terá condições de imitá-lo.

O parágrafo seguinte é importantíssimo. Jesus menciona a escuridão que inundaria os sentimentos humanos, que seria decorrente da utilização de todas as conquistas humanas, de todos os progressos alcançados para o extermínio, para a miséria e a morte – como assistimos em nossos dias, estarrecidos, os crimes hediondos, as poderosas e inimagináveis armas de guerra ceifando vidas de um país contra o outro, de uma facção contra outra, de um indivíduo contra outro. Mas o Cristo permanece abarcando a todas as criaturas no Seu amor, **derramando Sua luz sobre a carne,** alusão à mediunidade (*E nos últimos dias acontecerá, diz o Senhor, derramarei do meu espírito sobre toda a carne.* Atos: 2,16-18) e acrescenta um impressionante alerta – **e todos os que vibrarem com o meu reino e confiarem nas minhas promessas ouvirão as nossas vozes e apelos santificadores!**

Como Jesus proclamou o Reino de Deus! Em todo o Evangelho Ele convida a encontrarmos o reino especial. Esse reino que está dentro de cada ser humano, de cada Espírito. Porque descobrir o reino interior, esse estado consciencial, desperto, e cultivá-lo, leva a criatura a uma vibração especial, a um padrão vibratório que a distingue entre os demais. Para herdar a Terra é imprescindível o passaporte do Bem e da Paz, que vibra em voltagem superior, a fim de ser reconhecido e admitido como cidadão da Era Nova.

Prossegue Emmanuel:

Sim! Amados meus, porque o dia chegará no qual todas as mentiras humanas hão de ser confundidas pela claridade das revelações do céu. Um sopro poderoso de verdade e vida varrerá toda a Terra, que pagará, então, à evolução dos seus institutos, os mais pesados tributos de sofrimento e de sangue... ***Exausto de receber os fluidos venenosos da ignomínia e da iniquidade de seus habitantes, o próprio planeta protestará contra a impenitência dos homens, rasgando as entranhas em dolorosos cataclismos...*** *As impiedades terrestres formarão pesadas nuvens de dor que rebentarão, no instante oportuno, em tempestades de lágrimas na face escura da Terra e, então das claridades da minha misericórdia, contemplarei meu rebanho desditoso e direi como os meus emissários: 'Ó Jerusalém, Jerusalém'!...*
Mas Nosso Pai, que é a sagrada expressão de todo o amor e de toda a sabedoria, não quer que se perca uma só de suas criaturas, transviadas nas tenebrosas sendas da impiedade!...
Trabalharemos com amor, na oficina dos séculos por vindouros, reorganizaremos todos os elementos destruídos, examinaremos detidamente todas as ruínas buscando o material passível de novo aproveitamento e, quando as instituições terrestres reajustarem a sua vida na fraternidade e no bem, na paz e na justiça, ***depois da seleção natural dos Espíritos e dentro das convulsões renovado-***

ras da vida planetária, organizaremos para o mundo um novo ciclo evolutivo, consolidando, com as divinas verdades do Consolador, os progressos definitivos do homem espiritual.

Emmanuel acrescenta que o Mestre, terminando a exposição de **suas profecias augustas**, elevou-se às Alturas, enquanto um oceano de luz azulada se derramava sobre todos. (grifos nossos)

◆ ◆ ◆

As vozes dos Invisíveis ecoam de todos os lados, alertando a Humanidade para uma realidade maior, que transcende os aspectos vulgares, negativos, insensatos e desequilibrados que a maioria cultiva, como se não houvesse mais nada a ser considerado senão atender aos instintos que hoje predominam nas alienadas condutas de grande parte das criaturas. Há que se considerar a agravante de que milhões de indivíduos se proclamam cristãos, embora não encontremos o Cristo nesse Cristianismo que dizem seguir. Quão distante está o Mestre dessa corrida desenfreada que a quase todos contagia!

Entre as vozes dos Espíritos orientadores da Humanidade ressalta a da benfeitora Joanna de Ângelis, da qual transcrevemos o texto a seguir:

Opera-se na Terra, neste largo período, a grande transição anunciada pelas Escrituras e confirmada pelo Espiritismo. O planeta sofrido experimenta convulsões especiais, tanto na sua estrutura física e atmosférica, ajustando as suas diversas camadas tectônicas, quanto na sua constituição moral.

Isto porque, os espíritos que o habitam, ainda estagiando em faixas de inferioridade, estão sendo substituídos por outros mais elevados que o impulsionarão pelas trilhas do progresso moral, dando lugar a uma era nova de paz e de felicidade (...).

Por outro lado, aqueles que permaneceram nas regiões mais infelizes estão sendo trazidos à reencarnação, de modo a desfrutarem da oportunidade de trabalho e aprendizado, modificando os hábitos desditosos, a que se têm submetido, podendo avançar sob a governança de Deus.

(...) Da mesma forma, missionários do amor e da caridade, procedentes de outras Esferas, estarão revestindo-se da indumentária carnal, para tornar esta fase da luta iluminativa mais amena, proporcionando condições dignificantes que estimulem ao avanço e à felicidade (...).

(...) A melhor maneira, portanto, de compartilhar conscientemente da grande transição é através da consciência de responsabilidade pessoal, realizando as mudanças íntimas que se tornem próprias para a harmonia do conjunto.

(...) Na mente do ser encontra-se a chave para que seja operada a grande mudança. Quando se tem domínio sobre ela, os pensamentos podem ser canalizados em sentido edificante, dando lugar a palavras corretas e a atos dignos.

O indivíduo que se renova moralmente contribui de forma segura para as alterações que se vêm operando no planeta.

(...) A grande transição prossegue, e porque se faz necessária, a única alternativa é examinar-lhe a

maneira como se apresenta e cooperar para que as sombras que se adensam no mundo sejam diminuídas pelo sol da imortalidade. (**Jesus e Vida**, Joanna de Ângelis – Leal, 2007).

A mudança é, pois, inevitável e imprescindível para que o ser humano alcance um estado vibratório mais elevado, único modo de sintonizar com a espiritualidade superior. É necessário entender que a transição começa no mundo interior de cada um e se projeta nas atitudes de cada dia. O ser consciente é capaz de igualmente tornar conscientes outras criaturas motivadas a seguir-lhe os exemplos. Esse o objetivo dos Espíritos superiores que, diuturnamente, escrevem páginas alertadoras, mensagens que são transmitidas de diversas maneiras, tentando abrir frestas mentais naqueles que permanecem no sono dos séculos, totalmente voltados para a rotina que elegeram desde que sejam satisfeitas as disposições da vida física com os prazeres que, erroneamente, supõem ser o máximo que se pode usufruir nessa vida terrena.

Infelizmente o despertar é sofrido, lentamente a criatura percebe sua própria penúria espiritual. Como o "filho pródigo" do belíssimo ensinamento legado por Jesus, acorda em meio "aos porcos" – que expressam os vícios e a degradação em que se encontra; o filho, então, sente saudades do pai, o Criador; ergue-se em meio aos escombros morais e, nesse instante, no seu mundo interior, no seu eu mais profundo, sente as dores do parto em si mesmo, agora nos primeiros vagidos do novo ser que está nascendo, e caminha! Caminha ao encontro do alvorecer de um novo tempo, em direção ao Pai, que o espera em festa de júbilos, para as bodas definitivas.

PRIMEIRA PARTE
TRANSIÇÃO PLANETÁRIA

CAPÍTULO 01
NOVOS RUMOS

ABRINDO O CAPÍTULO 1 de **TRANSIÇÃO PLANETÁRIA** (Leal, 2010), que passo a comentar, o autor espiritual Miranda, tendo ao seu lado o amigo Oscar informa residir, no plano espiritual, na Colônia Redenção, destacando os departamentos de educação e de saúde integral.

Menciona que eles tinham sido cientificados acerca da impressionante tragédia provocada pelo tsunami no Oceano Índico, com a morte de mais de duzentas mil pessoas. Encontravam-se, portanto, em oração pelas vítimas e os demais envolvidos. A administração da Colônia destacara duzentos especialistas em libertação dos despojos carnais, a fim de cooperarem com os Guias da Humanidade, auxiliando aqueles que tinham sido atingidos pela fúria das ondas gigantescas e das suas consequências.

Miranda, Oscar e outros foram convidados a integrar uma das equipes tendo, então, o ensejo de assistir projeções das cenas terrificantes que lhe foram apresentadas, assinaladas pelas dores superlativas, pelas epidemias que já se instalavam, pelos milhares de cadáveres em decomposição, pela miséria decorrente das perdas materiais, do desespero dos sobreviventes, assim também dos desencarnados, que ainda não se davam conta do ocorrido, tentando livrar-se do horror de tudo o que estava ao seu redor, quanto de seus próprios corpos, em situação de loucura e sofrimento inimagináveis – cenas tão fortes e de tanto desespero que levaram todo o grupo às lágrimas.

Por outro lado milhares de Espíritos nobres haviam acorrido, dentro da mesma finalidade, vindos de outros setores e planos espirituais, empenhados em resgatar as vítimas das *Entidades infelizes e vampirizadoras, interessadas no fluido vital dos recém-desencarnados.*

Outras providências foram tomadas e transmitidas à equipe e logo depois foi encerrada a reunião.

Nesse instante, segundo Miranda, *suave musicalidade chegou-nos aos ouvidos, oriunda do santuário próximo,* acompanhada de um coro de vozes infantis, harmonioso e belo, que lhe dava a sensação de que *os Céus comunicavam-se com a nossa Colônia.* Esclarece ainda, que o edifício, reservado às celebrações do amor e da fé religiosa, encontrava-se *iluminado com tonalidades prateadas e azul suaves. Particularmente chamou-me a atenção o movimento das ondas sonoras, que obedeciam ao ritmo suave e doce do órgão e das vozes infantis.*

♦ ♦ ♦

Este trecho em que Miranda ressalta o movimento das ondas sonoras levou-me a lembranças bem antigas da minha adolescência. Recordo-me de um fato inédito – pode-se dizer uma revelação – e o que foi dito à época por um mentor só ultimamente está sendo comentado em nosso meio espírita.

NAS FRONTEIRAS DA NOVA ERA

Era a década 50 e deviam ser os últimos anos. Minha mãe se encontrava muito doente, acamada, e bem enfraquecida. Três vezes por semana um médium respeitável, muito amigo da família, cujo nome registro, como uma homenagem a esse querido trabalhador de Jesus, já desencarnado, Geraldo Ribeiro Vieira, comparecia à nossa casa, depois do trabalho, para aplicar passes em mamãe. Meu pai colocava na "eletrola" os discos de música erudita, maravilhosos. O mentor era o Dr. João d'Ávila, que fora estimado médico da região. Naquele dia, a música era uma das preferidas do mentor. Ele já estava presente, como de hábito. Meu pai fez a prece, e deu-se uma cena inesquecível. O médium em pé, o mentor comunicou-se e começou a explicar o seguinte: **que os acordes da música emitiam ondas sonoras coloridas que "bailavam" no espaço.** (grifo nosso). Em seguida ficou em silêncio, ouvindo, até o final. Depois fez vários comentários relacionados com as propriedades dessas músicas que elevam o padrão vibratório dos ouvintes. Jamais esqueci tão surpreendente "aula". Em tempo: minha querida mãe, Zélia, ficou curada e viveu por muitos anos.

◆◆◆

Seguindo o relato de Philomeno de Miranda, este observou que o amigo Oscar se encontrava especialmente comovido, percebendo que estava, naquele instante, rememorando a sua vida física e as experiências de toda a etapa reencarnatória.

As lembranças evocavam-no quando criança habitando os Alpes austríacos, em uma capela de madeira, ouvindo a mesma composição em velho órgão. Em perfeita identificação mental Miranda pôde captar o seu pensamento em retrospecto. Após esse momento de comoventes lembranças, Oscar faz o relato de sua vida, em que se destacam os sofrimentos da família no campo de concentração, em Auschwitz, onde seus pais e irmão perderam a vida. Ele foi poupado porque se encontrava com mais de 16 anos, sendo levado para trabalhos forçados.

E acrescenta:

Por dois anos de horrores, fui transferido para outro campo, não menos cruel, Sobibor, na chamada operação Heinhard, quando então, felizmente, terminou a guerra e fomos libertados...

Deixo a você que está lendo a emoção de verificar, no capítulo 1 do livro que estou comentando, a comovente história de Oscar e sua família.

Oscar termina dizendo com ênfase:

– *Novos rumos!*

Sensibilizados e agradecidos ao Senhor pelas reflexões experimentadas, Miranda e o amigo despediram-se, seguindo cada qual para o seu lar.

CAPÍTULO 02
O VISITANTE ESPECIAL

RELATA MIRANDA ACERCA dos preparativos relacionados com a vinda de um visitante especial, Órion, que, segundo foram informados, viria da constelação do Touro, mais precisamente de uma das Plêiades. Essa visita especial tinha como finalidade expor considerações importantes acerca do grandioso projeto sobre reencarnações em massa de Espíritos oriundos de Alcíone, conforme já acontecia, desde meados do século XX e que seriam, então, intensificadas.

◆◆◆

Antes de prosseguir com o relato de Miranda, faço uma digressão que, creio, atenderá ao interesse dos leitores, a fim de que possam situar-se a respeito dessas referências por ele mencionadas. É imprescindível, portanto, conhecer alguns dados relativos à constelação do Touro, das Plêiades, de Alcíone, da constelação de Órion.

Constelação do Touro (Taurus): notável por possuir dois aglomerados de estrelas, as Hiades e as Plêiades. Entre as estrelas mais brilhantes está Aldebará. Uma de suas constelações vizinhas é a de Órion.

Plêiades (aglomerado de estrelas): grupo de estrelas na constelação do Touro. São visíveis a olho nu nos dois hemisférios e consistem de várias estrelas brilhantes e quentes, de espectro predominantemente azul.

As Plêiades são conhecidas desde os tempos mais remotos por culturas de todo o mundo, incluindo os Maoris, os Aborígenes australianos, os Persas, os Chineses, os Maias, os Astecas e os Sioux da América do Norte. As primeiras referências às Plêiades são encontradas nos livros **Ilíada** (750 a.C.) e **Odisséia** (720 a.C.), ambos de Homero.

De acordo com a mitologia grega, o aglomerado recebeu o nome de "Sete Irmãs", representando as sete filhas de Atlas: Pleione, Alcíone, Asterope, Electra, Maia, Mérope e Celano. Pesquisas com o Telescópio Espacial Hubble indicam que a distância das Plêiades em relação ao nosso planeta é de 440 anos-luz.

Constelação Órion: Órion, o Caçador, é uma constelação do equador celeste. É conhecida em todo o mundo por incluir estrelas brilhantes e visíveis em ambos os hemisférios. A constelação inclui quatro estrelas, Betelgeuse, Rigel, Belatrix, Saiph. Nessa constelação se encontra uma das raras nebulosas que podem ser vistas a olho nu, a Nebulosa de Órion. Uma de suas constelações vizinhas é a do Touro. (Dados da Wikipédia)

Outra importante referência está no livro **Renúncia** (Feb, 1944) de autoria de Emmanuel, psicografado por Francisco Cândido Xavier. No capítulo 1, importante encontro acontece entre as duas personagens principais da obra, o Espírito Pólux, bem-amado do elevadíssimo Espírito Alcíone, que veio de sua morada, provavelmente, de uma das constelações, a do Touro, por exemplo, (opinião pessoal, Emmanuel não faz referência direta e nem coloca nomes) para ajudar a Pólux na reencarnação que ele iria em breve concretizar. Ao se despedir, entregando-o aos mensageiros do Cristo, Emmanuel descreve a morada de Alcíone da seguinte forma:

> *Pouco depois, ei-la que aporta em portentosa esfera, inconfundível em magnificência e grandeza. O espetáculo maravilhoso de suas perspectivas excedia a tudo que pudesse caracterizar a beleza, no sentido humano (...).*
> *Três sóis rutilantes despejavam no solo arminhoso oceanos de luz mirífica, em cambiantes inéditas, como lampadários celestes acesos para edênico festim de gênios imortais. Primorosas construções, engalanadas de flores indescritíveis, tomavam a forma de castelos talhados em filigrana dourada, com irradiações de efeitos policromos. Seres alados*

NAS FRONTEIRAS DA NOVA ERA

*iam e vinham, obedecendo a objetivos santifican-
tes, num trabalho de natureza superior, inacessível
à compreensão dos terrícolas.*

Alcíone adentra a um templo de majestosas proporções, onde *muito acima da nave radiosa, elevava-se uma
torre translúcida, trabalhada em substância sólida e transparente, semelhante ao cristal, de cujo interior jorravam melodias harmoniosas. O santuário augusto era uma vasta colméia
de trabalho e oração.*

Narra Emmanuel que Alcíone buscava Antênio –
*entidade angelical que, por sua excelsa posição hierárquica, ali
cumpria as ordenações de Jesus* – para lhe pedir permissão
para reencarnar no intuito de ajudar o seu bem-amado. Ali
estava ele e, Alcíone, após apresentar seu pedido, os dois
estabeleceram um diálogo extenso. Mas, a certa altura, Antênio pondera acerca das dificuldades e sofrimentos que ela
iria enfrentar no plano físico, fazendo então uma pergunta
que ressaltamos aqui, por ser de notável interesse para essas
reflexões: – *Mas, teus trabalhos no sistema de Sírius? Não
estás cooperando com os benfeitores da Arte terreal?*

Finalizo aqui as transcrições do livro **Renúncia**.
Vejamos a seguir:

Sírius: é a estrela mais brilhante no céu noturno. É
uma estrela binária de duas estrelas brancas. A mais brilhante é denominada de Sírius A. Sua companheira é a Sírius B,
que se transformou em uma estrela anã branca. Sírius era
conhecida no antigo Egito, como Sothis (em grego) e está
registrada nos registros astronômicos mais antigos. Sírius
tem massa aproximada de 2,2 vezes ao Sol.

Por esses textos de Emmanuel, portanto, não é difícil deduzir que Alcíone veio de um mundo extremamente

superior ao nosso. Curioso mencionar que a personagem tenha o nome de uma das estrelas das Plêiades, Alcíone. Esse livro do mentor espiritual de Chico Xavier foi lançado em 1944, no qual ele inovou trazendo notícias de uma das moradas celestes, sem, contudo, citar claramente qual seria, pois, evidentemente, aquele não era o momento para tanto, embora desse algumas pinceladas, com algumas nuances que remeteriam aos tempos vindouros.

Com esses conceitos acima registrados, pretendo evidenciar a perfeita correlação existente em inúmeras referências contidas na História dos povos e que, gradativamente, foram confirmadas nos milênios subsequentes e, em especial, em nossos dias. Um visitante de outra esfera, de outra dimensão, não é de causar espanto, no caso Órion e, ainda mais, a reencarnação de Espíritos vindos da constelação do Touro, conforme relata Miranda, para contribuir com o processo de regeneração da Terra também é perfeitamente plausível, tal qual Alcíone, protagonista da obra de Emmanuel, que desceu das estrelas e veio à Terra em missão de amor.

Retornando ao relato de Miranda.

Bem no centro da Colônia situava-se o local destinado a conferências especiais, uma ampla sala que comportava duas mil pessoas. Foi ali, em um ambiente elevado, que a sessão solene foi realizada, com a presença do governador e outros membros responsáveis pela comunidade. Um coral infantil se apresentou cantando o tema *Miserere,* que a todos comoveu. Em seguida foi solicitado ao Espírito Ivon Costa que proferisse a prece inicial.

Miranda havia observado, antes do início, que a uma distância regular da mesa, havia um tubo formado por

Nas fronteiras da nova era

tênue claridade que descia do alto e, ao seu lado estavam sentadas duas Entidades femininas, com longas vestes alvas. Após a belíssima e comovente oração de Ivon Costa completara-se a materialização do visitante no tubo de luz, graças à contribuição das médiuns, que lhe propiciaram a condição para que ele se apresentasse.

Ali estava Órion. Era de estatura um pouco mais alta que o terrícola comum. Saindo do local onde se condensara foi conduzido à mesa diretora. Logo em seguida foi-lhe passada a palavra.

◆ ◆ ◆

Muitas dúvidas acorrem, neste momento, a você leitor, muitos questionamentos preenchem a sua mente. Como é possível a um Espírito que veio de outra constelação se comunicar? Ele toma a forma humana para isso ou que forma teria? Que distâncias ele percorreu para chegar à nossa galáxia, ao nosso sistema solar e ao nosso planeta?

É imprescindível mencionar, inicialmente, que um Espírito vindo de outra dimensão evidentemente precisa adaptar o seu padrão mental e vibratório ao do nosso planeta. Falando de um modo bem simples, seria como a mudança de fuso horário, de um país para outro, ou então como o astronauta que usa vestes especiais e toda aparelhagem necessária para sair da nave espacial a fim de permanecer alguns instantes no espaço sideral, entretanto preso por um cabo à nave, qual balão cativo, ou andar na superfície da lua, como aconteceu, com todas as condições e precauções especiais, como sabemos.

Para dirimir essas dúvidas precisamos recorrer às instruções contidas na Codificação.

Em **A Gênese** (Feb, 2002), capítulo XIV, Kardec leciona:

O perispírito, ou corpo fluídico dos Espíritos, é um dos mais importantes produtos do fluido cósmico; é uma condensação desse fluido em torno de um foco de inteligência ou alma (...). Do meio onde se encontra é que o Espírito extrai o seu perispírito, isto é, esse envoltório ele o forma dos fluidos ambientes. Resulta daí que os elementos constitutivos do perispírito naturalmente variam, conforme os mundos. Dando-se Júpiter como orbe muito adiantado em comparação com a Terra, como um orbe onde a vida corpórea não apresenta a materialidade da nossa, os envoltórios perispirituais hão de ser lá de natureza muito mais quintessenciada do que aqui. Ora, assim como não poderíamos existir naquele mundo com o nosso corpo carnal, também os nossos Espíritos não poderiam nele penetrar com o perispírito terrestre que os reveste. Emigrando da Terra, o Espírito deixa aí o seu invólucro fluídico e toma outro apropriado ao mundo onde vai habitar. (its.7 e 8) Ver também as questões 94 e 94-a de **O Livro dos Espíritos** (Feb, 2006).

O mestre lionês explica que a natureza do perispírito está sempre em relação com o grau de adiantamento moral do Espírito. Isto nos leva a entender porque os Espíritos inferiores apresentam um perispírito muito denso e escuro, refletindo a condição mental e espiritual que lhes são próprias. Outro ponto a ser considerado é que tais Espíritos não podem mudar de envoltório fluídico conforme a sua vontade, o que significa que também não podem passar de um mundo para outro quando queiram. Vejamos o que Kardec diz:

> *Os Espíritos superiores, ao contrário, podem vir aos mundos inferiores, e, até, encarnar neles. Tiram, dos elementos constitutivos dos mundos onde entram, os materiais para a formação do envoltório fluídico ou carnal apropriado ao meio em que se encontrem. Fazem como o nobre que despe temporariamente suas vestes, para envergar os trajes plebeus, sem deixar por isso de ser nobre.*
> *É assim que os Espíritos de categoria mais elevada podem manifestar-se aos habitantes da Terra ou encarnar em missão entre estes.* (**A Gênese**, Feb, 2002, it.9)

Sempre que leio este trecho meu pensamento viaja, imaginando a vinda de Jesus, de alturas espirituais supremas, ao nosso insignificante Planeta Terra. Sabemos que as camadas fluídicas que envolvem nosso globo terrestre não são homogêneas, isto é, quanto mais próximos à crosta terrestre, mais densos e grosseiros são os fluidos espirituais, quanto mais se distanciam mais se vão quintessenciando, até às camadas mais puras (...). *Conforme seja mais ou menos depurado o Espírito, seu perispírito se formará das partes mais puras ou das mais grosseiras do fluido peculiar ao mundo onde ele encarna* – explana Kardec. (**A Gênese,** Feb, 2002, cap. 14 it.10).

Então, posso concluir que o sacrifício de Jesus não foi propriamente e somente o da cruz, mas desde que Ele iniciou a descida, digamos assim, do padrão vibratório de altíssima voltagem, que lhe é peculiar, para se adaptar aos fluidos que envolvem o nosso orbe, pois mesmo as camadas mais puras seriam demasiadamente densas diante da condição espiritual do Governador Espiritual da Terra.

É evidente que essa gradação vibratória, essa adaptação aos fluidos espirituais do planeta, esse convívio com a ignorância humana, com toda essa doação em plenitude feita pelo Mestre, esse amor sublime, incondicional, alcança níveis inimagináveis, impossíveis de concebermos.

Voltando às dúvidas quanto à materialização do Espírito Órion.

Inúmeras são aquelas pessoas que se acostumaram a ver nos filmes, que os seres oriundos de outros planetas se apresentariam com aparência as mais terríveis, pois são sempre retratados com formas assustadoras, estranhas. Entretanto, em **O Livro dos Médiuns** (Feb, 1980), Allan Kardec aclara essa questão de maneira irretorquível, que realmente faz justiça ao Criador, que não criaria filhos monstruosos os quais somente aqui em nosso planeta teriam formas suaves, equilibradas, bonitas. Vejamos o que ele expõe:

> *Hão dito que o Espírito é uma chama, uma centelha. Isto se deve entender com relação ao Espírito propriamente dito, como princípio intelectual e moral, a que se não poderia atribuir forma determinada. Mas, qualquer que seja o grau em que se encontre, o Espírito está sempre revestido de um envoltório, ou perispírito, cuja natureza se eteriza, à medida que ele se depura e se eleva na hierarquia espiritual. De sorte que, para nós, a idéia de forma é inseparável da de Espírito e não concebemos uma*

> *sem a outra (...). Ele (o perispírito) tem a forma humana (...). Com pequenas diferenças quanto às particularidades e exceção feita das modificações orgânicas exigidas pelo meio em o qual o ser tem que viver, a forma humana se nos depara entre os habitantes de todos os globos (...). **Devemos concluir de tudo isto que a forma humana é a forma tipo de todos os seres humanos, seja qual for o grau de evolução em que se achem** (its.55 e 56). (grifo nosso)*

Quanto à questão da distância, é bom recordar que o Espírito, quanto mais evoluído mais facilmente vence o que seria uma barreira para os Espíritos inferiores, pois pensar em algum lugar é estar lá, visto ser o pensamento mais veloz que a luz. O pensamento é força inexaurível do Espírito e, como sabemos, os Espíritos se comunicam no mundo espiritual pelo pensamento. **O Livro dos Espíritos** (Feb, 2006) ensina nas questões 89, 89-a e 90, relativas a distância, o seguinte:

> *Os Espíritos gastam algum tempo para percorrer o espaço? Sim, mas fazem-no com a rapidez do pensamento.*
> *O pensamento não é a própria alma que se transporta? Quando o pensamento está em alguma parte, a alma também aí está, pois é a alma quem pensa. O pensamento é um atributo.*
> *O Espírito que se transporta de um lugar a outro tem consciência da distância que percorre e dos espaços que atravessa, ou é subitamente transpor-*

tado ao lugar onde quer ir? Dá-se uma e outra coisa. O Espírito pode perfeitamente, se o quiser, inteirar-se da distância que percorre, mas também essa distância pode desaparecer completamente, dependendo isso da sua vontade, bem como da sua natureza mais ou menos depurada.

Não posso deixar de citar André Luiz, em seu famoso livro **Ação e Reação**, (Feb, 1957) quando afirma: *Imaginemos agora o pensamento, força viva e atuante, cuja velocidade supera a da luz.* (cap. 04)

Convém igualmente ressaltar que o termo *materialização,* empregado por Miranda, nada tem de incomum ou está mal colocado. Lembro aqui outra obra de André Luiz, o livro **Libertação** (Feb, 2003), capítulo 18, no qual a personagem Matilde, Espírito de grande elevação, que fora mãe de Gregório em algumas reencarnações, Espírito este dedicado ao mal, sendo líder de uma cidade espiritual, situado no plano espiritual inferior, trabalhava para resgatá-lo das trevas em que se comprazia. Matilde contava com a participação de pequena equipe, liderada pelo instrutor espiritual Gúbio, da qual André Luiz também fazia parte. Foram muitas as providências imprescindíveis para que o despertar de Gregório acontecesse. Nesse período Matilde, por se situar em plano espiritual superior, apresentou-se visível, por duas vezes, *materializando-se,* contando para isto com os recursos fornecidos por Gúbio.

Importante considerar que o perispírito, tendo a invisibilidade tal qual uma de suas propriedades por ser de natureza fluídica, ainda assim é semimaterial, ou seja, segundo os Espíritos superiores que são os responsáveis pelas respostas em **O Livro dos Espíritos** (Feb, 2006), na questão 93, afirmam que este é constituído de uma *substância vaporosa aos teus olhos, mas ainda bastante grosseira para nós*. Assim, entendemos que o Espírito Órion *materializou-se*, tendo em vista que se revestiu dos fluidos que envolvem nosso planeta e tornou-se visível a todos.

Capítulo 03
A mensagem-revelação

Miranda relata, ainda no final do capítulo anterior, que após a materialização do visitante um suave perfume tomou conta de todo o imenso auditório.

Posso imaginar, e os leitores também podem imaginar, que havia grande expectativa por parte dos participantes de um momento tão especial. De imediato o dirigente saudou o ilustre visitante e passou-lhe a palavra.

O nobre Espírito agradeceu e sorrindo deu início à sua mensagem:

> *Veneráveis administradores, almas irmãs nossas de todas as dimensões.*
> *Saudamos-vos a todos em nome do Senhor do Universo.*
> *Representando a formosa Esfera de amor que se encontra instalada numa das Plêiades, envolta em vibrações especiais constituídas de fótons que formam uma luminosidade em tons azuis, aqui*

estamos, atendendo à invitação do Sublime Governador do planeta terrestre.

Embora sem condições de falar em nome dos nossos Guias espirituais, trago o compromisso de contribuir convosco no programa de elevação da Humanidade através da reencarnação de servidores do Bem, adrede preparados para o mister sublime. Esta não é a primeira vez que o mundo terreno recebe viajores de outras moradas, atendendo à solicitação de Jesus-Cristo, qual aconteceu no passado, no momento da grande transição das formas, quando modeladores do vaso orgânico mergulharam na densa massa física fixando os caracteres que hoje definem os seus habitantes... Da constelação do Cocheiro vieram aqueles nobres embaixadores da luz que contribuíram para a construção da Humanidade atual, inclusive outras inteligências, todavia, não moralizadas, que após concluídos alguns estágios evolutivos retornaram, felizes, aos lares queridos...

Pausa no relato de Órion.

A presença de espíritos vindos de outras moradas da Casa do Pai, segundo Emmanuel, o mentor espiritual de Chico Xavier, em seu livro **A Caminho da Luz** (Feb, 1972), aconteceu há muitos milênios, dentro da programação estabelecida por Jesus, o Governador Espiritual da Terra, quando aportaram em nosso orbe milhões de espíritos, oriundos de uma estrela, na constelação do Cocheiro, que recebeu aqui a denominação de Capela. Tais espíritos eram portadores de grande cultura intelectual, embora fossem rebeldes e moralmente distanciados da maioria dos habitantes de Capela e cuja conduta ainda muito imperfeita dificultava *a consolidação das penosas conquistas daqueles povos cheios de piedade e virtudes.*

Isto motivou a que as grandes comunidades espirituais, diretoras do Cosmos, deliberassem por degredar aquelas entidades, ainda voltadas para o mal, aqui no Planeta Terra, visto que a população mundial, à época, era constituída por tribos primitivas, espíritos bem inferiores, intelectual e moralmente.

Pode parecer, à primeira vista, que tal medida, ao invés de beneficiar os terrícolas, mais os prejudicaria, entretanto, tais espíritos capelinos, longe de sua pátria de origem, apresentariam pelo desfiar dos sofrimentos que teriam de enfrentar a necessária disposição para a mudança, ao tempo que com imenso cabedal de conhecimentos que lhes eram inerentes iriam, gradativamente, contribuir com novas ideias e muita criatividade, para a melhoria geral da nossa habitação planetária.

Outros aspectos, contudo, seriam extremamente importantes para a Humanidade que os estaria recebendo, em processo evidentemente lento e natural, sem quaisquer conotações exóticas, obedecendo às leis físicas do mundo terráqueo, muitas vezes reencarnando aqui, durante séculos e séculos, até consolidarem as imprescindíveis conquistas morais para o retorno tão inconscientemente almejado à pátria querida.

Explica Emmanuel, *que com o auxílio desses espíritos degredados, naquelas épocas remotíssimas, as falanges do Cristo operavam ainda as últimas experiências sobre os fluidos renovadores da vida, aperfeiçoando os caracteres biológicos das raças humanas.*

Abro agora uma reflexão de grande interesse para este estudo e comentários.

O livro **A Caminho da Luz** foi ditado por Emmanuel ao médium Chico Xavier no ano de 1938, no período de 17 de agosto a 21 de setembro. Mas há um dado que nos interessa nessa pesquisa, de grande relevância.

Ocorre que no início de 1938, em 02 de fevereiro, Emmanuel escreveu pelo médium mineiro, uma página simplesmente notável intitulada GENÉTICA ESPIRITUAL. Encontrando esta mensagem no Anuário Espírita de 1992, fiquei muito admirada com seu conteúdo e a tenho distribuído aos amigos mais chegados, procurando entendê-la e comentá-la.

O autor espiritual cita, inicialmente, nessa mensagem, *o dogmatismo estreito das escolas científicas da Terra*, mencionando que a biologia, a química, a física e a medicina, no futuro, *serão esclarecidas pelas verdades do Espiritismo e renovarão suas concepções, mas isto só será possível quando desenvolverem a sua visão espiritual.*

Afirma que *no capítulo da biologia, a 'teoria dos genes' tem a sua importância no drama biológico e a hereditariedade física tem o seu incontestável ascendente no seio das espécies da natureza.*

Transcrevo abaixo alguns trechos.

> *(...) A ciência poderá mesmo* – prossegue Emmanuel – *equilibrar os elementos da gênese profunda dos seres, mas esbarrará sempre com a claridade espiritual que se irradia de todos esses movimentos, ordenados, dentro de certa matemática, estranha*

aos homens e independente de sua colaboração (...).
É esse 'homem espiritual' do porvir que poderá alçar vôos mais altos, porquanto não terá a sua visão adstrita às reduzidas possibilidades do olho humano.
Seu campo de ação será vastíssimo, abrangendo o infinito, de cuja grandeza insondável participará naturalmente pelos caminhos evolutivos.
(...) Sem o estudo desses 'genes espirituais' que constituirão as células da nova organização social do futuro, no elevado plano moral das criaturas, os estudiosos e seus compêndios não sairão das discussões esterilizadoras, no abismo das hipóteses em que se submergiram.
(...) Coloquemos mãos à obra e, enquanto os nossos irmãos estudam e analisam as células orgânicas, procurando estabelecer o equilíbrio e determinar a distribuição dos 'genes' pelos corpos, organizaremos a nova genética dos seres, trabalhando pela edificação do 'homem espiritual' do futuro, quando então a palavra do Divino Mestre apresentará uma claridade nova para todos os corações.

Atentemos para o fato que Emmanuel transmite esse texto alguns meses antes de começar a ditar o livro **A Caminho da Luz** (Feb, 1972), seria, pois, uma preparação para as novas ideias que expende naquela obra, porém, mais do que isto, é um texto de vanguarda, que está adiante do tempo mesmo e, principalmente, nos dias atuais.

Voltemos ao livro em análise. O autor espiritual acrescenta que:

> *(...) a moderna genética não poderia fixar, como hoje, as expressões dos 'genes', porquanto no laboratório das forças invisíveis, as células ainda sofriam longos processos de acrisolamento, imprimindo-se-lhes elementos de astralidade, consolidando-se-lhes as expressões definitivas, com vistas às organizações do porvir.*

Ali, naquele momento de experiências espirituais e físicas extraordinárias, os espíritos que viriam de outra dimensão, com seus recursos muito acima daqueles que os receberiam na condição de descendentes, no que tange a estruturas morfológicas mais aperfeiçoadas, contribuiriam na formação de raças mais apuradas do que as existentes.

Esses espíritos vieram a constituir quatro grandes grupos, que se fixaram depois nos povos mais antigos; formaram desse modo o grupo dos árias, a civilização do Egito, o povo de Israel e as castas da Índia. Emmanuel ressalta que essas quatro grandes massas de degredados formaram os pródromos de toda a organização das civilizações futuras, introduzindo os mais largos benefícios no seio da raça amarela e negra, que já existiam.

Prossegue Órion, o visitante ilustre:

> *Em outras oportunidades, luminares da Verdade submergiram nas sombras do mundo terreno, a fim de apresentarem as suas conquistas e realizações edificantes, auxiliando os seus habitantes a crescer*

em tecnologia, ciência, filosofia, religião, política, ética e moral... Nada obstante, o desenvolvimento mais amplo ocorreu na área da inteligência e não do sentimento, assim explicando o atual estágio de evolução em que se encontram, rico de conhecimentos e pobre de edificações espirituais...

Periodicamente, por sua vez, o planeta experimenta mudanças climáticas, sísmicas em geral, com profundas alterações na sua massa imensa, ou sofre o impacto de meteoros que lhe alteram a estrutura, tornando-o mais belo e harmônico, embora as destruições que, na ocasião, ocorrem, tendo sempre em vista o progresso, assim obedecendo à planificação superior com o objetivo de alcançar o seu alto nível de mundo de regeneração.

Façamos algumas considerações:

Allan Kardec, em **O Livro dos Espíritos** (Feb, 2006), apresenta na Terceira Parte um estudo aprofundado das Leis Morais. Entre estas está a Lei de Destruição, da qual irei enfocar apenas algumas questões, a partir da 728 a 741, estas atinentes à destruição necessária e destruição abusiva e também aos flagelos destruidores.

Assim Kardec, ao indagar se a destruição é lei da natureza, obteve a seguinte resposta: *É preciso que tudo se destrua para renascer e se regenerar, pois o que chamais destruição não passa de uma transformação, que tem por fim a renovação e a melhoria dos seres vivos.* (728)

Na questão 737, o mestre lionês pergunta: *Com que fim Deus castiga a Humanidade por meio de flagelos destruidores?*

> *Para fazê-la progredir mais depressa. Já não dissemos que a destruição é necessária para a regeneração moral dos Espíritos, que, em cada nova existência sobem mais um degrau na escala da perfeição? É preciso que se veja o objetivo, para se poder apreciar os resultados. Como os julgais somente do vosso ponto de vista pessoal, dai-lhes o nome de flagelos, em virtude do prejuízo que vos causam. No entanto, muitas vezes esses transtornos são necessários para que mais depressa se chegue a uma ordem melhor de coisas e para que se realize em alguns anos o que teria exigido muitos séculos.*

A Benfeitora Joanna de Ângelis, em seu notável livro **Liberta-te do Mal**, (Ebm, 2011, pág.105), lecionando sobre o tema, diz:

> *Os flagelos destruidores, porém, são efeitos das Leis da Vida, necessários para a renovação das expressões da evolução, apressando as mudanças que se devem operar sob os desígnios divinos.*
>
> *Espíritos, gravemente comprometidos com a ordem e o dever, sintonizam uns com os outros e se reúnem em lugares onde as destruições irão ocorrer, desse modo resgatando os crimes hediondos cometidos contra a Humanidade em reencarnações anteriores e que lhes pesavam na economia moral. Não existindo o acaso, as Divinas Leis elaboram programas de expurgo e de purificação para os infratores que necessitam da experiência dolorosa a fim de se reajustarem no conjunto espiritual.*

Esse comentário do espírito Órion que estamos analisando, prepara o leitor e a leitora acerca dos capítulos seguintes, que apresentam um doloroso quadro da tragédia do *tsunami*, no Oceano Índico, evidenciando a lei de destruição em curso no planeta.

Retornando à mensagem:

> *Concomitantemente, a fim de poderem viajar na grande nave terrestre que avança moralmente nas paisagens dos orbes felizes, incontáveis membros das tribos bárbaras do passado, que permaneceram detidos em regiões especiais durante alguns séculos, de maneira que não impedissem o desenvolvimento do planeta, renascem com formosas constituições orgânicas, fruto da seleção genética natural, entretanto, assinalados por primitivismo em que se mantiveram.*
>
> *Apresentam-se exóticos uns, agressivos outros, buscando as origens primevas em reação inconsciente contra a sociedade progressista, tendo, porém, a santa oportunidade de refazerem conceitos, de aprimorarem sentimentos e de participarem da inevitável marcha ascensional... Expressivo número, porém, permanece em situações de agressividade e indiferença emocional, tornando-se instrumentos de provações rudes para a sociedade que desdenha. Fruem da excelente ocasião que, malbaratada, os recambiará a mundos primitivos, nos quais contribuirão com os conhecimentos de que são portadores, sofrendo, no entanto, as injunções rudes que serão defrontadas. Repete-se, de*

certo modo, o exílio bíblico de Lúcifer e dos seus comparsas, no rumo de estâncias compatíveis com o seu nível emocional grosseiro, onde a saudade e a melancolia se lhes instalarão, estimulando-os à conquista do patrimônio de amor desperdiçado na rudeza, e então lutarão com afã para a conquista do bem.

Ei-los, em diversos períodos da cultura terrestre, desfrutando de chances luminosas, mas raramente aproveitadas, cuja densidade vibratória já não lhes permite, por enquanto, o renascimento em o novo mundo em construção.

◆ ◆ ◆

Façamos uma digressão.

No ano de 1949, meus pais, José Caldas e Zélia Costa Caldas e as três filhas vieram fixar residência em Juiz de Fora (MG), onde resido até hoje. Sendo espíritas, de imediato passamos a frequentar o Centro Espírita Ivon Costa, maravilhosa Casa onde toda a família logo se integrou, cujos fundadores eram verdadeiros baluartes da vivência espírita. Meu pai logo depois passou a ser um dos diretores, minha mãe grande colaboradora nas costuras enquanto minhas irmãs e eu participávamos das aulas de evangelização.

Um ano depois, já com 12 anos, eu mesma tornei-me evangelizadora, devido ao fato que sendo uma leitora compulsiva – desde os 09 anos – das obras espíritas, tinha condições de "dar aulas" para crianças do chamado primeiro ciclo. E assim passei a participar de tudo o mais, da mocidade espírita, sobretudo das conversas entre os mais adultos. No final da década de 50, já casada, trabalhava como médium, desde os 16 anos, na reunião mediúnica do "Ivon Costa".

Um dos fundadores, Senhor Isaltino da Silveira Filho, era também expositor muito conceituado e viajava muito, profissionalmente, especialmente para a capital Belo Horizonte. Tal fato o levou a visitar, com certa frequência, em Pedro Leopoldo, o Centro Espírita Luiz Gonzaga, onde trabalhava nosso inesquecível Chico Xavier, do qual se tornou grande amigo, inclusive participando da intimidade do médium e de sua família.

Ao retornar de uma de suas visitas ao Chico, como era de hábito, Isaltino reuniu a turma de companheiros mais íntimos e relatou uma revelação feita pelo médium. Este comentou em um grupo pequeno, após o término dos trabalhos, que Emmanuel havia dito que a partir daquela época, *os portões do umbral estavam sendo gradativamente abertos e uma multidão de espíritos que lá estavam retidos iriam reencarnando, aos poucos, como última oportunidade.*

Era o ano de 1958 – eu me recordo da data porque, no ano seguinte Chico Xavier mudou-se para Uberaba. Neste grupo de ouvintes do relato do Senhor. Isaltino estavam meu pai e outros fundadores, assim também vários jovens, que como meu marido e eu participávamos da mocidade do Centro Espírita Ivon Costa.

◆ ◆ ◆

Confirmando tal revelação, o quadro mundial que se nos apresenta, nesse dealbar do século XXI, expressa a multidão de espíritos que retornaram ao palco terrestre, envergando novos trajes físicos, porém, a maioria ainda distanciada do despertar consciencial.

O insigne Codificador, em comentário de grande atualidade, pode-se mesmo dizer "lançando um olhar ao futuro", como lhe era habitual, registra na questão 685-a, ao referir-se à educação, o seguinte:

> *Há um elemento a que não se tem dado o devido valor sem o qual a ciência econômica não passa de simples teoria:* a educação. *Não a educação intelectual, mas a educação moral. Não nos referimos à educação moral pelos livros e sim à que consiste na* arte de formar os caracteres, *àquela que* cria hábitos, *uma vez que* a educação é oconjunto dos hábitos adquiridos. *Quando se pensa na grande quantidade de indivíduos que todos os dias são lançados na torrente da população, sem princípios, sem freio e entregues a seus próprios instintos, serão de se admirar as consequências desastrosas que daí resultam?* (grifos no original)

E Órion menciona:

> *As moradas do Pai são em número infinito, mantendo, como é compreensível, intercâmbio de membros, de modo a ser preservada a fraternidade sublime, porquanto, aqueles mais bem aquinhoados devem contribuir em benefício dos menos enriquecidos de momento. A sublime lei de permutas funciona em intercâmbio de elevado conteúdo espiritual.*

NAS FRONTEIRAS DA NOVA ERA

Cabe aqui um breve comentário:

Na casa do Pai há muitas moradas; se não fosse assim, eu vo-lo teria dito; vou preparar-vos o lugar. Jo:14-2 (**O Novo Testamento**. Sociedade Bíblica do Brasil, 1954).

A afirmativa de Órion de que as infinitas moradas do Pai mantêm intercâmbio de membros, para que a fraternidade sublime possa imperar entre toda a grandiosa família universal, diz bem da magnificência divina, que se traduz na plenitude do amor interligando tudo e todos. Léon Denis expressa essa ideia ao escrever, em **O Grande Enigma** (Feb, 1983): *O Universo inteiro está submetido à lei de solidariedade.*

Continuando a mensagem de Órion:

Da mesma forma que, da nossa Esfera, descerão ao planeta terrestre, como já vem sucedendo, milhões de Espíritos enobrecidos para o enfrentamento inevitável entre o amor abnegado e a violência destrutiva, dando lugar a embates caracterizados pela misericórdia e pela compaixão, outros missionários da educação e da solidariedade, que muito se empenharam em promovê-las, em existências pregressas, estarão também de retorno, contribuindo para a construção da nova mentalidade desde o berço, assim facilitando as alterações que já estão ocorrendo, e sucederão com maior celeridade...
Nesse sentido, o psiquismo terrestre e a genética humana encontram-se em condições de receber no-

> *vos hóspedes que participarão do ágape iluminativo, conforme o egrégio Codificador do Espiritismo referiu-se em sua obra magistral A Gênese, constituída por todos aqueles que se afeiçoem à verdade e se esforcem por edificar-se, laborando em favor do próximo e da sociedade como um todo.*

Analisando o trecho acima:

Duas afirmativas da maior importância eu destaco deste parágrafo acima, quando o mensageiro das Plêiades menciona que *o psiquismo terrestre e a genética humana encontram-se em condições de receber novos hóspedes que participarão do ágape iluminativo.* Vejamos uma de cada vez.

O psiquismo terrestre, portanto, favorece a vinda dos visitantes de outra dimensão. Nós sabemos, através dos conhecimentos que a Doutrina nos proporciona que o planeta tem a sua psicosfera própria, decorrente do conjunto de pensamentos e vibrações das criaturas encarnadas e desencarnadas. Embora a psicosfera esteja saturada de formas-pensamento e vibrações negativas, inferiores mesmo, igualmente é perceptível que muitas e muitas clareiras de teor vibratório mais elevado ganham espaço, acontecendo cada vez mais, devido ao fato de que os seres humanos estão exauridos pelas constantes desilusões, pelos embates sucessivos e sofridos, pelas provas e expiações, que vão minando os empedernidos pontos de vista antigos, despertando assim para a real finalidade da vida. O homem e a mulher se dão conta de que são imortais, de que são espíritos provisoriamente revestidos de um corpo físico. Tudo isto exerce no indivíduo um anseio de buscar algo melhor, que atenda à sua ânsia de espiritualização.

Em **O Evangelho Segundo o Espiritismo**, (Feb, 2004), Kardec refere-se a essa busca, quando escreve: que Deus outorgou ao homem mais do que ao animal.

Deus, porém, lhe deu a mais do que outorgou ao animal, o desejo incessante do melhor, e é esse desejo que o impele à pesquisa dos meios de melhorar a sua posição, que o leva às descobertas, às invenções, ao aperfeiçoamento da Ciência, porquanto é a Ciência que lhe proporciona o que lhe falta. Pelas suas pesquisas, a inteligência se lhe engrandece, o moral se lhe depura. Às necessidades do corpo sucedem as do espírito: depois do alimento material precisa ele do alimento espiritual.
É assim que o homem passa da selvageria à civilização (cap. 25 it.2).(grifo no original)

Refere-se também à genética humana, que apresenta condições para que aqui venham a encarnar espíritos de elevada posição moral, cujo padrão vibratório necessitaria desse aperfeiçoamento genético que já existe. Nesse sentido, a mensagem de Emmanuel, que transcrevemos acima já explica a possibilidade desse aprimoramento.

Voltando à palavra de Órion:

Desse modo, qual ocorre em outros Orbes, chega o momento em que a Mãe-Terra também ascenderá na escala dos mundos, conduzindo os seus filhos e aguardando o retorno daqueles que estarão na retaguarda por algum tempo, porquanto o inefá-

vel amor de Deus a ninguém deixa de amparar, ensejando-lhes oportunidade de refazimento e de evolução.

Nesse inevitável esforço, estaremos todos empenhados, experienciando a vivência do amor em todas as suas expressões, formando um contingente harmonioso e encantador.

Ninguém que se possa eximir desse dever que nos pertence a todos, individual e coletivamente, porquanto o Reino dos Céus está dentro de nós e é necessário ampliar-lhe as fronteiras para o exterior, dando lugar ao Paraíso anelado que, no entanto, jamais será dentro dos limites territoriais da organização física.

À realidade que somos, Espíritos imortais em essência, tem sua origem e permanência fora das limitações materiais de qualquer mundo físico, que poderia não existir, sem qualquer prejuízo para o processo de evolução. Nada obstante, quando o Criador estabeleceu a necessidade do desenvolvimento nas organizações fisiológicas, à semelhança da semente que necessita dos fatores mesológicos para libertar a vida que nela jaz, razões ponderosas existem para que assim aconteça, facultando-nos percorrer os degraus que nos levam ao Infinito (...).

Qual seria, então, a razão por que deveriam vir Espíritos de outro Orbe, para o processo de moralização do planeta? Primeiro, porque, não tendo vínculos anteriores como defluentes de existências perturbadoras, não enfrentariam impedimentos interiores para os processos de doação, para os reencontros dolorosos com aqueles que permanecem

Nas fronteiras da nova era

comprometidos com o mal, que têm interesse em manter o atraso moral das comunidades, a fim de explorá-las psiquicamente em perversos fenômenos de vampirização, de obsessão individual e coletiva... Estrangeiros em terras preparadas para a construção do progresso, fazem-no por amor, convocados para oferecer os seus valores adquiridos em outros planos, facilitando o acesso ao desenvolvimento daqueles que são os nacionais anelantes pela felicidade. Segundo, porque mais adiantados moralmente uns, podem contribuir com exemplos edificantes capazes de silenciar as forças da perversidade e obstaculá-las com os recursos inexcedíveis do sacrifício pessoal, desde que, as suas não são as aspirações imediatas e interesseiras do mundo das formas. Enquanto outros estarão vivenciando uma forma de exílio temporário, por serem desenvolvidos intelectualmente, mas ainda necessitados da vivência do amor, e em contato direto com os menos evoluídos, sentirão a necessidade do afeto e do carinho, aprendendo, por sua vez, o milagroso fenômeno da solidariedade. Tudo se resume, portanto, no dar, que é receber e no receber, que convida ao doar.

Comentando:

O texto acima esclarece a razão pela qual Espíritos que irão impulsionar o processo de moralização deverão aportar em nosso orbe, uma medida imprescindível para alcançarmos o estágio da regeneração da Humanidade.

Imaginemos o quanto de renúncia e sacrifício desses milhões de Espíritos que deixam a sua pátria longínqua, esferas luminosas, magníficas, que evolucionam pela vastidão cósmica, para mergulharem na densa psicosfera da Terra, e o fazem por amor, sentimento que já sublimaram interiormente, mas cuja busca incessante de elevação e aprimoramento ainda os propele para o mais Alto. E como leciona Lázaro, *e o ponto delicado do sentimento é o amor, (...) esse sol interior que condensa e reúne em seu ardente foco todas as aspirações e todas as revelações sobre-humanas.* (**O Evangelho Segundo o Espiritismo**, Feb, 2004, cap.11 it.8).

De alguma forma a doação de amor desses que virão ajudar no processo de regeneração do planeta, percorrendo distâncias incomensuráveis, leva-me a pensar em Jesus e a me perguntar: de que distância veio o Mestre para chegar até nós? Foram anos-luz que Ele percorreu ou luz que venceu os infinitos espaços cósmicos dos incipientes sentimentos humanos? De que região Ele veio? Ele veio ou sempre esteve? Que tempo teria de ser superado de lá até aqui, ou seja, o ponto decisivo: **o quando se torna onde.** O amor universal transcende tudo isso e o tempo se fez onde deveria ser.

Continuando a mensagem, esclarece Órion:

> *A fim de que o programa seja executado, neste mesmo momento, em diferentes comunidades espirituais próximas à Terra, irmãos nossos, procedentes de nossa Esfera, estão apresentando o programa a que nos referimos, de forma que, unidos, formemos uma só caravana de laboriosos servidores, atendendo as determinações do Governador terrestre, o Mestre por excelência.*
> *De todas essas comunidades seguirão grupos espi-*

NAS FRONTEIRAS DA NOVA ERA

rituais preparados para a disseminação do programa, comunicando-se nas instituições espíritas sérias e convocando os seus membros à divulgação das diretrizes para os novos cometimentos.

Expositores dedicados e médiuns sinceros estarão sendo convocados a participarem de estudos e seminários preparatórios, para que seja desencadeada uma ação internacional no planeta, convidando as pessoas sérias à contribuição psíquica e moral em favor do novo período.

Pausa para uma reflexão:

Neste texto em que Órion direciona sua fala particularizando-a para as reuniões mediúnicas e para os expositores, deveremos prestar muita atenção, visto que se está propondo a colaboração direta dos trabalhadores dessas áreas.

É preciso muito cuidado para evitarmos fantasias, exageros, animismos, mentes que se fixam nessas ideias de que a reunião da qual fazem parte já está conectada diretamente com os Espíritos que estão chegando. De repente aqui e ali surgem notícias de extraterrestres que se comunicam e que passam a integrar o grupo mediúnico, pois a criatividade mental não perde tempo, e aí estão os filmes, a TV e inúmeros casos de que se ouve falar, recheando o imaginário de clichês mentais bizarros, extravagantes e obsessivos, até. Há sempre o vezo de banalizar as coisas espirituais, inclusive as de teor mais elevado, pois as criaturas, em sua maioria, tendo dificuldade em elevar seu padrão vibratório, preferem materializar e vulgarizar as mais belas expressões espirituais, para que fiquem ao seu alcance, desdenhando assim o convite permanente da Espiritualidade Superior para que cresçam mental e espiritualmente.

O bom-senso é assim imprescindível para reconhecer que **o tipo de trabalho e de comunicação a que Órion se reporta não farão parte do nosso cotidiano mediúnico, mas sim de especiais momentos em uma sessão, que irão favorecer a mensagem transmitida por um Espírito desse jaez, cuja voltagem vibratória requer concentração e sentimentos vibrando em uníssono.** (grifei)

É bom enfatizar que a mensagem terá um conteúdo superior; tudo isso, portanto, expressa reuniões raras, pois esses Espíritos não estarão ao nosso dispor. Entretanto, estejamos nós alertas, compreendendo que Espíritos obsessores, mal-intencionados, estarão a postos para mistificações estapafúrdias, fingindo que são ETs e outras loucuras de que o povo tanto gosta e estes espíritos não perdem tempo. Mantenhamos a vigilância e a prece, tendo em mente a recomendação de Erasto, em **O Livro dos Médiuns** (Feb, 1980):

> *Na dúvida, abstém-te, diz um dos vossos velhos provérbios. Não admitais, portanto, senão o que seja, aos vossos olhos, de manifesta evidência. Desde que uma opinião nova venha a ser expendida, por pouco que vos pareça duvidosa, fazei-a passar pelo crisol da razão e da lógica e rejeitai desassombradamente o que a razão e o bom-senso reprovarem. Melhor é repelir dez verdades do que admitir uma única falsidade, uma só teoria errônea.* (Cap. XX it.230).

Nas fronteiras da nova era

A mensagem-revelação adverte:

> *As grandes transformações, embora ocorram em fases de perturbação do orbe terrestre, em face dos fenômenos climáticos, da poluição e do desrespeito à Natureza, não se darão em forma de destruição da vida, mas de mudança de comportamento moral e emocional dos indivíduos, convidados uns ao sofrimento pelas ocorrências e outros pelo discernimento em torno da evolução.*
>
> *À semelhança das ondas oceânicas a abraçarem as praias voluptuosamente, sorvendo as rendas de espumas alvas, os novos obreiros do Senhor se sucederão ininterruptamente alterando os hábitos sociais, os costumes morais, a literatura e a arte, o conhecimento em geral, ciência e tecnologia, imprimindo novos textos de beleza que despertarão o interesse mesmo daqueles que, momentaneamente, encontram-se adormecidos.*
>
> *Antes, porém, de chegar esse momento, a violência, a sensualidade, a abjeção, os escândalos, a corrupção atingirão níveis nunca jamais pensados, alcançando o fundo do poço, enquanto as enfermidades degenerativas, os transtornos bipolares de conduta, as cardiopatias, os cânceres, os vícios e os desvarios sexuais clamarão por paz, pelo retorno à ética, à moral, ao equilíbrio... Frutos das paixões das criaturas que lhes sofrerão os efeitos em forma de consumpção libertadora, lentamente surgirão os valores da saúde integral, da alegria sem jaça, da harmonia pessoal, da integração no espírito cósmico da vida.*

SUELY CALDAS SCHUBERT

Como em toda batalha, momentos difíceis surgirão exigindo equilíbrio e oração fortalecedora, os lutadores estarão expostos no mundo, incompreendidos, desafiados por serem originais na conduta, por incomodarem os insensatos que, ante a impossibilidade de os igualarem, irão combatê-los, e padecendo diversas ocasiões de profunda e aparente solidão... Nunca, porém, estarão solitários, porque a solidariedade espiritual do Amor estará com eles, vitalizando-os e encorajando-os ao prosseguimento.

Todo pioneirismo testa as resistências morais daquele que se atreve a ser diferente para melhor quando a vulgaridade predomina, razão pela qual são especiais todos esses que se dedicam às experiências iluminativas e libertadoras. Nunca, porém, deverão recear, porque o Espírito do Senhor os animará, concedendo-lhes desconhecida alegria de viver, mesmo quando, aparentemente, haja uma conspiração contra os seus superiores propósitos.

Refletindo com Órion:

No parágrafo acima, o Espírito que veio da Constelação do Touro destaca a presença da vulgaridade que predomina em quase toda parte. É só olhar as cenas na TV, nas novelas, nos filmes; na música popular e suas danças primitivas e de um mau gosto a toda prova; na procura exaustiva de diversão a qualquer custo; na inversão total dos valores, na ausência do respeito e da ética; na absoluta falta de educação; no vocabulário de baixo calão que as pessoas usam comumente; nos vícios que são cultivados com a intenção de fazer a criatura ficar alegre e esquecer os padecimentos diários; na busca incessante do prazer físico, que tem levado milhares de jovens, mal entrando na adolescência a engravidarem, e o que é pior, milhares pelo mundo afora a praticar o aborto, não importando as consequências dessa conduta irracional; na imperiosa necessidade de uma aparência jovem mesmo que ao preço de riscos variados; enfim poderia citar muito mais exemplos, dentro dessa insensatez que tomou conta das pessoas.

É exatamente nessa questão da vulgaridade que reside um dos maiores perigos para o movimento espírita. Espíritos vulgares buscam médiuns que lhes são afins inspirando ideias de baixo nível, zombeteiros que são com a desculpa de divertir os espíritas. Isso é estarrecedor! Mentalidade esta, que gradativamente angaria adeptos, contando para isto com livros que propagam tais ideias, como é óbvio, antidoutrinárias, e expositores que se apressam a divulgá-las, em sintonia com os mesmos Espíritos malfazejos.

Vamos raciocinar: você que está lendo, já viu algum padre fazer gracinhas enquanto reza a santa missa? Já viu algum deles diminuir o tempo da missa para não cansar o povo? Já notou algum pastor, diante de milhares de fiéis, fazer graça, contar casos vulgares, para alegrar o público? Já o viu diminuir o tempo do sermão para que a plateia não fique cansada? A missa é séria, o sermão é sério, por que então essa infeliz ideia de que em uma palestra espírita o expositor só deve contar casos para levar o povo a rir? É vulgarizar o Espiritismo tal procedimento. E se Allan Kardec ali estivesse ouvindo tais vulgaridades? E Jesus e o Evangelho, onde ficam?

Vivemos um momento grave queridos irmãos e companheiros espíritas, a Doutrina Espírita é séria, assim como o Evangelho também o é. Em muitas instituições espíritas o tempo da palestra foi reduzido para 40 minutos, para 30 minutos! Meu Deus, uma palestra de 50 a 60 minutos ainda é muito pouco, reduzi-la então é um total absurdo.

Todas essas considerações fizeram-me recordar de uma importante mensagem de Bezerra de Menezes, na psicofonia de Divaldo Franco, transmitida no dia 07 de fevereiro de 1987, no lar dos amigos Miguel de Jesus Sardano e Terezinha Sardano, onde tive a satisfação de assistir e que é de impressionante atualidade. Transcrevo pequeno trecho.

> *Estamos convocados a prosseguir. Cada um de nós é convidado a uma cota que não pode ser menosprezada, ao testemunho silencioso aureolado de alegria, porque o Reino não é daqui, não obstante aqui comece.* ***Demo-nos as mãos e preparemo-nos porque a luta recrudescerá. As dificuldades multiplicar-se-ão. O profano insinua-se no divino, o vulgar no especial, o ridículo no ideal.***
>
> *Tenhamos cuidado, meus filhos, para que as nossas Casas não sejam invadidas por torvelinhos que lhes descaracterizem a pureza da vivência evangélica ali instalada. Mantenhamo-nos unidos, sem que os miasmas da perturbação intoxiquem, e as imposições do desequilíbrio predominem.* (grifo nosso)

Philomeno de Miranda relata que, caminhando para o final da mensagem, o visitante enfatiza:

NAS FRONTEIRAS DA NOVA ERA

O modelo a seguir permanece Jesus, e a nova onda de amor trará de retorno o apostolado, os dias inesquecíveis das perseguições e do martirológio que, na atualidade, terá características diversas, já que não se podem matar impunemente os corpos como no passado... Isso não implica que não se assaquem acusações vergonhosas e se promovam campanhas desmoralizadoras contra eles, a fim de dificultar-lhes o empreendimento superior. Assim mesmo, deverão avançar, joviais e estoicos, cantando os hinos da liberdade e da fé raciocinada que dignificam o ser humano e o promovem no cenário interior.

Kardec pergunta à falange do Espírito Verdade, em **O Livro dos Espíritos** (Feb, 2006):

Qual o tipo mais perfeito que Deus tem oferecido ao homem, para lhe servir de guia e modelo?
Jesus.
Nota de Kardec: Para o homem, Jesus constitui o tipo da perfeição moral que a Humanidade pode aspirar na Terra. Deus no-lo oferece como o mais perfeito modelo e a doutrina que ensinou é a expressão mais pura da lei do Senhor, porque sendo ele o mais puro de quantos têm aparecido na Terra, o espírito divino o animava. (q.625)

Palavras finais do ilustre mensageiro:

> *Trata-se, portanto, de um movimento que modificará o planeta para melhor, a fim de auxiliá-lo a alcançar o patamar que lhe está reservado.*
>
> *Quem não se entrega à luta, ao movimento, candidata-se ao insulamento, à morte...*
>
> *Assim sendo, sob o comando do Cancioneiro das bem-aventuranças, sigamos todos empenhados na lídima fraternidade, oferecendo-nos em holocausto de amor à verdade, certos do êxito que nos está destinado.*
>
> *Louvando, portanto, Aquele que nos convidou, misericórdia solicitamos.*

Órion encerrou a mensagem-revelação e conduzido pelo administrador retornou ao tubo de luz, onde seu vulto diluiu-se: havia cumprido a sua missão.

CAPÍTULO 04
ROTEIROS TERRESTRES

NESTE CAPÍTULO SÃO apresentadas reflexões em torno da tragédia do tsunami no Oceano Índico e os preparativos iniciais para a jornada que seria empreendida logo depois.

Eu me recordo que no dia 26 de dezembro de 2004, com um pequeno grupo de amigos, comemorávamos o aniversário de uma amiga querida. Todos nós éramos integrantes da Sociedade Espírita Joanna de Ângelis (SEJA)

Nas fronteiras da nova era

e da Aliança Municipal Espírita de JF (AME-JF). Alguém, logo no início da reunião festiva, comentou: – "Vocês viram o que aconteceu na Indonésia? Houve naquela região um terremoto e um tsunami". De imediato a conversa mudou para a tragédia nos países banhados pelo Oceano Índico. Várias foram as nossas reflexões que se seguiram e, também, vibrações de paz e amor para nossos irmãos vitimados pela desencarnação impactante. Mas naquele instante ninguém imaginava a proporção do acontecimento. Nas horas e dias seguintes a TV mostrou a tremenda realidade.

◆◆◆

Miranda desvenda, nos capítulos iniciais dessa obra, o lado espiritual da tragédia.

O autor refere-se aos terríveis efeitos da poluição da atmosfera e do envenenamento das fontes de vida no planeta. Destaca que as praias de diversos países atingidos pelo tsunami estavam juncadas de cadáveres, dezenas de milhares encontravam-se debaixo dos escombros das construções destruídas. Ele assim descreve:

> *O espetáculo espiritual nas regiões atingidas, no entanto era muito grave. De igual maneira, em razão da decomposição dos cadáveres humanos e de animais outros e da ausência de água potável, era grande a ameaça do surgimento de epidemias, e os Espíritos, abruptamente arrancados do domicílio orgânico, vagavam perdidos e desesperados, pelas áreas onde sucumbiram, transformadas em depósitos de lixo e de destroços, numa noite sem término, pesada e ameaçadora. Os gritos de desespero, os apelos de socorro e os fenômenos de imantação*

com outros desencarnados infelizes, constituíam a geografia extrafísica dos dolorosos acontecimentos (...). O banditismo aproveitava-se da situação deplorável para estrangular as suas vítimas, exploradores hábeis negociavam sobre os despojos dos perdidos e alienados, conspirações hediondas forjavam hábeis manobras para a usurpação do máximo daqueles que nada quase possuíam.
Era esse, de alguma forma, o espetáculo horrendo pós-tragédia do tsunami.

Alguns membros da equipe que atuariam na região da catástrofe foram gradualmente apresentados por Ivon Costa, sendo o primeiro aquele que iria dirigi-los nos trabalhos terrenos, Charles White, inglês, médico, que viveu a maior parte de sua existência física na região da Polinésia. Outros companheiros, designados pelo próprio Dr. White eram: Ana, assistente dele, de formação anglicana; o sacerdote católico Marcos, que dedicou a sua vida ao ministério da fé religiosa e à educação infantil, aparentando setenta anos de idade; bem mais jovem era Abdul Severin, mulçumano, que desencarnara aos quarenta anos; Oscar, que estava com Miranda há mais tempo, era de formação judaica.

O padre Marcos, conhecedor da região onde atuariam, explicou que o choque das placas tectônicas era aguardado e que providências espirituais haviam sido tomadas, *inclusive construindo-se um posto de socorro espiritual sobre a região que sofreu mais danos decorrentes do epicentro da catástrofe. Engenheiros e arquitetos desencarnados movimentaram-se com rapidez e mais, recebendo também aqueles aos quais socorrêssemos.*

NAS FRONTEIRAS DA NOVA ERA

Ampliando um pouco mais seus esclarecimentos, padre Marcos deu importante informação no tocante aos ocidentais que desencarnaram na tragédia, decorrente de ligação emocional com aquele povo, esclarecendo que nesses casos as pessoas são atraídas por forças magnéticas incoercíveis, pela necessidade de resgatar antigos compromissos que *lhes pesavam na economia moral...* Tudo tem alicerces na causalidade – enfatiza Miranda.

É deveras importante a explicação do padre Marcos quanto à desencarnação de ocidentais, turistas ou não, também tragados pelas ondas violentas, em um átimo de tempo. Todavia, grande número de pessoas de diferentes nacionalidades permaneceu incólume, sem sofrer dano algum. Essa diversidade de situações é impressionante e suscita dúvidas, perguntas ficam no ar, e muitos se revoltam por não encontrar explicações razoáveis e plausíveis, supondo que Deus os está castigando, outros negando a existência de Deus pela crueldade exposta de forma tão impactante. São as desencarnações coletivas que somente o Espiritismo consegue aclarar e explicar.

Importa começarmos com Jesus, ensinando que *a cada um conforme as suas obras.* (Mt 16:27). (grifo nosso)

O ser humano sempre se perguntou acerca da justiça divina, se ela realmente existe e como funciona. Para mais compreensão observemos as condições do globo terrestre e de seus habitantes. Vemos logo que este é um planeta bastante atrasado, onde a maioria das criaturas, ignorantes das leis divinas, está nos estágios da maldade, da violência, das perversões, dos preconceitos, da guerra, deixando à mostra o atraso evolutivo em que permanecem e se comprazem.

É o caso de se perguntar: o que acontece com estes seres violentos e primitivos? E com os corruptos cujas ações prejudicam e levam a sofrimentos extremos centenas de milhares de pessoas? Ficam impunes? Se a justiça dos homens não os puniu será que a justiça de Deus os alcançará? Ou vão para o inferno eterno, conforme a Bíblia?

Inferno – esta crença amedrontou muitas gerações e, aos poucos foi se enfraquecendo. Quem for condenado ao inferno – segundo consta – ali ficará para toda a eternidade, pois nem Deus tem força para retirar alguns de seus filhos que ali estão, já que quem manda no inferno é Satanás – que neste assunto é maior que o Criador. Para elucidar este paradoxo é oportuno citar a questão 1009 de **O Livro dos Espíritos** (Feb, 2006), na mensagem de Paulo, o apóstolo, cujos argumentos são irretorquíveis:

> *Que é o castigo? A consequência natural, derivada desse falso movimento; uma soma de dores necessária a desgostá-lo da sua deformidade, pela experimentação do sofrimento. O castigo é o aguilhão que excita a alma, pela amargura, a se dobrar sobre si mesma e a voltar ao porto da salvação. O objetivo do castigo não é outro senão a reabilitação, a redenção. Querer que o castigo seja eterno, por uma falta que não é eterna, é negar-lhe toda a razão de ser.*

A mensagem de Paulo é extensa e ao final ele conclama: *deixai de comparar, na sua eternidade, o Bem, essência do Criador, com o Mal, essência da criatura; seria criar uma penalidade injustificável.*

Voltemos atenção agora para o tema justiça divina. Nada melhor que meditar acerca da questão 803 de **O Livro dos Espíritos** (Feb, 2006).

Indaga Kardec:

> *Perante Deus são iguais todos os homens? Sim, todos tendem para o mesmo fim e Deus fez suas leis para todos. Dizeis frequentemente: 'O Sol brilha para todos'. E enunciais assim uma verdade maior e mais geral do que pensais.*
> Nota de Kardec: *Todos os homens estão submetidos às mesmas leis da Natureza. Todos nascem igualmente fracos, acham-se sujeitos às mesmas dores e o corpo do rico se destrói como o do pobre. Deus a nenhum homem concedeu superioridade natural, nem pelo nascimento, nem pela morte: todos aos seus olhos são iguais.*

Para entendermos os mecanismos da justiça divina há somente um caminho: a reencarnação. Somente a reencarnação tem a chave que abre todos os insondáveis mistérios que cercam as questões humanas. Se o indivíduo se mantiver fechado a esse entendimento, se recusando a aceitar a possibilidade das vidas sucessivas, sempre se manterá em dúvida quanto à bondade de Deus e sua misericórdia. Ou pior ainda, se acredita, sem questionar, que Deus é parcial e apenas se salvam os que professam tal e qual religião, expressa com essa conduta um fanatismo extremamente egoísta, visto que, para esses que pensam dessa maneira, o restante da Humanidade não importa, contanto que ele seja salvo.

Diferente, porém, é a proposta da Doutrina Espírita que trouxe Jesus de volta à Terra, ou seja, veio relembrar os ensinamentos d'Ele e interpretá-los à luz da razão. Assim, a morte, em qualquer circunstância, expressa a condição da criatura, suas vivências até então e, mais que isto, o seu passado, que se mostra ressumando na vida atual, que nada mais é do que a verdadeira realidade por trás do sofrimento, da dor e da morte. A desencarnação, portanto, seja por idade avançada, seja por enfermidade prolongada ou a que ocorre por acidente, por uma bala perdida ou por uma tragédia em que várias pessoas são vitimadas, tem sempre um antecedente de ordem espiritual, visto que nada acontece por acaso, por azar ou por castigo. Há uma lei divina que impera não somente em nosso orbe, mas impera em todo o Universo – é a lei de causa e efeito.

A lei de causa e efeito evidencia que todo efeito tem sua origem em uma causa correspondente, isto é, o que o indivíduo faz, da forma como age, levará a uma consequência que é só dele, particular e intransferível, de acordo com o ensino de Jesus: *A cada um segundo as suas obras.* (Mt: 16,27).

A esse respeito, recordemos André Luiz, em **Ação e Reação** (Feb, 1957), explanando acerca da morte e a responsabilidade de cada um:

> *A viagem do sepulcro, no entanto, ensinou-nos uma lição grande e nova – a de que nos achamos indissoluvelmente ligados às nossas próprias obras. Nossos atos tecem asas de libertação ou algemas de cativeiro, para nossa vitória ou nossa perda. A ninguém devemos o destino senão a nós próprios.* (cap.2)

NAS FRONTEIRAS DA NOVA ERA

Finalizando o capítulo, Miranda esclarece que ele e Ivon Costa, acompanhados por Oscar, participariam da experiência iluminativa, na condição de integrantes da equipe liderada pelo Dr. White, em estágio de aprimoramento espiritual junto aos desencarnados vitimados pelo tsunami.

CAPÍTULO 05
NOVAS EXPERIÊNCIAS

A REGIÃO ONDE se realizavam os trabalhos de resgate que competiam à equipe situava-se na cidade de Sumatra, na Indonésia.

O autor espiritual relata o assombroso resultado da onda imensa e as que se sucederam, destruindo tudo, com a *velocidade e a força ciclópica do terremoto nas águas profundas do Oceano Índico, e logo depois as contínuas vibrações e seguidos choques destruidores*. A primeira onda ceifara mais de 150.000 vidas, e as sucessivas, carregadas de destroços de todo tipo e tamanho, destruíram comunidades inteiras.

Miranda, descrevendo o panorama espiritual, menciona que a atmosfera era densa e que era possível ouvir o pungente clamor das multidões de encarnados, enlouquecidos pelo sofrimento, à procura pelos entes queridos, mortos na tragédia, pelos desaparecidos e os que haviam perdido tudo.

Ressalta, também, as contribuições internacionais, que logo de imediato foram chegando, na tentativa de mi-

81

nimizar os padecimentos do povo. Entretanto, ao lado disso, surgiam grupos de exploradores, de vadios e criminosos que se aproveitavam da dolorosa circunstância para a rapina agravando o terror.

Descreve o autor espiritual que os corpos em decomposição amontoavam-se em toda parte, e no campo espiritual os recém-desencarnados, que não tinham noção do ocorrido, encontravam-se imantados aos despojos, sentindo ainda o sofrimento decorrente do afogamento, as dores provenientes de esmagamento em meio aos destroços de casas, árvores enormes, enfim tudo o que a onda jogava de roldão em direção ao que estava no caminho da destruição.

Nessa altura apraz-me lembrar de André Luiz e do livro **Ação e Reação** (Feb, 1957) nesse tema deveras importante, acerca das desencarnações coletivas. Para situar o (a) leitor (a) eu esclareço que André Luiz e seu companheiro Hilário estavam em visita a uma escola denominada "Mansão Paz", situada nas zonas inferiores, que estava sob a jurisdição de "Nosso Lar" há mais de três séculos; escola esta destinada à reintegração e reajuste de Espíritos infelizes, em busca da própria regeneração.

No capítulo 18, "Resgates Coletivos", André Luiz e Hilário foram chamados pelo instrutor espiritual Druso, ao seu gabinete particular, para cientificá-los de que na Terra ocorrera um desastre de avião com vítimas. Surpresos viram por meio de um pequeno **televisor** as imagens da região montanhosa e a aeronave destroçada e a cena resultante disso. (grifo nosso)

Com a palavra, André Luiz:

A cena aflitiva parecia desenrolar-se ali mesmo. Oito dos desencarnados no acidente jaziam em posição de choque, algemados aos corpos, mutilados ou não; quatro gemiam, jungidos aos próprios restos, e dois deles, não obstante ainda enfaixados às formas rígidas, gritavam desesperados, em crise de inconsciência. Contudo, amigos espirituais, abnegados e valorosos, velavam ali, calmos e atentos (...).

Diante do quadro que se lhes apresentava e vendo enfermeiros e socorristas atendendo às vítimas, André Luiz e Hilário pediram permissão a Druso para igualmente colaborar no local do desastre. Entretanto, Druso não concordou e explicou que o trabalho exigia especialistas e colaboradores rigorosamente treinados. O acidente suscitou algumas indagações de Hilário, pertinentes à libertação dos Espíritos recém-desencarnados de seus corpos. Druso explanando a respeito diz: *(...) não podemos esquecer que se o desastre é o mesmo para todos os que tombaram, a morte é diferente para cada um.*

Cada vítima teria, portanto, o desligamento dos despojos de acordo com o tipo de conduta que lhe assinalava a vivência; assim, aqueles cuja vida interior apresentasse condições vibratórias de mais equilíbrio e conquistas morais, receberiam ajuda imediata para um desligamento tranquilo. Outros, em situação espiritual mais difícil, apresentando baixo padrão vibratório permaneceriam ligados aos restos mortais de acordo com o tempo de cada um. Druso explica que tal coisa depende do grau de animalização dos fluidos daqueles que são apegados à vida física. E acrescenta:

O gênero de vida que alimentamos no estágio físico dita as verdadeiras condições de nossa morte. Quanto mais chafurdamos o ser nas correntes de baixas ilusões, mais tempo gastamos para esgotar as energias vitais que nos aprisionam à matéria pesada e primitiva de que se nos constitui a instrumentação fisiológica, demorando-nos nas criações mentais inferiores a que nos ajustamos, nelas encontrando combustível para dilatados enganos nas sombras do campo carnal propriamente considerado.

♦♦♦

Voltando às vítimas do tsunami, o cenário era ainda mais terrível, pois Miranda e seus companheiros de equipe defrontaram com aspectos extremamente trágicos da degradação humana, pois ali eles estavam em meio às milhares de vítimas, um grupo de desencarnados que fazia lembrar chacais famintos disputando os despojos espalhados.

Dr. White, que presidia os trabalhos de resgate, elucidou que tais criaturas disputavam as energias dos recém-desencarnados, iniciando ali infeliz processo de vampirização inferior, mas, como é óbvio, isto ocorria com aqueles que vibravam na mesma faixa, resultado de uma vida de desequilíbrio e irresponsabilidade.

Convém observar os procedimentos que seriam adotados, dali em diante. A começar quando o Dr. White designou o amigo Abdul, que se encontrava com os trajes mulçumanos convencionais, para que atendesse aos espíritos infelizes. Imediatamente Abdul, de pé, recitou um dos

Nas fronteiras da nova era

capítulos do Corão, em tonalidade ritmada, cuja vibração especial se espraiou por todo o ambiente e,

> *(...) subitamente houve um silêncio aterrador, com os bandoleiros espirituais como que despertando da alucinação. Nesse momento, Ana aproximou-se carregando um archote que clareava o ambiente, erguido com o braço direito acima da cabeça e, tomados de espanto, os vampiros e exploradores pararam a agressividade.*

Abdul serenamente continuou a recitar o Livro, respeitosamente.

Dr. White, em seguida, esclareceu aos recém-desencarnados a real situação, ao tempo em que muitos foram atendidos e desligados para receberem um repouso necessário. Ao mesmo tempo, padre Marcos acorria a desligar determinado espírito de uma situação extremamente sofrida. Toda a equipe passou, então, a trabalhar no sentido do desligamento dos cadáveres a que se encontravam imantados grande número de sofredores.

Grupos de padioleiros transferiam os atendidos que seriam levados para a comunidade espiritual temporária. Abdul, profundo conhecedor da alma humana, continuava pregando, agora a um grupo de obsessores e espíritos zombeteiros. Vários e emocionantes casos bem-sucedidos são registrados por Miranda.

◆◆◆

Cabe aqui uma observação acerca do assunto.

As nossas atuais reuniões mediúnicas, realizadas nos moldes preconizados pela Doutrina Espírita, espalhadas por todo o país e, igualmente no Exterior, de maneira geral, têm experiências muito ricas e variadas nesta questão da imantação do espírito quando extinta a vida corporal.

Na reunião em que trabalho, na Sociedade Espírita Joanna de Ângelis, em Juiz de Fora, MG, ao longo dos anos, muitos Espíritos se comunicaram dando depoimento de seus terríveis sofrimentos, sem ter noção da própria morte; sentem-se fechados em um buraco muito escuro, junto a um cadáver putrefato, sem conseguir se deslindar desse horror. Clamam, choram, têm pavor da escuridão, sentem os vermes a corroerem a si próprios, enquanto pensam que não são com eles que isso acontece, mas com aquele trapo imundo ao qual estão ligados. Ao se comunicarem na reunião, isto significa que foram desligados dos despojos e trazidos ao ambiente espiritual da Casa, porém a mente mantém a ideia fixa, o que os faz sentir como se estivessem ainda no mesmo local.

O dialogador hábil e experiente procura fazer com que o Espírito comunicante aos poucos se dê conta de que se libertou do sofrimento, levando-o a sentir que não está mais naquele local horrível, pode inclusive dizer: – "Observe que você agora está sendo retirado de lá, sinta o ar fresco da noite (ou do dia), sinta que está sendo socorrido e agora está aqui, em um ambiente aconchegante para seu refazimento, em nome de Jesus". A partir desse ponto o comunicante passa a se sentir totalmente livre e aliviado dos sofrimentos anteriores e o doutrinador o atenderá conforme a necessidade que apresentar.

NAS FRONTEIRAS DA NOVA ERA

Conforme enfatiza o autor espiritual:

> *Não existem violências nas Leis de amor, sendo necessário qualquer forma de identificação entre aqueles que necessitam e quem se predispõe a ajudá-los. Eis porque, não poucas vezes, o sofrimento ainda é a melhor psicoterapia de que a vida se utiliza para despertar os dementados pelo prazer e os aficionados da crueldade.*

Por oportuno, eis o que diz Allan Kardec, em **O Céu e o Inferno**, quando aborda o tema que intitula de "O Passamento":

> *Na morte violenta as sensações não são precisamente as mesmas. Nenhuma desagregação inicial há começado previamente a separação do perispírito; a vida orgânica em plena exuberância de força é subitamente aniquilada. Nestas condições, o desprendimento só começa depois da morte e não pode completar-se rapidamente. O Espírito, colhido de improviso, fica como que aturdido e sente, e pensa, e acredita-se vivo, prolongando-se esta ilusão até que compreenda o seu estado (...). Há, além disso, dentro desse caso, uma série infinita de modalidades que variam segundo os conhecimentos e progressos morais do Espírito.* (Segunda parte cap.1it. 8)

Capítulo 06
O serviço de iluminação

O TRABALHO DE resgate orientado pelo Dr. White prosseguia; eram quase mil vítimas que estavam sob os cuidados da equipe espiritual. Na esfera física, a procura de cadáveres para identificação mostrava um cenário de dor e sofrimento. Ana continuava a manter o archote aceso, derramando claridade no local.

Miranda narra então que algo aterrorizante aconteceu. Deixemos a palavra com ele:

> *Em determinado momento, escutamos uivos arrepiantes e vimos em movimento uma densa formação agitando-se e aproximando-se como se empurrada por ventos suaves, imperceptíveis para nós outros... Ao acercar-se, podemos ver em hediondez diversos Espíritos com fácies e formas lupinas como se estivéssemos em um cenário de imaginação doentia, observando antigos seres humanos que se fizeram vítimas de zoantropia. Com aspectos repelentes e hórridos (...) procuravam os cadáveres cujos Espíritos estávamos libertando. Subitamente tentaram atirar-se sobre um dos montes de membros e corpos misturados, como se estivessem esfaimados.*

Nesse instante preciso, o padre Marcos, obedecendo a um sinal do Dr. White, rapidamente desdobrou uma enorme rede de fios luminosos, e auxiliado por Ivon e Oscar, atirou-a com habilidade sobre o monturo fétido. Tratava-se de uma defesa magnética, que irradiava energia especial, que apavorou os agressores fazendo com que se afastassem em tropel rápido, sem que houvesse maiores perturbações.

Algumas dúvidas podem ocorrer a quem está lendo, que deseja ser informado dessa história de espírito virar animal, lobo, como foi dito. Para isso vou mencionar alguns aspectos dessas duas características, envolvendo essa mudança, que realmente ocorre.

A palavra Zoantropia tem origem do latim (zoo-animal e anthropos-homem), é o fenômeno em que espíritos desencarnados devotados ao mal se apresentam em forma de animais, demonstrando assim sua degradação moral e espiritual. Esse processo se dá em espíritos cuja mente está totalmente arraigada à maldade, à perversidade, mantendo ideias cristalizadas em crueldades extremas, o que os leva, aos poucos, a uma transformação gradual do perispírito, que obedece ao padrão vibratório interior.

A zoantropia também pode ser processada através de uma indução hipnótica, de um espírito extremamente inferior que atua sobre um desencarnado mergulhado em suas culpas, fraco e vulnerável, para escravizá-lo, dominando a sua mente, dando-lhe, então, o comando hipnótico para que se sinta com uma forma animalesca.

Com respeito ao espírito, muito inferior, tomar a forma que lembra um lobo denomina-se licantropia. Martins Peralva, em seu livro **Estudando a mediunidade,** explica que licantropia *é o fenômeno pelo qual espíritos, pervertidos no crime, atuam sobre antigos comparsas, encarnados ou desencarnados, fazendo-os assumir atitudes idênticas às de um animal.* No caso em pauta, à forma de um lobo.

Acrescento de minha parte, a essa definição, que este mesmo processo pode também ser exercido por espírito obsessor, através de uma fascinação levada a um grau intenso sobre a mente da criatura visada, por desejo de vingança, devido a situações do pretérito, quando o atual algoz foi profundamente atingido por este que hoje é a vítima. O ódio exacerbado expressa grande sofrimento interior.

Tenho mencionado, a partir do meu livro **Obsessão/desobsessão** (Feb, 1981), que quanto maior é o ódio mais reflete um superlativo sofrimento interior daquele que está se vingando. O maior sofredor, portanto, é quase sempre o algoz de hoje que foi a vítima de ontem.

Existe ainda outra circunstância que é interessante aduzir. Exemplo disso é o espírito tão inferior, odiento, totalmente revoltado contra a vida, com tanta raiva por existir, que passa a se sentir como um animal porque ele próprio assim se denomina.

Comunicações mediúnicas desse tipo, algumas ocorreram em nossa reunião mediúnica, por meu intermédio. O espírito insistia em dizer ser um predador. Nada mais importava para ele, queria deixar de existir. O esclarecedor, muito experiente, começou a argumentar com esse irmão tão infeliz, que ele jamais deixaria de existir, prova disso é que ele pensava, era capaz de pensar e, ali, no momento da comunicação, estava com pensamentos bem ordenados, e perguntou-lhe se ele havia se dado conta disso. (Nessa circunstância não adianta falar em Deus, logo nas primeiras palavras, nem no amor).

Quando o **espírito pensou que pensava, se deu conta da sua realidade mental, como ser humano,** disse: – Mas eu não quero pensar, eu quero extinguir isto! – Foi

Nas fronteiras da nova era

a vez de o doutrinador argumentar: – Você já sabe que isto é impossível, você sempre produzirá pensamentos, você é um ser pensante! Então, por que não modificar sua conduta mental? Você tem medo de querer ser feliz? De ser feliz?

Nesse momento o comunicante foi atingido no cerne do seu sofrimento. Continuando o esclarecedor disse: – Meu irmão! Você é um ser destinado à luz, não às trevas. Se você permitir e desejar, vamos ajudá-lo a reverter a sua forma, a medicá-lo, para isto estamos aqui. Porque entendemos a sua dor. Também nós resvalamos muitas vezes para os abismos. Você é um filho de Deus, que o criou para a perfeição! Que o criou para o amor!

O espírito começou a gemer, profundamente, roucamente. Assentia com a cabeça e dava profundos suspiros dolorosos, que emocionou a todos. Foi feita uma prece e a equipe espiritual o adormeceu para encaminhá-lo para um demorado tratamento espiritual.

♦♦♦

Retornando ao capítulo citado, Dr. White, diretor dos trabalhos de resgate, percebendo o impacto de terrível cena e que Miranda apresentava mentalmente algumas interrogações, passou a esclarecer quanto aos Espíritos cuja forma perispirítica se apresentava como um lobo selvagem. Ele elucida,

> (...) que construíram as aparências perversas atuais como decorrência do mal que praticaram indiferente ao sofrimento que causavam. Haviam perdido a sensibilidade do amor e, por isso mesmo, deformaram psiquicamente o perispírito que, após

a desencarnação do corpo somático, encarregou-se de modelá-los conforme se encontram.

Sucede que a única diferença em relação aos demais casos de zoantropia, é que, normalmente, a ocorrência é individual, no entanto, porque constituíam um grupo asselvajado que laborava em conjunto, o fenômeno alcançou-os a todos, neles plasmando a deformidade lupina que os faz temerários, imprimindo-lhes as necessidades alimentares típicas do gênero canis lúpus, *mantendo a mente entorpecida... Por automatismo, prossegem na sanha do desequilíbrio até o momento quando a misericórdia de Deus deles se compadeça e sejam recambiados às reencarnações expiatórias muito dolorosas...*

Prosseguindo em suas elucidações, Dr. White ressalta a importância da força do pensamento que procede de cada ser, e quando isto for conhecido, será promovida uma mudança radical no comportamento moral e social. – Por enquanto, – disse, vemos a decadência dos valores éticos e morais, dando lugar a tantas aberrações que se pode presenciar no mundo atualmente.

Enfatiza, igualmente, a questão de que muitos *multiplicadores de opinião* sintonizam com essas Entidades inferiores, especialmente durante o desdobramento do sono físico, quando aqueles imprimem em suas mentes a devassidão, o desvario, a degradação moral. Ao acordar, na faina diária, passam a estimular, em programas de baixíssimo nível moral, a luxúria, o sexo desequilibrado, açodado pelas drogas alucinógenas, pelo álcool, pelas substâncias farmacêuticas estimulantes, que o povo incauto vai absorvendo e imitando.

Nas fronteiras da nova era

Menciona ainda, o Dr. White que:

> *Não seja de surpreender a debandada das gerações novas para as músicas de sentido infeliz, nos bailes de procedência primária e sensualidade, onde a perversão dos sentimentos é a tônica, e o estímulo à violência, à rebeldia, à agressividade constitui o panorama da revolta, afinal contra o quê? Tornam-se adversários do denominado contexto, em vez de desenvolverem os valores dignificantes para melhorá-lo, mergulham fundamente nas paixões mais vis, tornando piores para eles mesmos e para os outros os dias que enfrentam... Fogem, então, para a consumpção por meio das drogas, da exaustão dos prazeres sensuais e perversos.*

Após as reflexões do diretor dos trabalhos, Miranda traça o cenário sombrio, na visão espiritual, da região onde o tsunami alcançou.

Ressalta a presença de turistas de várias partes do mundo,

> *(...) para desfrutarem das facilidades morais, sexuais, de jovens adolescentes, vendidos pelos pais irresponsáveis ao comércio da licenciosidade... Hábitos ancestrais ainda vigentes de total desrespeito pela mulher e pelo ser humano, facultavam a larga prostituição de meninas e de meninos que serviam de mascotes aos ocidentais que os podiam comprar a preço bastante acessível para eles.*

Essa situação, sendo cultivada ao longo dos anos, foi gradualmente gerando uma psicosfera doentia em toda região, de enorme intensidade, naquele momento, afetada pela catástrofe, que teve uma função purificadora, alterando os costumes e comportamentos morais através da dor – que, como sabemos, segundo a Benfeitora Joanna de Ângelis, não tem uma função punitiva, mas educativa. Lembra também o autor espiritual que as religiões hoje enfraquecidas não oferecem às criaturas uma perspectiva melhor e mais elevada, que atenda aos anseios íntimos de cada um. E enfatiza: *Como faz falta a presença de Jesus no mundo, assim como dos Seus embaixadores que, através dos tempos, vieram preparar-Lhe o advento!*

Após essas considerações, Miranda nota que no local da tragédia uma mulher gritava procurando a mãe, também vítima da onda devastadora, lutando por se libertar do corpo. Imediatamente ele acorre a ajudá-la, quando algo de belo aconteceu: na densa escuridão surgiu a própria mãezinha, lúcida, amparada por um nobre amigo desencarnado, passando a ajudá-la a se libertar do corpo. Em seguida abraçou a filha ainda desequilibrada e começou a cantar uma doce melodia. A jovem aos poucos se acalmou e adormeceu, sendo conduzida a outra esfera.

O autor espiritual finaliza o capítulo citando que, embora o Sol clareasse a imensa área, no plano espiritual a região permanecia em trevas e a multidão desencarnada, desarvorada, prosseguia aguardando o sublime contributo da iluminação espiritual.

Capítulo 07
O amor como força divina

Os trabalhos de desligamento de Espíritos desencarnados, ainda presos aos despojos, prosseguiam a mais de vinte horas ininterruptas, quando algo inusitado surpreendeu a equipe. Narra Miranda, que se aproximou deles um grupo de bandidos desencarnados, demonstrando agressividade, armados com instrumentos de guerra: flechas, azagaias, lanças e outros, e o chefe do grupo foi logo inquirindo acerca de quem seria o responsável pela invasão da área em que estavam atuando.

Dr. White, calmamente, respondeu que ali estavam atendendo ao apelo dos Guias Espirituais do País, que havia recorrido a todos quanto desejassem cooperar, para minimizar os terríveis resultados da tragédia. De forma arrogante o outro foi logo dizendo que era o proprietário de toda a área onde atuavam. Fez em seguida, um grande arrazoado, dizendo estar servindo ao seu país, cujo povo tem sido vítima de intervenção alienígena; que tudo deveria ser feito por eles, os indonésios. O diretor da equipe espiritual explicou: *(...) as fronteiras a que você se refere, ficaram na geografia terrestre, que não é abrangida por esta área, afinal todas de propriedade divina.*

Aqui estamos a convite dos reais governadores do país, portanto, dos respeitáveis embaixadores de Deus (prossegue o Dr. White), *com objetivo de desalgemar os irmãos infelizes dos seus despojos e libertá-los dos vampiros do Além-túmulo, e tenha a certeza de que não arredaremos pé dos nossos compromissos, confessando-lhe que, de maneira alguma, temos medo de suas ameaças e da farândola que o acompanha temente e assustada.*

O chefe do bando deu ordem a que todos os trabalhadores do Bem se retirassem, enquanto a grande malta aplaudia, tocando tambores e produzindo sons estranhos. Como todos se conservassem impassíveis ele ordenou a seus comandados que atacassem. Dr. White que se conservava concentrado à espera dessa reação transformou-se como uma lâmpada espargindo claridade, o que fez com que a horda suspendesse o avanço, silenciando a gritaria, passando a ouvir a voz do mentor, em seu próprio dialeto.

Com voz enérgica e poderosa ele fez, então, uma conclamação ao despertamento, enquanto do mais alto bátega de luz se derramava sobre todos, provocando mudanças interiores, enquanto muitos choravam e se lamentavam.

Libertai-vos do mal – prosseguiu e adotai o amor a vós mesmos, inicialmente, para depois poderdes amar a vosso próximo e, por fim, a Deus. Sois todos, como nós outros, filhos do mesmo Pai Generoso que vos espera compassivo. Este é o vosso momento de renovação, aproveitai-o com decisão e coragem de romper com as amarras da ignorância e da perversidade que vos têm infelicitado por tão largo período.

Nas fronteiras da nova era

Dominados pela força do amor, atiraram ao solo as armas que traziam e pediam amparo e proteção aos trabalhadores de Jesus. Blasfemando, o chefe do grupo ordenava que atacassem, soltando os cães e disparando as armas, inutilmente, porque a debandada era geral. À medida que mudavam de lado, buscando o acolhimento, alargava-se a faixa vibratória defensiva que resguardava a todos. Por fim, o mentor dirigiu-se ao chefe do bando: *Vinde, também, vós que estais sedentos de luz e de amor.*

O infeliz comandante emitiu um ruído estranho, evidenciando no rosto todo o horror que trazia no íntimo, começou a tremer, sendo tomado por uma convulsão e caiu ao solo. Alguns de seus subordinados vendo a cena fugiram, gritando desesperadamente.

O dirigente da equipe espiritual, suavemente, afirmou:

– *Jesus sempre vence!*

Acrescentando: – *O amor é força divina que sempre triunfa.*

◆◆◆

Pausa para comentar o texto.

O enfrentamento da equipe do Dr. White, diante do bando de salteadores, remete-nos à obra de André Luiz; quem a conhece irá se lembrar do livro **Obreiros da Vida Eterna**, (Feb,1971) quando ele aborda a interessante e elucidativa questão da *Casa Transitória*, visto que certas peculiaridades desta se aproximam do relato de Miranda, que acabo de apresentar.

A *Casa Transitória de Fabiano,* fundada por Frei Fabiano de Cristo, é uma grande instituição destinada a socorrer Espíritos recém-desligados do corpo físico, situada em região de denso nevoeiro, próxima à crosta terrestre. A realidade é que são muito raros aqueles que, após a morte do corpo carnal, estão em condições de compreender essa passagem do plano terrestre para a dimensão espiritual. É o que relata o Assistente espiritual Jerônimo a André Luiz – acrescentando:

> *Se entregues à própria sorte, seriam fatalmente agredidos pelas entidades perversas, ou habilmente desviados por elas do bom caminho de restauração gradual das energias interiores. Daí a necessidade desses abrigos fraternais, em que almas heroicas e dedicadas ao sumo bem se consagram a santificadas tarefas de amparo e vigilância.*

André Luiz está em visita a esse instituto. Diante da acolhedora casa, Jerônimo menciona que ela se destina a socorros urgentes e ressalta ser também um asilo móvel, o que surpreende o autor espiritual. Por outro lado a casa sofre permanente cerco de Espíritos desesperados e revoltados, o que os obriga a manter constantes defesas magnéticas. Outro aspecto da casa refere-se ao fato de centralizar numerosas expedições de irmãos abnegados em trabalhos socorristas aos abismos tenebrosos.

Mais adiante André Luiz teve a experiência de estar presente quando do ataque de Espíritos perversos a casa. Ele se encontrava em proveitosa conversa com Irmã

NAS FRONTEIRAS DA NOVA ERA

Zenóbia, dirigente da instituição, quando soou uma estridente campainha e logo em seguida um dos encarregados da vigilância anunciou:

> — *Irmã Zenóbia, aproximam-se entidades cruéis. A agulha de aviso indicou a direção norte. Devem estar a três quilômetros, aproximadamente.*
> — *Acendam as luzes exteriores!* — Ordenou — *todas as luzes! E liguem as forças de defesa elétrica, reforçando a zona de repulsão para o norte. Os invasores desviar-se-ão.*

Discorre André Luiz a respeito das emoções daquele instante; inclusive, que acompanhou as providências através de minúscula abertura, quando enormes holofotes se acenderam no exterior, comparando como se fosse ali um grande navio, em pleno nevoeiro em zona perigosa. Zenóbia, então, comenta: — *É lamentável — exclamou — que tantas inteligências humanas, desviadas do bem e votadas ao crime, se consagrem aqui ao prosseguimento de atividades ruinosas e destruidoras.*

Nesse instante, gritos aterradores fizeram-se ouvir, como se à curta distância tivessem ali hordas de enraivecidos animais ferozes. O vozerio tornara-se enorme. Podia se distinguir rugidos de leões, uivos de cães, silvos de serpentes e guinchos de macacos. Essas criaturas passaram a atacar a casa com petardos magnéticos, o que levou a diretora a determinar que passassem a emitir raios de choque fulminante. Tal medida fez com que a turba fugisse ruidosamente.

Zenóbia falou, satisfeita com o resultado: – *Agora, peçamos ao Mestre conceda aos infelizes o caminho adequado às suas necessidades.*

Repetindo a palavra do Dr. White: – *Jesus sempre vence!*

Capítulo 08
Socorros inesperados

Após a conclamação feita pelo Dr. White, narra Miranda, neste capítulo, muitos Espíritos se mostravam arrependidos, pedindo socorro e abrigo, o que levou o benfeitor a solicitar ajuda para que fossem transportados para o local onde pudessem ser tratados. A situação do grupo despertava compaixão, pois que os espíritos se apresentavam assinalados por graves enfermidades psíquicas e emocionais, decorrentes dos maus-tratos a que foram submetidos pelos verdugos.

O autor espiritual, que os observava, comenta que eles próprios começaram, então, a perceber a condição em que se encontravam, *assim como as marcas profundas dos distúrbios ocasionados pela insânia que se permitiam.* O perispírito de cada um expressava os estados mentais e sentimentos que o caracterizavam.

Entretanto, Miranda trazia em sua mente várias interrogações e, ao primeiro ensejo, expõe ao mentor o que tanto desejava:

NAS FRONTEIRAS DA NOVA ERA

— Tendo-se em mente que os indigitados irmãos que vieram agredir-nos estavam estruturados na linguagem nacional, não entendendo outro idioma, como foi possível travar-se o diálogo vigoroso que tivéramos ocasião de ouvir?

Dr. White esclareceu:

Utilizei-me da onda mental sem a sua verbalização em palavras. Em face das circunstâncias e do pensamento que a elaborava, os irmãos aflitos escutavam na sua língua de comunicação habitual, por estarmos vibrando na mesma faixa de pensamento. Por outro lado, os amigos do nosso grupo, por sua vez ouviam o diálogo no idioma com o qual nos comunicamos, qual ocorre em nossos contatos íntimos. Constituindo um grupo de Espíritos procedentes de países diferentes, a nossa comunicação é mental, sem a necessidade da expressão oral, formulada nos padrões de cada idioma.
A linguagem do Universo é o pensamento que modula as expressões de acordo com a captação de cada ouvinte. Essa tarefa de interpretação da linguagem é característica do perispírito que armazena as matrizes idiomáticas dos países por onde transitamos, nas diversas existências corporais. Mesmo quando estamos diante daqueles que procedem de regiões pelas quais não passamos no percurso das reencarnações, a sua mente capta a onda emitida e a decodifica. Tudo ocorre com automatismo e naturalidade, sem que haja esforço de

quem quer que seja. Nada obstante, quando ocorre uma sintonia por ideias, interesses ou anelos, o fenômeno se torna mais eficiente e mais rápido.

O Espiritismo, compreendendo que o pensamento é a base de toda a vida humana, ressalta esse tema de modo prioritário. Interessante, pois, destacar alguns dos ensinos proporcionados pelos Espíritos Superiores em **O Livro dos Espíritos** (Feb, 2006). Sobre o assunto, o Codificador pergunta:

O pensamento não é a própria alma que se transporta?

Quando o pensamento está em alguma parte, a alma também aí está, pois é a alma quem pensa. O pensamento é um atributo. (Q. 89a)

Mais adiante, Kardec enfoca a comunicação entre os Espíritos, propondo a pergunta 282:

Como os Espíritos se comunicam entre si?
Eles se vêem e se compreendem. A palavra é material: é o reflexo do Espírito. O fluido universal estabelece entre eles uma comunicação constante; é o veículo da transmissão do pensamento, como, para vós, o ar é o veículo do som; uma espécie de telégrafo universal que liga os mundos e permite que os Espíritos se correspondam de um mundo a outro.

Essa notável resposta do Espírito de Verdade abre uma visão totalmente nova acerca da comunicação universal. Começamos a entender que no plano espiritual não

NAS FRONTEIRAS DA NOVA ERA

necessitaremos de quaisquer tecnologias, como as que temos aqui na Terra, para nos comunicarmos; porém, é bom lembrar que isto se refere a Espíritos de elevada condição espiritual. Os de mediana evolução, digamos, como André Luiz, no momento em que escreve as suas obras, ainda não havia "treinado" o suficiente para realizar esse tipo de transmissão, que exige, é claro, determinado controle mental mais apurado. Quanto aos Espíritos inferiores, estes ainda prosseguem comunicando-se por meio da linguagem articulada, ou seja, as palavras verbalizadas.

Quanto a isso, tenho a impressão de que quando existe sintonia mental, vibracional, afetiva e também de ideias, pode ocorrer aqui mesmo no plano terreno a captação mútua de pensamentos, que com o tempo e o convívio amigável, de amor fraternal legítimo, favorece a comunicação mental, porque todos vibram em mesma faixa e têm satisfação em estar juntos, para uma permuta de experiências extremamente enriquecedora.

Em **A Gênese** (Feb, 2002) o mestre lionês elucida:

> *Sendo os fluidos o veículo do pensamento, este atua sobre os fluidos como o som sobre o ar; eles nos trazem o pensamento, como o ar nos traz o som. Pode-se pois dizer, sem receio de errar, que há, nesses fluidos, ondas e raios de pensamentos, que se cruzam sem se confundirem, como há no ar ondas e raios sonoros.* (it.15)

Autores espirituais trazem elucidações bastante avançadas, conforme, por exemplo, André Luiz em seu livro **Mecanismos da Mediunidade** (Feb, 1960), psicografado por Francisco Cândido Xavier, quando menciona que podemos considerar *o Universo como um todo de forças dinâmicas, expressando o Pensamento do Criador.*

Ao citar este texto acima no meu livro **Os poderes da mente** (Ebm, 2003) eu acrescento: é realmente extraordinário sabermos, conforme André Luiz informa, que a energia mental própria da inteligência humana faz parte desse oceano cósmico, *dotada igualmente da faculdade de mentalizar e co-criar* – aduzindo: *Nos fundamentos da Criação vibra o pensamento imensurável do Criador e sobre esse plasma divino vibra o pensamento mensurável da criatura a constituir-se no vasto oceano de força mental em que os poderes do Espírito se manifestam.*

◆◆◆

Retornando ao capítulo que estou comentando, Miranda relata que as explicações do Dr. White foram interrompidas pela chegada de alguns trabalhadores especializados, que saltaram de um veículo parado a regular distância, e que se identificaram como aqueles que vieram atender ao pedido que ele fizera, com a finalidade de encaminhar as entidades sofredoras. Estas foram acomodadas no transporte, num total de oitenta.

Todos esses acontecimentos levaram Miranda a se sentir comovido ante as messes de misericórdia com que fora agraciado. Ele reflete:

> *Enquanto mourejava na Terra, abraçando a Doutrina dos Espíritos, tentava compreender como seria a vida fora da vestimenta carnal, sem o conseguir em plenitude. Por mais que a imaginação procurasse encontrar parâmetros para facultar-me*

NAS FRONTEIRAS DA NOVA ERA

o entendimento, tudo quanto lograva conceber era muito pálido em relação à realidade, na qual ora me encontrava.

É muito difícil estar-se mergulhado no mundo dos efeitos, tentando entender as causas, qual acontece com o conteúdo de qualquer natureza, que procure imaginar como será o continente que o guarda...

A constatação é de que somente há vida em toda parte, movimento e ação, sendo a Terra uma pobre cópia daquele admirável mundo pulsante, permanente de onde nos originávamos.

Miranda fazia essas reflexões em momento de repouso, que fora proporcionado à equipe. Orando em favor dos irmãos em processo de renovação sentiu-se dominado por suave paz e adormeceu, quando teve um sonho feliz em que se encontrava em região de beleza inimaginável.

CAPÍTULO 09
DESAFIOS EXISTENCIAIS

NOVAMENTE RETORNANDO AOS labores na região destroçada pelo tsunami, Miranda e toda equipe liderada pelo Dr. Charles White recomeçaram a cumprir o programa de assistência espiritual aos irmãos do carreiro evolutivo.

Logo Miranda teve a atenção despertada pelo Espírito de uma mulher que se encontrava sob o domínio terrível de um Espírito masculino, que a explorava psiquicamente de maneira cruel. A atormentada criatura debatia-se entre as sensações da decomposição cadavérica avançada e a injunção penosa a que ele a submetia. Nesse momento aproximou-se uma anciã desencarnada, informando ser a mãe da sofredora e pedindo ajuda.

Ela relatou de imediato, ter sido sua filha casada aos catorze anos de idade, conforme os costumes em que viviam, com um homem muito mais velho, de aparência respeitável, mas de caráter vil, que a encaminhou a um prostíbulo de luxo, do qual era proprietário. Ali foi treinada a uma dança muito sensual, tornando-se famosa; depois acabando viciada em drogas terríveis.

O pai, em razão da sorte da filha, falecera ante o desgosto e o choque com a religião, por serem mulçumanos austeros. Algumas vezes a mãe a visitou, tentando convencê-la a mudar de vida, mas foi expulsa do bordel, pela filha, sempre dominada pelo próprio marido. Pouco depois, em meio aos desgostos e angústias, a mãe faleceu vitimada por um ataque cardíaco. E ali estava suplicando compaixão para a desditosa filha: – *Por favor, socorram-na – rogou, súplice, de mãos postas e quase ajoelhando-se, no que foi impedida de imediato. Um ser demoníaco toma-a e desgraça-a desde aqueles longes-pertos dias de aberrações.*

Miranda, esclarecendo, expõe:

> *Não havia dúvida que a jovem dançarina atraíra terrível amante de outra existência que se lhe vinculara psiquicamente enquanto no corpo físico, enciumado da conduta que se permitia, passando a explorá-la nos conúbios sexuais e de perversão, usurpando-lhe as energias emocionais e, não pou-*

cas vezes, tomando-a em surtos obsessivos terríveis...

Examinando o psiquismo do perseguidor, pudemos perceber-lhe os clichês mentais das mais chocantes aberrações, a revolta pela morte que a dominara durante o tsunami, assim ameaçando-lhe a exploração de energias. Tão profundos eram os vínculos entre um e outro, perispírito a perispírito, que ele se lhe imanava qual um molusco à concha que conduz, perversamente ameaçando-a.

Diante desse doloroso quadro o autor espiritual aproximou-se e aplicou-lhe energias balsâmicas e calmantes, enquanto a mãezinha orava sutras do Corão. Aos poucos a filha amada foi adormecendo; nesse instante Abdul veio auxiliar, desligando-a dos despojos. Mas o malfeitor permanecia tão ligado a ela que lembrava um caso de xifopagia espiritual, gritando com medo de perder a sua presa. Abdul então começou a falar-lhe com energia e ternura, sobre o crime que estava cometendo, e que a partir daquele momento a exploração chegara ao fim. Segundo Miranda, a conduta mais apropriada seria também adormecê-lo. Importante seria, inclusive, que ela, a partir de então, mudasse o teor de seus pensamentos, visto que a situação acontecia devido à conduta que levava, facilitando ao agressor encontrar no seu chacra coronário e sexual os plugues, as tomadas necessárias para a atuação.

A mãezinha dedicada abraçando a filha externava sua emoção e alegria procurando oscular as mãos daqueles que a ajudaram. Nessa pequena pausa que se seguiu à libertação da jovem dançarina, Miranda tece algumas considerações relacionadas com as obsessões que prosseguem após a morte da vítima.

SUELY CALDAS SCHUBERT

♦ ♦ ♦

Interrompemos o relato acima para entrarmos em um assunto de grande complexidade, que é a obsessão grave, ou subjugação.

Podemos inferir, desde agora, que o caso da dançarina desencarnada, quando ainda estava no plano físico, era o de subjugação pelo Espírito do amante do passado.

Importa tecermos algumas considerações, antes de tratarmos do caso citado.

Inicialmente é oportuno reflexionar quanto às diretrizes apresentadas por Allan Kardec, em **O Livro dos Médiuns** referentes à subjugação. Entretanto, para ampliar a compreensão, recordemos que o Codificador cita no capítulo intitulado "Da obsessão", que *A obsessão consiste no domínio que alguns Espíritos conseguem adquirir sobre certas pessoas. Nunca é praticada senão pelos Espíritos inferiores, que procuram dominar. Os bons Espíritos nenhum constrangimento infligem.*

As principais variedades são: a obsessão, a fascinação e a subjugação, sendo esta a de maior gravidade.

Kardec esclarece que as causas da obsessão relacionam-se, quase sempre, com propósitos de vingança, Espíritos que desejam vingar-se decorrente de algum mal que lhe foi feito nesta ou em outra vida. Na grande maioria sobressai o ódio, que pode estar sendo cultivado há séculos ou por pouco tempo, mas que impele o Espírito a cobrar o que lhe acha ser devido. Sob outro aspecto estão as entidades que fazem o mal pelo prazer de ver as pessoas sofrerem, já que também são, intimamente, grandes sofredores, revoltados, etc.

No caso que está sendo estudado, encontra-se o Espírito inferior em processo de vingança, buscando cobrar sofrimentos que, no passado, lhe foram infligidos por esta que hoje é a vítima.

O que ressalta, porém, é que aquela que é o alvo da perseguição e da vingança estava em um padrão vibratório muito baixo, devido ao tipo de vida que adotava, em meio a vícios, à sordidez a que se entregava, abrindo, então, campo mental propício à atuação do vingador, por sintonizar em faixa compatível com as preferências desregradas, desequilibradas que, afinal de contas, ambos cultivavam.

No meu livro **Obsessão/desobsessão** destaco que o obsessor

> *(...) é, em última análise um irmão enfermo e infeliz. Dominado pela ideia fixa (monoideísmo) de vingar-se, esquece-se de tudo o mais e passa a viver em função daquele que é o alvo de seus planos. E, na execução desses o seu sofrimento ir-se-á agravando proporcionalmente às torturas que venha a infligir ao outro, o que ocasionará para os seus dias futuros pesado ônus do é qual não conseguirá escapar senão pela reforma íntima.*

Esse é um fato incontestável, porquanto, nas sessões mediúnicas de desobsessão inúmeras vezes o obsessor, diante da palavra do dialogador, começa a perceber que as dores morais e físicas que transmite à vítima repercutem nele próprio que, sem se dar conta disso até então, induzia tais sofrimentos, inconsciente dos efeitos de sua maldosa cobrança.

No caso em pauta, o que sobressai é exatamente o fato de a obsessão ter sido iniciada quando a pessoa que é o alvo da cobrança ainda estar encarnada, e ao desencarnar a perseguição prosseguiu no plano espiritual, porque não houve por parte da vítima a mudança de padrão vibratório através de uma conduta digna, voltada para o bem.

Muito esclarecedoras são as reflexões do autor espiritual, conforme a seguir:

> *As Divinas Leis jamais recorrem aos recursos de cobrança comum às criaturas humanas que se comprazem em fazer justiça mediante as concepções infelizes a que se atêm. Ninguém pode permitir-se ao luxo desditoso de recuperar débitos morais e espirituais, colocando-se em posição de vítima, que nunca existe, porquanto, se tal houvesse, depara-nos-íamos com lamentáveis falhas dos códigos da justiça divina.*
> *Mecanismos próprios de reparação fazem parte das legislações superiores da vida, que jamais falham.*

Vale registrar aqui algumas ocorrências comuns às reuniões mediúnicas de desobsessão que confirmam a teoria a respeito. Nestas, as comunicações de Espíritos que se erigiram em vingadores, ansiosos por fazer justiça com as próprias mãos, são as mais frequentes ao longo dos anos da prática mediúnica, pode-se dizer, até mesmo, em todos os tempos. Isso não é de se admirar porque faz parte da inferioridade humana e vem de épocas longínquas, quando se adotava a lei do "olho por olho, dente por dente", que Jesus veio modificar ao ensinar à Humanidade a lei de amor.

NAS FRONTEIRAS DA NOVA ERA

A contribuição do Espiritismo é realmente extraordinária, ao evidenciar que a ideia e realização da vingança por parte das criaturas ainda é a vigência do mesmo procedimento dos tempos pretéritos, consoante o que se verifica através das comunicações mediúnicas hoje orientadas pelas diretrizes da Terceira Revelação.

Registro na sequência as considerações de Miranda, ainda sobre o tema que estamos enfocando.

A obsessão sempre apresenta angulações que nos surpreendem, em razão das organizações mentais e espirituais de cada criatura, variando, portanto, de indivíduo para indivíduo.

A observação desse fenômeno perturbador sempre nos convida a acuradas reflexões em torno da conduta interior do ser humano, que sempre procede do campo mental, a irradiar-se em todas as direções, produzindo sintonias compatíveis com a sua equivalência com outros campos e áreas vibratórias que propiciam vinculação por afinidade (...).

Cada reencarnação é sublime concessão divina para a construção ditosa da imortalidade pessoal. Escola abençoada, a Terra é o reduto formoso no qual todos nos aperfeiçoamos, retirando a ganga pesada do primarismo, que impede o brilho do diamante estelar do Espírito que somos. Os golpes do processo evolutivo encarregam-se de liberar-nos, permitindo que as facetas lapidadas pela dor e buriladas pelo amor reflitam as belezas siderais.

Terminando o capítulo Philomeno de Miranda comenta que após o túmulo o que importa para o Espírito são os padrões do dever, do respeito ao próximo e à vida, mesmo que sem qualquer filiação religiosa. *O importante é a conduta que se vivencia e não a crença que se esposa.*

CAPÍTULO 10
LIÇÕES DE ALTA MAGNITUDE

REGISTRA MIRANDA, QUE o serviço a que se entregavam aumentava continuamente, pois as ondas traziam mais cadáveres, ou resultava da desencarnação de feridos graves que não resistiam aos traumatismos, às infecções, à falta de assistência.

O trabalho prosseguia. Ana continuava clareando a região, ao tempo em que igualmente atendia ao lado do padre Marcos, que falava a um grupo de cristãos-católicos que ainda se encontrava ligado aos despojos materiais. Relata o autor espiritual que, enquanto ele pregava, Abdul, Ivon, Oscar e ele próprio, acompanhado de dois Espíritos indonésios, iam libertando os recém-desencarnados, à medida que cada um era liberado. Embora atento às palavras do sacerdote, tornavam-se inconscientes e eram levados para a área de transporte.

O resultado da pregação amorosa do padre Marcos, e tudo o que estava observando desde o início dos trabalhos de resgate, especialmente concernentes ao despreparo das criaturas em relação à morte, levou Miranda a reflexões profundas. Conjecturava que *o desconhecimento das Leis da Vida faz que o Espírito mergulhe no mais abismal estado de primitivismo, não se interessando pela ascensão que o arranque da situação deplorável.*

No curso dos seus pensamentos deu-se conta que novas interrogações surgiam em sua mente. Cada vez mais estava certo de que: *Somente quando o ser humano desperta realmente para a consciência de si mesmo, das responsabilidades que lhe dizem respeito, é que tem início o processo de descobrimento da verdade e do dever.*

A essa altura padre Marcos havia terminado sua pregação, quando Dr. White se aproximou e, uma vez mais, percebeu as interrogações que impregnavam a mente de Miranda, socorrendo-o, então, com preciosos esclarecimentos. Transcrevemos a seguir alguns trechos da importante preleção do mentor da equipe.

– O caro Miranda não ignora – começou ele, suavemente – que todas as ocorrências contribuem para o nosso processo de crescimento na direção de Deus. Até agora, infelizmente, as religiões, embora o imenso respeito que lhes devotamos a todas elas, aliás ainda muito necessárias, firmam-se em condutas mágicas e não racionais, não responsabilizando os seus fiéis a respeito dos seus atos, que respondem pelas consequências que sempre os alcançam, normalmente em clima de aflição, por causa dos seus conteúdos morais negativos. Apresentando os seus deuses ou profetas especiais, alguns dos quais vítimas de transtornos de conduta, que mesclaram as informações superiores com os próprios conflitos, dando lugar a revelações castradoras e perversas, propõem-se como responsáveis pela

palavra de Deus, humanizando-O e limitando-O
às suas paixões, distante da grandeza imarcescí-
vel e infinita do Criador, dando-lhes a aparência
de verdades indiscutíveis. Mais preocupadas com
o exterior, as fórmulas e preceitos, do que com o
sentimento interno dos devotos, laboram pela
quantidade de adeptos, sem a maior preocupação
de os qualificar para a existência breve na Terra e,
a seguir, a imortalidade em que, desde o corpo, se
encontram mergulhados.

Vale meditar um pouco quanto às elucidações acima.

Jamais se registrou tal qual nos dias de hoje o ser humano fazer de Deus um ser antropomórfico, no qual projeta os seus próprios defeitos e mazelas, e que é avassalado por emoções descontroladas, capazes de levá-lo a condenar parte da Humanidade ao fogo eterno do inferno, somente pelo fato de as pessoas não professarem esta ou aquela religião. O que é um paradoxo por sabermos que essas religiões não existiam séculos atrás; sendo assim o que Deus fazia com a Humanidade dessas épocas? Com a de todos os tempos? Esse Deus cruel, parcial, pleno de defeitos, é o que os líderes religiosos, que se dizem cristãos, estão ensinando às multidões dos nossos dias.

Infelizmente o que vemos hoje em dia, no tocante às religiões, é essa preocupação em humanizar Deus, para que fique bem ao alcance das criaturas, trazendo-O para as ocorrências do cotidiano, como um ser a quem se pode dar ordens, exigindo isso ou aquilo, ou, de outra maneira, como alguém capaz de influenciar diretamente a vida terre-

NAS FRONTEIRAS DA NOVA ERA

na de cada ser humano, possibilitando-lhe desde dinheiro, emprego, vida amorosa feliz até a salvação plena e eterna.

Quão longe está Jesus, nessa conduta, quão longe dos verdadeiros ensinamentos que Ele deixou. Ao afirmar: *A cada um segundo as suas obras*, o Mestre evidencia que somos os artífices do nosso destino, Ele ressalta que as nossas obras falam por nós, onde quer que estejamos e que estas são fruto do nosso esforço, da nossa conduta, como responsabilidade pessoal e intransferível. A ideia de que Jesus salva a Humanidade dos pecados, com Seu sacrifício, é absolutamente alienada e expõe o raciocínio primitivo em que a maioria prefere estagiar, por comodismo e omissão.

Por outro lado, no tocante às fórmulas exteriores, algumas exigem do adepto sejam repetidos os rituais, em vários horários do dia, assim também são vários os requisitos no intuito de agradar a Deus, de entrar em comunhão com Ele. Na verdade as práticas ritualísticas, quase sempre, preenchem a mente dessa preocupação de cumpri-las, por mais santa seja a intenção, afastando a criatura da essencial e imperiosa necessidade que é a da sua transformação interior, da sua real preparação para a vida imortal que lhe é própria e, a partir dessa descoberta, abrir-se para realidade da vida espiritual, que sobrepuja para sempre a acanhada visão exterior, o que significaria o passo inicial para o laborioso processo de autoiluminação.

Prossegue Dr. Charles White:

Incapazes de entender a Causalidade Absoluta do Universo, elaboram os seus conceitos na linguagem pobre das suas necessidades e arrastam as multidões que ainda não sabem pensar, trabalhando-

lhes o fanatismo doentio, herança do primarismo espiritual, como mecanismo de salvação imediata, bastando pequenos esforços humanos para a eterna recompensa ou, quando isso não é conseguido, a terrível punição eterna, sem a mínima possibilidade de receber-se misericórdia ou compaixão. Apesar disso, informam com empáfia que o Pai Todo Amor é também Todo Misericórdia, numa colocação paradoxal absurda...

Outro paradoxo que salta aos olhos, porém aos daqueles que têm olhos de ver – como dizia Jesus. Todavia, os "cegos" prosseguem aceitando a ideia de que Deus lhes concede privilégios, o que denota o egoísmo que ainda vige na alma de cada um deles. O Espiritismo, ao contrário, ensina que todos somos irmãos, filhos do mesmo Pai, que nos criou iguais – *simples e ignorantes* – (**O Livro dos Espíritos**, Feb, 2006, q.115) e a todos oferece as mesmas oportunidades de crescimento espiritual, no uso do livre-arbítrio; todos, sem exceção, inseridos nas Leis Divinas que estão na consciência de cada ser humano.

Essa visão da Doutrina Espírita é, portanto, muito avançada, pois demonstra a família universal que abrange não apenas a Humanidade terrena, mas a todas as Humanidades disseminadas no Universo.

Miranda registra que, em certo momento, o mentor olhando entristecido a grande multidão de Espíritos que se debatia em meio à alucinação e desespero continua:

– É nesse estágio do sofrimento que a compaixão dos céus recambia esses sofredores de volta à aben-

NAS FRONTEIRAS DA NOVA ERA

çoada escola terrena para o ministério da reencarnação, em expiações severas ou provações rudes, facultando-lhes o entendimento das leis de justiça e dos deveres que devem constituir a pauta de todas as existências.

Mesmo negando com ferocidade a doutrina dos renascimentos carnais, isso não impede que ela seja uma lei universal, ocorrendo em toda parte, como benção de incomparável significado, sem a qual nos manteríamos nas faixas iniciais da evolução, sem chances de desenvolvimento intelecto-moral. Perfeitamente compatível com a lei de progresso que somente ocorre ao longo do processo das experiências pessoais, a reencarnação, a pouco e pouco, faz que o deus interno desenvolva-se e agigante-se no imo do Espírito, imanando-o a Deus.

Às vezes me pergunto, como muitos dos leitores devem fazer o mesmo, como é possível que os iluminados ensinamentos do Espiritismo não alcancem maior número de pessoas e como podem recusar explicações tão belas e lógicas, amorosas e sábias? Claro que eu e você sabemos a resposta, mas são perguntas que de vez em quando fazemos, exatamente porque gostaríamos que todos estivessem sob a égide do Consolador, que trouxe Jesus de volta aos nossos tempos. *Na verdade, na verdade, te digo que aquele que não nascer da água e do Espírito, não pode entrar no reino de deus. Não te maravilhes de ter tido: Necessário vos é nascer de novo* (Jesus – Jo: 3,5-7).

Após uma ligeira pausa, Dr. White retoma o tema:

Religiosamente, todos estamos informados de que o túmulo não significa aniquilamento, portanto, sabemos que a vida prossegue. Seria lógico, em consequência, vivermos de maneira compatível com essa convicção, o que realmente não ocorre. As disputas e fixações materiais de tal maneira se fazem dominadoras em nosso mundo íntimo que, conscientemente ou não, postergamos o momento da partida do corpo, indefinidamente. Quando somos jovens, anelamos para que isso ocorra na velhice, e quando a idade provecta se nos instala, ao sentirmos a aproximação do fenômeno da desencarnação, o medo se nos assenhoreia, levando, não poucos de nós, ao transtorno depressivo, à revolta ou a outro tipo de desequilíbrio.

Bastaria somente alguns momentos de reflexão diária em torno da transitoriedade da vida física, para nos prepararmos e aguardarmos com alegria o momento da desencarnação. Qual o encarcerado que não anela pela liberdade, e que, vendo outro que estava na sua cela partir, não deseja também que lhe soe o momento grandioso? E com que júbilo enfrenta-o quando chega! A metáfora explica bem como nos deveríamos comportar o que, lamentavelmente, não ocorre.

Face à desencarnação coletiva, aos milhares de cadáveres que juncavam as praias, além dos muitos corpos que se espalhavam por matas próximas em meio a incalculável

NAS FRONTEIRAS DA NOVA ERA

quantidade de destroços, locais que eram ruas, até então, casas que desapareceram, a cena tornava-se mais dolorosa vista pelo lado espiritual, pois os Espíritos recém-desencarnados estavam presos aos despojos, imantados aos restos mortais em processo de decomposição, gritando, chorando e pedindo socorro. Esse quadro terrível era a realidade dantesca do despreparo das criaturas para a morte.

É de se registrar que no Ocidente, onde predomina o Cristianismo, a ignorância quanto a esse assunto é a mesma, embora os cristãos se proclamem espiritualistas, mas fica claro que quase nada entendem de espiritualidade.

As palavras finais do mentor:

> *Dia, não muito distante, porém, surgirá, em que as religiões serão portas de acesso à vida e não cárcere na ignorância e no absurdo. Desse modo, lembremo-nos que todos os profetas e fundadores de religiões, por mais elevados e nobres, não se equiparam a Jesus Cristo que os enviou à Terra, a fim de que diluíssem um pouco as sombras da crueldade, para que Ele instaurasse, nos dias já recuados, as balizas do Reino dos Céus no mundo. Mesmo aqueles que vieram depois do Seu advento, são ministros do Seu reino. Por essa razão, veio o Consolador que Ele prometera, para apressar esses dias, o momento da verdadeira comunhão entre as criaturas e o Criador.*
> *Não desfaleçamos, portanto, e cumpramos com o nosso dever (...).*
> *— Amigo Miranda — acrescentou, o conhecimento viaja daqui para a Terra e não de lá para cá...*

119

CAPÍTULO 11
APRENDIZAGEM CONSTANTE

RETOMANDO AO RELATO da impressionante situação dos que foram atingidos pelo tsunami, Miranda, ao lado do mentor, Dr. White, observa o grande número de pessoas revolvendo os entulhos, tentando encontrar os cadáveres dos desaparecidos, em busca desesperada e infrutífera. Nesse instante percebe a aproximação de uma senhora desencarnada, cujos traços evidenciavam descendência europeia, da sua última jornada terrestre, que veio solicitar ajuda.

Ela rogava pelo neto e, em síntese, contou que este, um jovem de 25 anos, visitava a região com frequência em companhia de amigos, para desfrutarem dos prazeres que ali eram concedidos aos visitantes. Todavia ele era uma pessoa de mau-caráter, usuário de drogas químicas, sendo que seu objetivo era atrair jovens locais, inexperientes, o que não era difícil devido ao seu porte atlético, sendo um surfista que se destacava dos demais. Tornara-se, porém, um conquistador insensível, que se comprazia em corromper as vítimas, empurrando-as para a drogadição e o comércio carnal.

Algumas eram comercializadas por organizações mafiosas, que mantinham escravização de mulheres, enquanto que outras eram levadas para países europeus, onde lhes eram tomados os passaportes e, a partir daí, teriam de pagar para recebê-los de volta.

Nas fronteiras da nova era

Este era o neto para quem a senhora rogava amparo. Mencionou que tentou demovê-lo dessa vida desregrada, em encontros espirituais durante o sono, sem conseguir resultado. Em sua rogativa explicou que o rapaz encontrava-se no hotel quando veio a onda maior, provocando o desmoronamento do prédio e carregando-o em meio aos escombros, onde permaneceu quase soterrado até ser encontrado, ainda com vida e encaminhado ao hospital improvisado. Encerrando sua rogativa a avó dedicada esclareceu: *Estou informada por Espíritos generosos do labor que o nobre amigo vem realizando com sua equipe e, embora se trate de um caso especial, suplico a ajuda possível.*

Convocados, Miranda e Oscar acompanharam o Dr. Charles ao hospital, ali constatando que o jovem estava em coma, sendo comunicado à avó que estava presente a gravidade do quadro. Entretanto, o mais grave era realmente a sua condição espiritual, pois o Espírito ainda preso ao corpo debatia-se nas mãos de dois adversários cruéis, que o vergastavam e envolviam com vibrações de ódio afetando o coração, já enfraquecido.

Os dois Espíritos algozes, mais diretamente ligados ao jovem, eram pais que cobravam o mal que ele havia feito às filhas, levando-as a uma vida de escravidão e humilhações constantes e sofridas que, igualmente, atingia aqueles que as amavam. Outros desencarnados também rodeavam o leito, gritando acusações, provocando-lhe intenso pavor, debatendo-se em pranto e contínuos desfalecimentos. Tentavam, pois, levá-lo à morte física para mais diretamente seviciá-lo no plano espiritual.

Dr. White observando o quadro doloroso passou a esclarecer:

— Nossos irmãos estão tentando matá-lo, isto é, procuram impedir que se assenhoreie do corpo, intoxicando com as vibrações de ódio o órgão cardíaco até o mesmo cessar de pulsar... No seu estado atual de fraqueza não suportará por mais tempo a ingestão de fluidos venenosos eliminados pelos adversários, e que vem absorvendo, piorando o estado ao somar-se aos demais fatores de desequilíbrio...
— Ele necessita, porém, de sobreviver...
— Sem que recupere a lucidez, terá uma longa existência vegetativa de reparação.

Vejamos a situação do rapaz em coma.

O neto para quem a senhora suplicava amparo na realidade agiu, durante sua curta vida adulta, como uma pessoa cruel, cínica, que arruinou a vida de muitas jovens que, incautas, caíram nas armadilhas que ele preparava. Segundo o que a avó contara o rapaz se comprazia em um tipo de conduta extremamente perversa. Em razão disso entrou em sintonia com Espíritos igualmente cruéis, mas por outro lado, atraiu a presença de pais desencarnados, que se tornaram seus obsessores, com a intenção de vingar o mal que ele fizera às suas filhas.

♦♦♦

Pausa para reflexão.

Em geral os Espíritos obsessores trazem como motivação a vingança; esta traz de permeio o ódio que os impele à cobrança e punição do culpado. A perseguição pode ultrapassar a vida física da vítima, caso esta venha a desencarnar, prosseguindo no plano espiritual inferior; ou, se estiver às portas da morte, o propósito não arrefece; pelo contrário, os obsessores tentarão tirar-lhe a vida. É o que acontece com o neto da senhora.

Matar uma pessoa nem sempre é com uma arma ou com agressões brutais, pode-se "matar" uma pessoa ao destruir-lhe a inocência, a esperança, ao tirar-lhe a possibilidade de realizar o seu ideal de vida; o que nos leva a entender que o rapaz agia com muita crueldade na maneira como seduzia suas vítimas.

Em **O Livro dos Espíritos** Allan Kardec enfoca a crueldade, conforme a pergunta 754, cuja resposta dos Espíritos da Codificação é realmente notável, merecendo ser meditada:

> *A crueldade não derivará da carência de senso moral?*
> *– Dize – da falta de desenvolvimento do senso moral; não digas da carência, porquanto o senso moral existe, como princípio, em todos os homens. É esse senso moral que dos seres cruéis fará mais tarde seres bons e humanos. Ele, pois, existe no selvagem, mas como o princípio do perfume no germe da flor que ainda não desabrochou.*

A grandiosidade do Espiritismo está expressa nessa magnífica resposta dos Espíritos superiores ao Codificador: nunca uma religião, ou uma doutrina evidenciou de forma tão cabal a certeza da igualdade entre todos os seres, a bondade e misericórdia do Criador para com seus filhos, a certeza das vidas sucessivas, e, além disso, a lei de evolução. Tudo isso está implícito nessa afirmativa profunda e bela.

Depreende-se, pois, que o jovem neto necessitava daquele período em que seria considerado um vegetal aos olhos míopes do mundo, mas o Espírito imortal começava ali o seu longo processo de resgate, levando-se em conta que os obsessores prosseguiriam no seu propósito de vingança.

Significativa é a condição em que o jovem deveria permanecer, ou seja, no estado vegetativo. Antigamente se dizia que a pessoa estava em coma profundo. Razão pela qual será útil desdobrarmos esse aspecto na orientação de **O Livro dos Espíritos**, Feb, 2006, q.156:

> *A separação definitiva da alma e do corpo pode ocorrer antes da cessação completa da vida orgânica?*
> *Na agonia, a alma algumas vezes, já deixou o corpo, nada mais há que a vida orgânica. O homem já não tem mais consciência de si mesmo e, no entanto, ainda lhe resta um sopro de vida. O corpo é uma máquina que o coração põe em movimento; existe enquanto o coração faz circular o sangue nas veias e para isso não precisa da alma.*

Convém observar que a expressão "na agonia" corresponde ao coma, na moderna forma de evidenciar essa mesma realidade. A resposta dos Espíritos superiores está bem de acordo com a época, pois não poderiam ou deveriam ir mais adiante. Hoje sabemos pelo progresso da medicina e, sobretudo, pelas explicações de Espíritos sábios tais quais: Emmanuel, Joanna de Ângelis, André Luiz e o nosso próprio Philomeno de Miranda os detalhes do processo desencarnatório. Assim, entende-se atualmente que o espírito pode ficar ligado ao corpo através do seu envoltório fluídico, o perispírito, por um tempo relativo.

Explicação interessante é a de André Luiz, em seu livro **Evolução em Dois Mundos** (Feb, 1959), que está inserta na segunda parte, capítulo XIX, conforme abaixo.

Pergunta apresentada ao autor espiritual (a palavra psicossoma é o mesmo que perispírito).

> *No estado comatoso, onde se encontra o psicossoma do enfermo? Junto ao corpo físico ou afastado dele? — No estado de coma, o aprisionamento do corpo espiritual ao arcabouço físico, ou a parcial liberação dele, depende da situação mental do enfermo.*

A abordagem, formulada na linguagem moderna, traz-nos compreensão mais ampla sobre a questão que estou enfocando.

Joanna de Ângelis abrange, com muita clareza, uma visão atual, em seu livro **Dias Gloriosos** (LeaL, 1999):

> *Morre-se ou desencarna-se conforme se vive. Os pensamentos e atos são implacáveis tecelões que se responsabilizam pelo deslinde final que liberta o Espírito do corpo. Desse modo a ocorrência terminal, encarregada de produzir a desencarnação, é resultado de todo o processo vivido durante o estágio orgânico. Cada qual experimenta o curso libertador de acordo com o procedimento mantido enquanto encarnado, o que se lhe transforma em*

SUELY CALDAS SCHUBERT

futuros programas existenciais (...).

Por outro lado, quando a partida da Terra se dá por acidentes que produzem grande pavor, esses podem comprometer o futuro retorno à matéria através do sofrimento cáustico que, por sua vez, se refletirá como aflições incessantes durante a jornada porvindoura, apresentando dores e conflitos inquietantes.

A criatura humana está sempre a semear e a colher dentro de um fatalismo de que não se pode evadir, porquanto o mesmo constitui o meio salutar e único para o desenvolvimento de todos os valores que se lhe encontram ínsitos. (págs. 140-141)

Pode-se inferir que o jovem teria pela frente uma longa caminhada a fim de se reequilibrar, o que acontecerá à custa de muitos sofrimentos. Nessa altura sempre relembro frases de Joanna de Ângelis, quando deparo com quadros semelhantes a esse. Vejamos:

A finalidade da dor não é punitiva, porém educativa.

Quando o amor se ausenta, a dor se instala. (**No Limiar do Infinito**)

♦♦♦

Voltando ao relato de Miranda Dr. Charles, condensando o perispírito de maneira a ser percebido pelos algozes, iniciou um diálogo com os mesmos, dizendo reconhecer a postura de ambos em referência ao paciente; porém, que jamais se consegue corrigir alguém quando sob o domínio do ódio e desejo de vingança. Menciona que o jovem cometeu crimes hediondos, entretanto ninguém

Nas fronteiras da nova era

tem o direito de fazer justiça com as próprias mãos, pois a justiça pertence às Leis Divinas.

Os dois, furiosos, disseram que não admitiam a intromissão de juiz estrangeiro, alegando que conheciam as leis do Alcorão e estavam aplicando as chibatadas correspondentes ao crime. O benfeitor, porém, responde que Allah também é justo e misericordioso. Refere-se que compreendia a dor que ambos sofriam e alude ao sofrimento geral, devido à onda gigantesca. Embora a amorosa argumentação, ambos permaneceram irredutíveis.

Foi preciso, pois, que o mentor tomasse outras providências, pondo-se a orar em profunda concentração, acompanhado por Miranda. Suave claridade os envolveu e Ana, que continuava com o archote na mão direita erguida, colocou-o no chão e acercando-se dos dois abraçou-os com bondade, enquanto o médico desligava o Espírito submetido a chibatadas dos adversários, ao tempo em que transmitia energias saudáveis no enfermo em coma.

Nesse ínterim os adversários foram dominados por um torpor, e amparados pela enfermeira espiritual foram colocados no solo, a fim de ser transferidos por auxiliares que acorreram.

O autor espiritual destaca que viram o Espírito do rapaz se *encaixar* no corpo, e logo em seguida um forte estremecimento que se transformou em uma convulsão.

— *Ele sobreviverá, informou o médico sábio. Receberá os recursos hábeis e, em breve, poderá ser transferido para o lar, onde experimentará a longa trajetória da recuperação moral.*

A avó desencarnada, muito comovida, agradeceu e abraçou o neto querido.

Logo depois Miranda, estando em conversa com Dr. Charles, este explicou que a agressão que o jovem sofria podia ser chamada de uma tentativa de homicídio espiritual, que é muito mais comum do que se imagina e, ampliando os esclarecimentos, aduziu:

> — *Nunca devemos esquecer-nos que este é o campo das causas, o mundo espiritual, onde se originam as ações e feitos que se materializam na Terra. Fonte de sublimes inspirações, também origina reações devastadoras, quando seus autores encontram-se nas faixas primárias da evolução. Em colônias de dor e sombra, mentes perversas elaboram programações desditosas que inspiram aos deambulantes carnais, insensibilizando-os e auxiliando-os nas suas desvairadas aplicações (...).*
> *Mais uma razão para que sejam divulgados os conteúdos imortalistas a todas as criaturas, para melhor poderem conduzir-se enquanto vige o período da reencarnação. O conhecimento da verdade é libertador, porquanto se insculpe no pensamento e nas ações, orientando o ser no seu desenvolvimento iluminativo.*

Ato contínuo, ambos recomeçaram o serviço habitual, passando ao atendimento aos irmãos desesperados, que a morte surpreendera sem aviso prévio.

Capítulo 12
A vida responde conforme programada

As atividades prosseguiam árduas, escreve o autor espiritual, tendo-se em vista o número de vítimas arrebatadas pela grande tragédia.

Novamente, Miranda ressalta o despreparo das criaturas para o enfrentamento da realidade espiritual. Por outro lado – diz – havia muitos Espíritos enobrecidos pelo trabalho e pela dignidade, pela fé religiosa que adotavam, assim também pelos valores morais a que se dedicavam que eram amparados e socorridos por familiares queridos, que os anteciparam no retorno ao mundo espiritual ou por amorosos mentores que os auxiliavam na romagem terrena.

Ao fazer um atendimento, juntamente com Oscar, a uma senhora desencarnada, que tentava libertar-se dos liames perispirituais, sem conseguir, debatendo-se muito angustiada, Miranda deu-se conta de que ela desencarnara em adiantado estado de gestação, mantendo junto a si a presença do Espírito-feto, que se encontrava adormecido após a morte orgânica, todavia imantado ao corpo da mãe. Inseguro quanto ao que deveria fazer solicitou a ajuda do mentor que, ao constatar o quadro sugeriu que deveriam primeiramente adormecer a gestante, para depois realizarem o *parto*.

A cena que se seguiu bem que poderia ser denominada de **parto espiritual.** Com a palavra o amigo Miranda:

Dr. Charles pediu a Ana que atendesse ao filhinho, enquanto ele aplicava recursos especiais na área do chacra coronário do pequenino, diluindo a energia densa que se foi alterando, mudando de tonalidade e de formato até diluir-se como um fio que se esgarça, sendo separadas totalmente as fibras de energia que os uniam.

Nesse comenos, observamos que a gestante movimentou-se, embora adormecida, e expeliu uma espessa massa informe, como se fora o parto. Logo nos demos conta que se tratava da condensação mental de ambos, filho e genitora, acumulada no útero, em cujo claustro desenvolvia-se a gestação.

A partir desse momento, o seu sono tornou-se tranquilo, sendo encaminhado por Ana para uma das áreas especiais e dali seria levado para uma comunidade infantil.

Vários aspectos desse caso merecem algumas reflexões.

Pessoalmente sempre me comoveram as desencarnações violentas e traumáticas de mulheres em gestação. Ficava a conjecturar qual seria o atendimento à gestante e ao Espírito a ela ligado, no processo reencarnatório que não chegara a termo. Perguntava-me como ficariam esses Espíritos, passando por essa experiência dolorosa. Sentiriam a própria morte e daquela que lhe seria mãe? E em relação a esta, por sua vez passaria igualmente por esse mesmo processo? Como se daria o desligamento entre ambos?

As indagações ficavam sem respostas, porém, muitas suposições ocorriam aos estudiosos dessa área, todos buscando as explicações sempre elucidativas da Doutrina

NAS FRONTEIRAS DA NOVA ERA

Espírita e dentro da lógica notável a que nos habituamos. Ao mesmo tempo aguardávamos as orientações dos benfeitores espirituais, sempre trazendo elucidações avançadas, adiante do tempo.

Eis que o próprio Manoel Philomeno de Miranda traz a lume uma excelente obra, **Painéis da Obsessão** (Leal, 1983), de sua autoria espiritual, em que relata um fato extraordinário, que eu denominei de **cesariana realizada no plano espiritual.** Devido exatamente a esse caso, escrevi um artigo com esse título, publicado na revista *O Médium*, de Juiz de Fora, no bimestre de março/abril de 1985.

Embora existam diferenças entre as duas ocorrências, a da gestante desencarnada pelo tsunami e a que está no livro citado, existem pontos semelhantes que, sobretudo, atestam a misericórdia divina que atende a todas as criaturas, conforme seus méritos, suas necessidades, ao arbítrio das Leis Divinas.

Para que os leitores e as leitoras se instruam com o caso em pauta, transcrevo aqui os pontos principais, conforme meu artigo.

O autor narra, pois, no livro **Painéis da Obsessão**, acima citado, no capítulo 16, a desencarnação de uma senhora em adiantado estado de gravidez, em um desastre provocado por obsessores. A cena é chocante como chocantes são os acontecimentos do passado que culminaram na sua morte e na morte do filhinho na presente reencarnação.

Miranda relata o atendimento e o socorro espiritual que receberam. Embora não fosse possível evitar ou desviar o curso da trama dos obsessores, em razão dos débitos passados e do comportamento do presente, mãe e filho tiveram a proteção espiritual que fizeram por merecer. A gestante, sem se dar conta do desastre, após ser liberada juntamente com o filhinho dos liames carnais, passou a sentir dores sendo, então, conduzida para o centro cirúrgico de um hospital na esfera extrafísica. Adormecida foi submetida a uma cesariana, tal qual conhecemos na Terra e o recém-nascido foi colocado no leito ao seu lado.

Surpreso, Miranda recebe a explicação do fato por meio da palavra de um de seus instrutores na referida obra, o Dr. Lustoza, que esclarece:

> *(...) Em muitos casos de gestantes acidentadas, em avançados meses de gravidez, em que ocorre, também, a desencarnação do feto, é de hábito nosso, quando as circunstâncias assim nos permitem, proceder como se não houvesse sucedido nenhuma interrupção da vida física. Em primeiro lugar, porque o Espírito, em tais ocorrências, quase sempre já se encontra absorvido pelo corpo que foi interpenetrado e modelado pelo perispírito, no processo de reencarnação, merecendo ser deslindado por cirurgia mui especial para poupar-lhe choques profundos e aflições várias, o que não se daria se permanecesse atado aos despojos materiais, aguardando a consumpção deles. É muito penoso este período para o ser reencarnante, que pelo processo da natural diminuição da forma e perda parcial da lucidez, é colhido por um acidente deste porte e não tem crédito para a libertação mais cuidadosa. Quando isto se dá, os envolvidos são, quase sempre, irmãos calcetas, inveterados na sandice e na impiedade que sofrem, a partir de então, demoradamente, as consequências das torpezas que*

NAS FRONTEIRAS DA NOVA ERA

os arrojam a esses lôbregos sítios de tormentos demorados...

No caso em tela, o pequenino se desenvolverá como se a reencarnação se houvera completado, crescendo normalmente, participando das atividades compatíveis aos seus vários períodos em Institutos próprios, que os amigos conhecem.

Outros esclarecimentos são prestados pelo Dr. Lustoza, mas convém encerrar por aqui, com as palavras de Miranda, em uma reflexão pessoal:

Vivendo ainda muito próximos dos interesses humanos e considerando ser a vida física uma cópia imperfeita da espiritual, compreender-se-á que, nesta última se encontram todos os elementos da primeira, embora a recíproca não seja verdadeira. **(Painéis da Obsessão)**

Essa frase de Philomeno de Miranda sintetiza perfeitamente a premissa básica de todos os temas concernentes à conduta do ser humano, da sua vida prática, especialmente no âmbito material, tratados à luz do Espiritismo. Que fique bem claro: **tudo o que existe na Terra, como obra do homem, é uma cópia imperfeita do que existe no mundo espiritual.**

Portanto, a ciência, por mais avançada e por maiores conquistas que apresente nada mais expressa do que a realidade preexistente na esfera espiritual; o mesmo sucede em relação a invenções, descobertas, progresso da medicina, ideias "novas" que surgem, etc.

Bem, mas se tudo já existe, qual a vantagem? Onde o mérito do ser humano? Do seu esforço? É preciso compreender que as ideias novas, as invenções, as conquistas, as criaturas trouxeram de "lá" – do mundo das causas; importa considerar que viemos da verdadeira pátria e para lá retornaremos, portanto o mérito está presente a cada progresso, pois o esforço de trazer do inconsciente para o consciente essas ideias e concretizá-las aqui no plano físico é gigantesco. Não raras vezes, os gênios mencionam que têm uma espécie de lembrança e que esta, quando irrompe, extravasa como uma força incontrolável, comparável à mediunidade, segundo eles mesmos citam.

Portanto, não há que causar espanto, surpresa ou desconfiança o fato de haver cesariana no mundo espiritual. Mas vejamos o motivo.

A reencarnação do Espírito, o seu retorno à vida física, não é um processo que se realize em um átimo, como por passe de mágica; ao contrário existe uma série de procedimentos que, na maioria dos casos, obedece ao automatismo da lei de reencarnação. Ocorrem, porém, em grande número, as reencarnações programadas, contando com a assistência de Espíritos especializados. Mas, tanto em um processo quanto em outro, o Espírito reencarnante irá passar por etapas comuns, como por exemplo, a miniaturização do perispírito, imprescindível para que o perispírito atue como **modelo organizador biológico** (MOB), impregnando todas as células que se vão multiplicando, a partir da fecundação, isto é, quando o espermatozoide fecunda o óvulo, dando origem ao zigoto; é nesse instante que o Espírito reencarnante se liga, ficando quase que imantado. Imprescindível ressaltar que é o Espírito que traz no seu acervo espiritual todas as condições de que necessita para a

NAS FRONTEIRAS DA NOVA ERA

jornada terrena, vincando no corpo fluídico, ou perispírito, suas distonias vibratórias ou conquistas espirituais, conforme cada individualidade. Ou seja, todo esse elenco é que constitui a sua bagagem que, por sua vez, vai desaguar no novo corpo em formação.

Há, todavia, outro ponto a ser destacado. Trata-se da questão da miniaturização do perispírito, visto que enquanto isto se processa, a consciência do reencarnante vai aos poucos entrando em uma espécie de torpor, enquanto ele perde a noção de seu passado, para assim ingressar em um novo começo.

Imaginemos, então, quão difícil seria para o Espírito que está retornando ao cenário terrestre, plenamente adaptado a essa contingência, com a mente impregnada de novos conteúdos relacionados com a vida que vai ter (berço, pais, sexo, raça, etc.), dos quais não tem consciência de que existem, mas que ressumarão de diferentes maneiras no curso da vida – ter, de súbito, tudo isso cortado, por uma circunstância qualquer, desfeitos os laços fluídicos que o imantavam àquela que seria sua mãe e retornando ao plano espiritual pela morte do corpo ainda em formação ou ainda na infância.

Este Espírito é um feto, ou um recém-nascido ou uma criança, e é assim que se apresenta após a desencarnação, necessitando, portanto, de assistência de protetores espirituais. Tal a razão das instituições do espaço, que atendem a Espíritos que se apresentam nessas condições.

Em André Luiz, especificamente em seu livro **Entre a Terra e o Céu** (Feb, 1978) capítulo 10, encontramos elucidações de suma importância para um aprofundamento desses aspectos que menciono.

André Luiz visita uma instituição no mundo espiritual, destinada a atender a Espíritos que desencarnaram na fase infantil, intitulada *Lar da Bênção*, dirigida pela dedicada Blandina, esta um Espírito de elevada condição moral.

André Luiz, em companhia de Hilário, ouve a dirigente explicar a importância do atendimento aos Espíritos que desencarnam prematuramente.

Blandina esclarece o seguinte:

> *(...) quando o espírito alcançou elevada classe evolutiva, assumindo o comando mental de si mesmo, adquire o poder de facilmente desprender-se das imposições da forma, superando as dificuldades da desencarnação prematura (...). Contudo, para a grande maioria das crianças que desencarnam, o caminho não é o mesmo. Almas ainda encarceradas no automatismo inconsciente, acham-se relativamente longe do autogoverno. Jazem conduzidas pela Natureza, à maneira das criancinhas no colo maternal. Não sabem desatar os laços que as aprisionam aos rígidos princípios que orientam o mundo das formas e, por isso, exigem tempo para se renovarem no justo desenvolvimento. É por esse motivo que não podemos prescindir dos períodos de recuperação para quem se afasta do veículo físico, na fase infantil, de vez que, depois do conflito biológico da reencarnação ou da desencarnação, para quantos se acham nos primeiros degraus da conquista do poder mental, o tempo deve funcionar como elemento indispensável de restauração. E a variação desse tempo dependerá da aplicação*

NAS FRONTEIRAS DA NOVA ERA

*pessoal do aprendiz à aquisição de luz interior,
através do próprio aperfeiçoamento moral.*

Assim, do feto à criança recém-nascida, encontramos o Espírito que retorna para cumprir a sua destinação gloriosa, rumo à perfeição relativa.

Dito isto, voltemos ao atendimento à senhora em adiantado estado de gestação, vitimada pelo tsunami. Por tudo o que acabo de registrar, é compreensível o procedimento para libertar o Espírito-feto, também desencarnado, de sua mãe. As providências para que ele seja levado a uma instituição dedicada a Espíritos que desencarnaram na fase infantil, onde percorrerá, gradativamente, os períodos que necessitar para que se sinta adulto novamente são, assim, perfeitamente cabíveis.

Na sequência dos esclarecimentos prestados a Miranda e a Oscar, o mentor, Dr. Charles White, explica as ocorrências do passado que culminaram com o resgate dos erros cometidos por ambos, a mãe e o Espírito reencarnante, pois os débitos que cada um adquire – erros cometidos no ontem próximo ou longínquo – permanecem pesando na contabilidade pessoal, e é a própria consciência que reclama sejam redimidos.

Eis porque, o mentor conclui:

– Terminado o resgate, que se impuseram por necessidade iluminativa, recomeçarão, noutra oportunidade, o processo de crescimento para Deus, edificando um lar no qual estarão presentes numa família numerosa alguns dos desafetos, hoje desditosos e sedentos de vingança... O amor é a luz que

apaga a escuridão do ódio, diluindo-o em claridades de ternura e compreensão.

Relata Miranda que ainda meditava em torno do drama da gestante desencarnada, quando teve sua atenção despertada pelos gritos de uma mulher, ligada aos despojos, chorando e chamando pelo filho. Segundo o autor ela mantinha certa consciência da morte que a arrebatara e tentava desesperadamente se livrar daquela situação, gritando pelo filho.

Dr. Charles acercou-se e a auscultou psiquicamente, a fim de se inteirar do caso, procurando ler na sua mente as ocorrências, momentos antes da tragédia. Esta aconteceu quando estava em sua humilde residência que foi destroçada pela grande onda, ela morreu imediatamente, passando por um pequeno período de adormecimento e quando despertou se deu conta da ausência do filhinho de um ano e alguns meses. O mentor,

> *com bondade paternal e sabedoria haurida na sua nobre existência, procurou detê-la por um pouco, mediante projeção de raios luminosos que a envolveram, limitando-lhe os movimentos, e após dizer algumas palavras à sua enfermeira dedicada (Ana), pôs-se a conversar com a desesperada.*

Esta, aos poucos se acalmou e, nesse ínterim,

> *Ana chegou, trazendo nos braços, sorridente e bela, uma criança de pouco mais de um ano de idade,*

que, desencarnada, logo se recuperara do drama, apresentando-a ao médico.

Esse, por sua vez, colocou nos braços da desafortunada o filhinho jovial, que a fez sorrir e acalmar-se, logo passando a cantar uma balada para o adormecer.

De imediato, o próprio Miranda passou a diluir os liames que ainda a prendiam ao corpo, libertando-a definitivamente. Dr. Charles a levou a adormecer serenamente. Em seguida, ela e o filhinho, também adormecido, foram transferidos por padioleiros para a área especial.

Philomeno de Miranda encerra registrando: *Os milagres que o amor opera são contínuos e ricos de beleza, vencendo mesmo o denominado abismo da morte.*

CAPÍTULO 13
CONQUISTANDO O TEMPO MALBARATADO

O TEMPO TRANSCORRIA e lentamente diminuía a quantidade de cadáveres expostos nas praias, bem como nas outras cidades atingidas pela tragédia. As cenas dos sobreviventes, contudo, era confrangedora, informa Philomeno de Miranda, na luta imensa de reorganizarem a vida.

Terminado o período programado, a equipe se desfez. Antes, porém, Miranda e Ivon Costa agradecem ao Dr. Charles White o aprendizado precioso e aos amigos, inesquecíveis, pelo ensejo de vivenciarem juntos tão impor-

SUELY CALDAS SCHUBERT

tantes experiências, retornando ambos à comunidade onde o autor reside.

Miranda esclarece que Ivon Costa reside em outra Colônia Espiritual, situada, conforme diz, *sobre as formosas montanhas de Minas Gerais*. Entretanto, como teriam outra atividade já programada, convida-o a permanecer em sua residência. Sendo solicitado pelos companheiros da Colônia a narrar alguns detalhes dos trabalhos que ambos participaram, Miranda escreve:

> *Na medida do possível narramos as experiências edificantes e as lições absorvidas, especialmente em torno da fraternidade entre Espíritos aclimados a credos religiosos diferentes, porém, unidos pelos mesmos sentimentos de amor, de compaixão e de caridade.*
>
> *Realmente, descobrimos a solidariedade que deve viger entre mulçumanos e judeus, católicos e protestantes, espíritas e demais crentes, ou mesmo não crentes, o que nos ensejou inefável alegria interior, redescobrindo a Sabedoria Divina em tudo pulsante, assim como o poder da solidariedade fraternal, que se não submete aos caprichos rigorosos do ego apaixonado.*
>
> *Em nossa comunidade estagiavam periodicamente Espíritos de diversas procedências, trabalhando conosco sob o clarão do pensamento de Jesus e de Allan Kardec, superando os impedimentos dogmáticos das suas crenças antigas e adaptando-se ao* **padrão universal**, *distante de siglas e de terminologias, mas sempre idênticas pelos objetivos elevados e as propostas libertadoras.* (grifo nosso)

NAS FRONTEIRAS DA NOVA ERA

Essa ideia do **padrão universal** é notável sob todos os aspectos. Realmente isso é tão claro e, ao mesmo tempo, tão avançado, que a mim emociona. Jesus lecionou o paradigma do **amor universal**, mas raros entenderam, àquela época e ao longo desses dois milênios. Entretanto este existe. Está ao alcance de quem queira saber, de quem procura:

Jesus ensina:

> *Pedi, e dar-se-vos-á; buscai, e encontrareis; batei e abrir-se-vos-á. Porque aquele que pede, recebe; e o que busca, encontra; e ao que bate, se abre.*
> *Eu sou a porta, se alguém entrar por mim, entrará, sairá e achará pastagens...* (Jo: 10,9)

Finalmente estamos pedindo, buscando e batendo. Transpor essa Porta, entrar e, gradativamente, encontrar o conhecimento, mais que isso, descobrir que o conhecimento sempre esteve em nossa consciência é o supremo passo para nos tornar cidadãos da nova era plenamente integrado no padrão universal.

Nessa linha de raciocínio, sobre o **padrão universal,** apraz-nos lembrar da trajetória da benfeitora Joanna de Ângelis que é, sem sombra de dúvida, um dos guias espirituais da Humanidade. Sabemos, conforme depoimento de Divaldo Franco, que a sua mentora teve várias reencarnações no seio da Igreja católica, onde sempre pontificou como um Espírito de grande elevação espiritual, sendo a última reencarnação como Joana Angélica, em Salvador, BA (1761-1822).

SUELY CALDAS SCHUBERT

O médium baiano esclarece, no meu livro **O Semeador de estrelas** (Leal, 1989), sobre a circunstância de ser Joanna de Ângelis um dos Espíritos da Codificação, o que é coerente com todo o seu passado histórico e o seu presente.

Segundo elucida Divaldo Franco, o Espírito Joanna de Ângelis, portanto, convidada a participar da *Falange do Espírito de Verdade* tem o seu pensamento cristão adaptado à visão nova que a Terceira Revelação propiciaria. Pode-se, pois, dizer que ela, embora já vivendo desde os tempos apostólicos, quando foi Joana de Cusa, no legítimo *padrão do Cristo*, estaria sintonizando com o luminoso *pensamento de Jesus e de Allan Kardec, superando os impedimentos dogmáticos das suas crenças antigas e adaptando-se ao* **padrão universal**.

Todavia, Emmanuel, em seu livro **Palavras de Vida Eterna** (Cec, 1964) abre horizonte mais amplo nessa perspectiva do padrão universal, ao citar os **padrões do Cristo,** quando ensina a respeito da mudança que devemos realizar no processo evolutivo. Comentando o texto de Paulo aos Efésios, 4:23, que diz: *E renovai-vos pelo espírito do vosso sentir* — Emmanuel aclara o nosso raciocínio afirmando:

Metamorfose essencial, entretanto, para nós, será sempre aquela que nos alcance o imo da alma.

> *O apóstolo Paulo impele-nos à renovação pelo sentimento, à luz do Evangelho. Isso equivale a dizer que, para renovar-nos, em verdade, no modelo do Cristo, é necessário acima de tudo, sentir nos padrões do Cristo, para pensar, observar, ouvir, ver e agir com acerto, na realização da tarefa que o Cristo nos reservou.* (capítulo 161)

NAS FRONTEIRAS DA NOVA ERA

Emmanuel, ao mencionar o *modelo do Cristo*, relembra a conhecida questão 625, de **O Livro dos Espíritos**, Feb, 2006, que registra *ser Jesus nosso Guia e modelo*. Infere-se, pois, que o padrão universal é aquele que tem como base o pensamento luminoso de Jesus.

Voltando ao relato do autor espiritual, ele menciona que dois dias após o retorno à Colônia Redenção, ele e Ivon Costa participariam de um novo empreendimento, uma grande caravana que estaria em serviço aos irmãos do orbe terrestre, presidida pelo sábio geneticista Dr. Artêmio Guimarães.

Miranda comenta largamente a trajetória do famoso cientista, quando de sua última reencarnação, enfatizando que ele é *Considerado um triunfador na missão abraçada, hoje é tido, entre nós, como respeitável apóstolo no campo da fecundação humana, especialista em reencarnações.*

Prossegue Philomeno de Miranda esclarecendo sobre o novo trabalho que iriam começar:

> *Seria sob o comando desse eminente Espírito que, aproximadamente, quinhentos obreiros retornaríamos ao amado planeta para a preparação da nova era, abrindo espaço para as reencarnações em massa dos migrantes de uma das estrelas da constelação das Plêiades, na tarefa sublime de ajudar a Terra a alcançar o patamar de **mundo de regeneração.***

Além da equipe de obreiros da qual Miranda e Ivon Costa faziam parte, outras equipes estavam empenhadas neste mesmo mister em diferentes países e, inclusive nas terras abençoadas do Cruzeiro do Sul. Toda essa programação estava sendo planejada há mais de um decênio, não apenas na Colônia onde Miranda residia, mas em muitas outras – *desde que o projeto era internacional e sem limites.*

Finalmente chega o momento de conhecer o eminente mentor, quando participariam de uma solenidade, em um belo local que lembrava um anfiteatro grego, cuja cobertura era transparente permitindo que o céu estrelado fosse visto, o que dava mais beleza ao ambiente. Na hora aprazada tiveram a satisfação da chegada do administrador da Colônia, acompanhado por outros administradores dos diversos setores, conduzidos à mesa diretora.

Miranda esclarece que:

> *(...) a Colônia Redenção foi criada por abnegados servidores de Jesus, sob os auspícios de Francisco de Assis e alberga uma considerável população de Espíritos que viveram no Brasil e alguns outros originários da cultura francesa, que se fixaram no solo auriverde, nas mais recentes existências.*

Quanto ao público que lotava o auditório, o autor menciona que a maioria era constituída de *militantes, quando na Terra, nas hostes de O Consolador* enquanto que os demais, pelos seus atos e conduta, poderiam ser considerados *espíritas pelo coração.*

O mestre de cerimônia, o Espírito José Lopes Neto, deu início à solenidade, anunciando uma jovem cantora que apresentou belíssima peça religiosa; logo em seguida foi composta a mesa central,

> *(...) sendo convidado o Dr. Artêmio Guimarães e para encantamento de todos, acompanhamos a entrada do* Pobrezinho de Assis, *para surpresa geral, acompanhado pela irmã Clara, no esplendor da juventude e da beleza, e mais alguns companheiros das primeiras horas da sua revolução de amor no passado.*
>
> *O santo irradiava bondade transcendente, como jamais nós tivéramos ocasião de vivenciar, com um semblante suave e doce, trajando as vestes gastas dos seus primeiros dias de ministério na Terra, e o ar vibrava de dúlcidas energias canoras e coloridas.*
>
> *Recepcionados, à entrada, por uma comissão adrede organizada, foram conduzidos à mesa os dois apóstolos esposos da* **Irmã Pobreza.**

Após a prece de abertura proferida pelo governador, Lopes Neto passou a palavra ao Dr. Artêmio Guimarães. Este fez uma longa preleção da qual destacaremos alguns trechos.

Inicialmente o orador expõe as várias profecias acerca da mudança que ocorrerá em nosso planeta, desde o texto do evangelista Marcos, no capítulo 13, no sermão profético de Jesus; passando pelo Apocalipse, pelos profetas antes da vinda de Jesus; igualmente citou a profecia maia — que causou grande repercussão em nossos dias, pois alguns dos que a interpretaram, equivocadamente, anunciaram o fim do mundo para dezembro de 2012; mencionando ainda Nostradamus, que se tornou célebre.

Ressaltou que os Espíritos da falange do Consolador, *os Espíritos do Senhor, referiram-se a esse respeito a Allan Kardec.* (Recomendo particularmente, aos interessados especialmente em **A Gênese**, c.18; em **O Livro dos Espíritos**, Feb, 2006, qs.624, 626, 627, 628, 1019).

Interessante registrar que todas as profecias, no entanto – lembra o orador – *afirmam que surgirá um mundo melhor, uma nova Jerusalém, terras onde manarão leite e mel, paraíso de luz e beleza.*

Dr. Artêmio, nesse momento, refere-se ao texto do Apocalipse, que está no capítulo 21:1-4, que ele menciona com suas próprias palavras:

> *Quando o evangelista João ouviu as graves revelações seu coração ficou pesado, e ele perguntou: – Não há esperança?*
> *Havia muita aflição no discípulo amado, que logo escutou a resposta formosa: Sempre há esperança, ó tu, para quem o céu e a terra foram criados...*
> *Assim prossegue o grande vidente do Apocalipse: Mas eu não vi o que aconteceu a eles, pois a minha visão mudou, e eu vi um novo céu e uma nova terra; pois o primeiro céu e a primeira terra haviam acabado... A emoção tomou o apóstolo que então exultava, quando ouviu uma grande voz (dos seres angélicos) que dizia: Não mais haverá morte, nem tristeza, nem choro, nem haverá mais dor...*

Nas fronteiras da nova era

O orador faz uma pausa e prossegue:

> *Ocorrerão essas bênçãos, porque Espíritos não comprometidos com o mal estarão no planeta construindo o reino dos céus nos corações e trabalhando eficazmente em favor da solidariedade atendida pelo amor.*
>
> *Virão apressar o progresso moral, utilizando-se do intelectual e tecnológico para promover a fraternidade entre os povos, a fim de que os mais poderosos ajudem no desenvolvimento dos menos aquinhoados, substituindo a guerra pela solidariedade, a escravidão decorrente do comércio perverso pela liberdade de escolha e de trocas, combatendo as doenças pandêmicas e endêmicas, as degenerativas, que já não se justificarão, porque os membros da formosa família não estarão assinalados pelos débitos de grande porte...*

Observemos que o Dr. Artêmio faz menção aos Espíritos que estão chegando de Alcíone, da Constelação do Touro, da qual as Plêiades fazem parte, reafirmando que eles não estão comprometidos com o mal e nem com existências anteriores, não havendo, assim, nenhuma ligação com nossa Humanidade. Entretanto, existe sim, um elo muito forte entre todos nós, ou seja, o da solidariedade fraternal, do amor sem barreiras, lídimo, universal.

Tais Espíritos possuem uma abertura mental que ainda não alcançamos, o que lhes faculta outra visão da vida, que abrange horizontes infinitos, na certeza de que, ao alcançarmos um patamar à frente, muitos outros se nos apresentam, no luminoso processo evolutivo, "ad eternum".

Essa é uma questão extremamente fascinante e, por isso, transcrevo aqui um pensamento do Lama Anagarika Govinda (1898-1985 – nascido na Alemanha. Aos 18 anos converteu-se ao Budismo).

> *A mente humana não pode se deter em nenhum ponto de seu caminho na direção do conhecimento. Imobilidade significa morte, rigidez e decadência. Essa é a lei de toda vida e de toda consciência. É a lei do espírito, da qual a vida e a consciência fluem.*
>
> *Assim como no pensamento matemático cada dimensão necessariamente exige outra dimensão, superior à primeira, até chegarmos à conclusão inevitável de que deve haver uma série infinita de dimensões – assim também cada nova expansão de nosso horizonte espiritual sugere novas e insuspeitadas dimensões da consciência.* (**O Mais Elevado Estado de Consciência** – Cultrix/Pensamento – John White: Org,1973).

Dr. Guimarães fala sobre o futuro:

> *O planeta renovado na sua constituição física, harmonizadas as placas tectônicas, diminuída a alta temperatura do magma vulcânico, muitos cataclismos que o assolavam e destruíam, desaparecerão, a pouco e pouco, apresentando-se com equilíbrio de temperatura, sem os calores calcinantes, nem os frios enregelantes, e com paisagens edênicas...*

Nas fronteiras da nova era

Adaptando-se às novas condições climáticas, o organismo físico experimentará modificações especiais, em razão também dos seres que o habitarão, imprimindo nele outros valores fisiopsicológicos, que irão contribuir para a sua evolução espiritual. Será nesses corpos que estarão reencarnadas multidões de visitantes benéficos, contribuindo para o progresso da humanidade (...).

Nesse comenos, os irmãos geradores de distúrbios e de conflitos, os guerreiros contumazes e os arruaceiros, aqueles que se comprazem nos campeonatos da perversidade, por sintonia vibratória transferir-se-ão para outro planeta cuja psicosfera seja compatível com as suas condições, recebendo-os em exílio temporário, quando aplicarão os conhecimentos tecnológicos para auxiliar os seus habitantes, sofrendo a dor da saudade, da separação dos afetos, e preparando-se moralmente para o retorno, para a ascensão...

Nunca se perdem os valores ante os Divinos Códigos, e o Pai Amantíssimo vela pelo Universo, havendo delegado a Jesus a criação e a governança da Terra, que vem conduzindo com inefável amor e ímpar compaixão, a fim de que os seus habitantes nos despojemos das imperfeições que nos retêm na retaguarda e, como filhos pródigos, retornemos ao Seu rebanho.

O orador encerrando diz:

Muitos de nós, equipamo-nos dos conhecimentos próprios nas áreas da genética, da embriologia e da embriogenia, a fim de prepararmos os corpos que acolherão por algum tempo, no claustro da maternidade, esses mensageiros do amor e da misericórdia na sua peregrinação terrestre...

A nossa excursão ao planeta amado objetiva preparar a sociedade para o esforço sublime da grande transição.

O tempo urge, e é necessário recuperar os dias malbaratados nos jogos viciosos da ilusão.

Necessitamos da contribuição oracional de todos, suplicando ao santo Poverello, que interceda a Jesus por nós, Seus obreiros imperfeitos que reconhecemos ser.

Exorando a excelsa misericórdia do amor para todos, agradecemos a vossa atenção e aquiescência em nos ouvir, assim como vós outros em participardes do futuro empreendimento preparatório da nova era.

Permaneça a paz em nossos corações.

Silêncio pleno de emoção dominou o auditório. Nesse momento, Francisco de Assis levantou-se, dirigiu-se à tribuna e orou envolto em claridades siderais.

Mestre sublime Jesus:

Fazei que entendamos a vossa vontade e nunca a nossa, entregando-nos às vossas mãos fortes para conduzir-nos;

permiti que possamos desincumbir-nos dos deveres que nos cabem, mas, não conforme os nossos desejos;

Nas fronteiras da nova era

lançai vosso olhar sobre nós, a fim de que tenhamos a claridade da vossa ternura, e não as sombras da nossa ignorância;

abençoai os nossos propósitos de servir-vos, quando somente nos temos preocupado em utilizar do vosso santo nome para servir-nos;

envolvei-nos na santificação dos vossos projetos, de forma que sejamos Vós em nós, porquanto ainda não temos condição de estar em Vós;

dominai os nossos anseios de poder e de prazer, auxiliando-nos na conquista real da renúncia e da abnegação;

ajudai-nos na compreensão dos nossos labores, amparando-nos em nossas dificuldades e socorrendo-nos quando mergulhados na argamassa celular;

facultai-nos a dádiva da vossa paz, de modo que a distribuamos por onde quer que nos encontremos e todos a identifiquem, compreendendo que somos Vossos servidores dedicados...

...e porque a morte restitui-nos a vida gloriosa para continuarmos a trajetória de iluminação, favorecei-nos com a sabedoria para o êxito da viagem de ascensão, mesmo que tenhamos de mergulhar muitas vezes nas sombras da matéria, conduzindo, porém, a bússola do Vosso afável coração apontando-nos o rumo.

Senhor!

Intercedei, junto ao Pai Todo Amor, por vossos irmãos da retaguarda, que somos quase todos nós, os trânsfugas do dever.

Escreve Philomeno de Miranda que após a oração, flocos de luz desciam suavemente sobre toda a assembleia e, automaticamente, todos começaram a se abraçar, em meio à ternura que os envolvia naquele instante memorável.

CAPÍTULO 14
DIRETRIZES PARA O FUTURO

OUVINDO A PRELEÇÃO do Dr. Artêmio Guimarães e orando com Francisco de Assis, Miranda enfatiza a emoção daquele instante, permanecendo todos os participantes em êxtase, receando quebrar a vibração de amor transcendente que inundava todo o auditório, como bênçãos do Amor Maior.

Uma fila se formou para abraçar o orador e se aproximar de Francisco e Clara que permaneciam no recinto.

Philomeno de Miranda descreve o inesquecível momento:

> *(...) aproximamo-nos dos santos de Assis, e não pude resistir ao seu enternecimento, sendo dominado pelas lágrimas que aljofravam espontâneas, demonstrando a nossa pequenez diante da sua magnitude.*
> *A humildade incomum e o sorriso de afeto e compaixão bailavam nos seus olhos e faces, facilitando o intercâmbio de amor.*

Beijamos-lhes as mãos que se santificaram na caridade e somente logrei dizer, trêmulo: — Deus vos abençoe! Muito obrigado!
Fiquei impregnado pelo seu enternecimento por largo período após aquele momento.

Fico a pensar que, se tivesse um dia um ensejo deste, diante de Francisco de Assis e Clara, apenas diria, como nosso amigo Miranda, as mesmas palavras que ele. Nada mais importava ali. Quaisquer outras palavras seriam desnecessárias, pois havia, acima de tudo, uma sintonia de amor e gratidão a eles, a Jesus, a Deus. Essa a linguagem do pensamento.

Há momentos, mesmo aqui no nosso plano físico, que as palavras não traduzem o que sentimos –,um olhar, um toque de mãos que se apertam, um abraço, um beijo dizem tudo. Um gesto de ternura é puro sentimento de amor que, às vezes, se expressa no silêncio das almas afins. Quem já sentiu isso sabe que é pura magia, inesquecível e precioso instante que guardamos para sempre.

Voltando à parte prática das atividades das equipes que se formavam, Miranda se inteirou de que o mentor dirigiria e supervisionaria os grupos dali mesmo, sendo que cada um teria um responsável que o representaria diretamente, no plano físico.

A equipe a qual Ivon Costa e Miranda pertenciam era constituída de vinte Espíritos, especializados em trabalhos de desobsessão, alguns deles procedentes do departamento de reencarnação, onde tiveram experiência nos mecanismos próprios para os processos de fecundação e concepção. De imediato foram sendo encaminhados para uma sala onde receberiam as instruções.

Ao chegar eles foram apresentados àquele que representaria o mentor geral, o Dr. Silvio Santana, que na Terra fora obstetra e geneticista, pesquisador e estudioso da reprodução humana, o qual, após as apresentações esclareceu que as atividades durariam oito semanas e, segundo Miranda:

> *Participaríamos de atividades de selecionamento de casais para receber como filhos os participantes de mais além, de modo que lhes fosse possível alcançar as metas superiores que anelavam, iniciando o ciclo dos renascimentos no mundo terrestre até quando estivessem colocadas as balizas da era da regeneração.*

Esses casais apresentavam dificuldades de reprodução devido a vários fatores, recorrendo aos métodos de concepção artificiais, com a implantação dos ovos (zigoto), em pleno processo de reencarnação dos Espíritos que viriam trabalhar pela regeneração da Terra. Cabia também à equipe dar assistência moral e espiritual aos futuros pais, a fim de que não abrissem brechas para influenciações negativas, de Espíritos inferiores, que sempre estão prontos a perturbar, pelo simples prazer de fazê-lo.

O autor espiritual, pensativo, refere-se ao *significado grandioso do intercâmbio espiritual entre as duas esferas da vida, compreendendo o poder do amor na construção da sociedade, que é sempre a mesma, quer se encontre no corpo físico ou fora das amarras materiais.*

Notável este pensamento de Philomeno de Miranda. É incontestável que há uma Humanidade, digamos,

NAS FRONTEIRAS DA NOVA ERA

pertencente à Terra, os terrícolas. No dia de hoje, 09 de janeiro de 2013, a população de encarnados passou de sete bilhões e, sabemos que a dos desencarnados é mais que o dobro. Esse número fantástico constitui a Humanidade terrena.

No ir e vir das reencarnações nós, os encarnados atuais, estaremos, em certos períodos, no plano espiritual e estes, que lá estão hoje, virão progressivamente retornando às lides no campo da matéria e, assim sucessivamente. Esse mecanismo é simplesmente fantástico, compreendendo que isto acontece dentro de uma lei que impera no Universo: a de ação e reação, que tem como base inamovível a assertiva de Jesus : *A cada um segundo as suas obras.* Miranda refere-se ao intercâmbio espiritual entre as duas esferas da vida, que sempre existiu, desde o surgimento dos primitivos habitantes no povoamento da Terra.

Raciocinemos quanto a isso que acabamos de citar. Somos Espíritos imortais, temos a imortalidade em nós e diante de nós, estando ou não encarnados. O tempo é sem tempo e o infinito nos acena e assusta alguns. A mim extasia, deslumbra.

O amor divino estabeleceu que houvesse comunicação entre os que estavam na pátria verdadeira e os que estagiavam no plano físico, a fim de que estes, nesse intercâmbio se renovassem em energias e bom ânimo, sabendo que jamais estariam a sós. Mas que dificuldade tem sido para o encarnado admitir essa realidade!

Milhares de comprovações aconteceram ao longo dos milênios, porém, o homem, em sua maioria, prefere negá-las, visto que admitir e aceitar implica mudanças estruturais em sua mentalidade, condicionada aos costumes e modismos da época. Aqueles, todavia, que aceitam, evidenciam que despertaram para as realidades espirituais. E isso é o começo.

Falando em infinito, é sempre um feliz ensejo recordar as excelências das obras de Léon Denis, destacando nesse instante o magnífico livro, **O Problema do Ser, do Destino e da Dor,** (Feb, 2010, cap. 21) quando ele apresenta as *necessidades irresistíveis do Espírito em evolução adiantada:*

> *(...) necessidade de infinito; de justiça, de luz; necessidade de sondar todos os mistérios, de estancar a sede nos mananciais vivos e inexauríveis cuja existência ele pressente (...). Daí provém nossas mais altas aspirações, nosso desejo de saber, jamais satisfeito, nosso sentimento do Belo e do Bem.*

Como podemos ver, temos necessidade de infinito – daí que a crença em uma só vida sufoca a criatura, que não tem perspectivas outras a não ser aquela que termina em "sete palmos de terra"...

De volta ao capítulo, Miranda realça que desde os anos da década 1970/1980, outras caravanas com o mesmo objetivo que as equipes atuais já visitavam a Terra, tomando providências compatíveis para as reencarnações especiais. Todavia, era chegada a hora de intensificar o intercâmbio entre os terrícolas e os visitantes de Alcíone, que já estavam próximos à psicosfera do planeta, sendo que grande número deles se encontrava em Colônias próximas da Terra, assimilando o psiquismo do orbe, assim como dos seus habitantes, inclusive citando que também estariam visitando as sociedades espíritas **que mantinham ligação com as**

Nas fronteiras da nova era

esferas superiores, chegando mesmo a dizer que alguns se comunicariam explicando a razão de ali se encontrarem. (grifo nosso)

Acerca da presença desses Espíritos de Alcíone, em algumas sociedades espíritas e da possibilidade de comunicações mediúnicas, volto a enfatizar o cuidado que devemos ter quanto a isso, porque é muito fácil ser alvo de Espíritos mistificadores, argutos, inteligentes que estão atentos às nossas faltas menores e vacilações, dispostos a confundir e a perturbar a harmonia da Casa Espírita. Devemos, enquanto médiuns e integrantes de trabalhos mediúnicos, zelar para mantermos o equilíbrio diante da aproximação de Entidades benfeitoras, visto que é comum as pessoas pensarem que estas estejam à nossa disposição.

Médiuns principiantes devem ser alertados para não incorrerem na ideia de que estejam sendo treinados por Dr. Bezerra de Menezes, ou Eurípedes Barsanulfo, ou Joanna de Ângelis, ou por algum vulto famoso, que não pertenceu às nossas fileiras, mas que se notabilizou pela bondade e por seus feitos humanitários. Igualmente não ter a pretensão de que esses vultos famosos estejam ao seu lado dia e noite. Estes Espíritos têm mais o que fazer.

Recorramos a Kardec, em **O Livro dos Médiuns**, Feb, 1980, quando discorre sobre a Formação dos Médiuns:

> *Demais, as primeiras comunicações obtidas devem considerar-se meros exercícios, tarefa que é confiada a Espíritos secundários. Não se lhes deve dar muita importância, visto que procedem de Espíritos empregados, por assim dizer, como mestres de escrita, para desembaraçarem o médium prin-*

cipiante. Não creais sejam alguma vez Espíritos
elevados os que se aplicam a fazer com o médium
esses exercícios preparatórios. (Cap. XVII it. 210)

Essa instrução do mestre lionês abrange outros tipos de mediunidade, como a psicofonia, portanto é preciso estar atento a tais peculiaridades e, sobretudo, mantermos a prudência e o bom-senso, estudando sempre a Doutrina Espírita e trabalhando em prol do bem da Humanidade.

♦ ♦ ♦

Voltando ao capítulo em análise, Miranda registra que, de acordo com as instruções do Dr. Silvio Santana, as equipes iriam atuar nas terras brasileiras, sendo a seguir encaminhadas para as respectivas cidades conforme fora estipulado.

Como teriam o início da atividade somente na noite seguinte, ele e Ivon Costa e mais alguns companheiros do grupo, sem compromissos formais, dedicaram-se a visitas afetuosas, começando por familiares que ainda estavam encarnados e depois *a instituições espíritas dedicadas ao ministério da desobsessão e hospitais psiquiátricos espíritas, a fim de* ser observada *a aplicação dos valiosíssimos recursos da Doutrina, no atendimento aos seus pacientes.*

O autor comenta que nesses encontros fraternos com vários trabalhadores, o tempo transcorreu e logo já era o momento de se dirigirem para o litoral brasileiro, onde aconteceria a preleção do Dr. Artêmio.

Cerca de dez mil visitantes estavam reunidos para ouvi-lo, além de todas as equipes aptas ao trabalho que, em breve, começariam. O local não poderia ser mais belo, uma

Nas fronteiras da nova era

praia isolada, a noite clara, as ondas do mar como rendas brancas se derramando na imensidão da areia, o que trouxe à lembrança de Philomeno de Miranda passagens da vida de Jesus, atendendo à multidão de aflitos e sofredores. Ali estavam, em silêncio, envolvidos em vibrações de harmonia e paz.

Dr. Artêmio Guimarães se fazia acompanhar de diversos chefes de equipes e, após uma oração plena de amor e fé, ele deu início à sua exortação, que transcrevo na íntegra porque nos dá a dimensão da jornada de lutas e testemunhos que os Espíritos vindos de Alcíone teriam de enfrentar:

> *— São chegados os grandes e nobres dias do Senhor da Vinha.*
> *Viestes de outra dimensão para contribuir com o Libertador de consciências terrestres e aceitastes a incumbência de cooperar na construção da era da paz e do amor.*
> *Estais acostumados com a harmonia no mundo em que habitais, onde não mais existem o sofrimento nem o desespero, o crime nem a hediondez. Ireis enfrentar refregas difíceis no trato com a violência e a revolta, remanescentes do primarismo que ainda vige em incontáveis criaturas do nosso planeta.*
> *Sereis convidados a demonstrar fraternidade, quando irromperem conflitos e dissidências; enfrentareis a maldisfarçada animosidade entre aqueles com os quais convivereis; devereis suportar o aflitivo peso da insatisfação constante daqueles que farão parte do vosso clã e dos vossos progra-*

mas de atividades; lutareis com os instrumentos da amizade contra o ódio contumaz e ferrenho; tereis que entender os agressores, que nunca procuram compreender o outro e sempre se acreditam com a razão; sofrereis a calúnia e a perfídia, a competição doentia e a ingratidão daqueles em quem depositareis confiança e generosidade; distorcerão vossas palavras e vos ameaçarão com as mais covardes maneiras de comportamento; experimentareis o opróbrio e a humilhação... No entanto, Jesus estará convosco em todos os momentos.

Caminhareis por estradas pedregosas e assinaladas por impedimentos, mas isso não vos constituirá problema, porque estais acostumados a superar óbices e ganhar alturas.

Em todas as situações, recordai-vos que sois hóspedes do planeta em transição, convidados a torná-lo um paraíso, após as tormentas contínuas que o sacudirão.

Triunfareis, se permanecerdes fiéis ao amor e à fraternidade, abertos à compaixão e à misericórdia.

Visitai os lares onde ireis habitar, treinando paciência e coragem ao lado das futuras famílias, não habituadas aos padrões de bondade e de justiça, de compreensão e de equidade.

Deixai-vos enternecer pelos irmãos da agonia que ainda enxameiam em nosso amado planeta, confortando-os, desde logo, inspirando-lhes alegria de viver e gratidão a Deus pela oportunidade de crescimento moral e espiritual.

Sereis o sal da terra, mantendo-lhe o sabor, a fim de tornar melhores os dias em que vivereis no corpo somático.

NAS FRONTEIRAS DA NOVA ERA

Experimentareis a constrição da indumentária carnal, tentando aprisionar-vos nas roupagens fortes da matéria, no entanto, nas horas do repouso físico, volvereis à nossa esfera de ação, onde sereis reconfortados e encorajados ao prosseguimento missionário.

Embaixadores do Bem, permanecei na batalha em prol da paz, amando sempre, sem vos armardes de qualquer instrumento emocional de beligerância ou de animosidade.

Sede bem-vindos à Terra!

Que Deus vos abençõe o ministério programado por Jesus!

A comovedora exortação do mentor dos trabalhos, Dr. Artêmio Guimarães, suscitou-me sentimento profundo de empatia para com os Espíritos que tinham deixado para trás a estrela de excelsa magnitude espiritual que lhes servia de berço amado e, vencendo distâncias cósmicas e espirituais, aportaram em nosso modestíssimo orbe, para auxiliar a transição que a Humanidade terráquea terá de enfrentar para alcançar o patamar da regeneração.

Lendo o texto acima transcrito, mais uma vez, e agora, no intuito de comentá-lo, de imediato lembrei-me de Jesus, proferindo para toda a Terra o **Sermão da Montanha**. As bem-aventuranças, que prosseguem repercutindo no poderoso sistema de som do Universo, pois alcançam os que sintonizarem nessa alta frequência vibratória, que se espraia como ondas a se eternizarem no "Oceano da Graça Divina".

Que você leitor (a), leia as frases do **Sermão da Montanha**, imaginando que Jesus as profere, nesse momento, para os Espíritos de outra esfera. Depois leia como se fosse para você. E sinta o resultado.

> *Bem-aventurados os pobres de espírito, porque deles é o reino dos céus;*
> *Bem-aventurados os que choram, porque eles serão consolados;*
> *Bem-aventurados os mansos, porque eles herdarão a Terra;*
> *Bem-aventurados os que têm fome e sede de justiça, porque eles serão fartos;*
> *Bem-aventurados os misericordiosos, porque eles alcançarão misericórdia;*
> *Bem-aventurados os limpos de coração, porque eles verão a Deus;*
> *Bem-aventurados os pacificadores, porque eles serão chamados filhos de Deus;*
> *Bem-aventurados os que sofrem perseguição por causa da justiça, porque deles é o reino dos céus;*
> *Bem-aventurados sois vós, quando vos injuriarem e perseguirem, e mentindo, disserem todo o mal contra vós por minha causa;*
> *Exultai e alegrai-vos, porque é grande o vosso galardão nos céus.* (Mt 5:3 q 12)

Após a palavra do Dr. Artêmio Guimarães, Miranda encerra o capítulo tecendo alguns comentários acerca da despedida do querido mentor, com quem não teriam outros ensejos de contínuo convívio.

NAS FRONTEIRAS DA NOVA ERA

CAPÍTULO 15
EXPERIÊNCIAS ILUMINATIVAS

MIRANDA DISCORRE, NESTE capítulo, acerca dos momentos em que passaram a conhecer mais de perto alguns dos visitantes de Alcíone, pois eram aproximadamente mil os que estavam no grupo cujo mentor era o Dr. Silvio Santana. Todos deveriam, portanto, seguir para o acampamento adrede construído por especialistas nessa área.

Durante o dia o autor espiritual manteve diálogos afetuosos com alguns deles, ouvindo-os em suas belas narrativas sobre como é a vida em Alcíone e, ao mesmo tempo, enquanto transmitiam o pensamento também propiciavam projeções mentais, dando uma pálida ideia *do esplendor do Reino, que a todos nos aguarda na marcha sublime da evolução.* Diante de tanta beleza, Miranda diz que as palavras do seu vocabulário são insuficientes para reproduzir o que narravam, mencionando que: *Pude aquilatar a respeito da sábia informação de Jesus, quando se referiu, conforme João 14:1-2: – Não se turbe o vosso coração, crede em Deus, crede também em mim. Na casa de meu Pai há muitas moradas...*

Continuando suas observações, Philomeno de Miranda destaca que, realmente, a Terra não poderia ser privilegiada exclusivamente com habitantes, enquanto que seriam inúteis os demais bilhões de astros que povoam o Universo, *produzindo a sinfonia intérmina e majestosa da Criação...*

Vale transcrever o trecho a seguir, com esclarecimentos do autor:

163

Invariavelmente, temo-nos detido nas informações sobre transtornos de conduta e obsessivos, sofrimentos de todo porte, incompletude, regiões de provas e de purgação, campos de expiação e padecimentos inenarráveis, no Além-túmulo. É natural que assim o façamos, de modo a despertarmos a consciência adormecida dos Espíritos que se encontram na roupagem carnal, comprometendo-se com o mal, em vez de reabilitar-se; navegando contra a correnteza, em vez de avançarem no rumo do porto de segurança... No entanto, a respeito dos mundos felizes nas suas constituições físicas e espirituais, não encontramos as palavras próprias para traduzirem a beleza e harmonia que neles existem.

Na sequência, ele faz breve relato do que existe na Colônia Redenção, onde reside.

Paisagens ricas de tonalidades incomparáveis, o nascer e o pôr-do-sol são luzes em tons indefiníveis, jardins e nascentes de água cristalina jorrando incessantemente, flores multicores e com perfumes suaves, educandários e teatros para a formação intelecto-moral, hospitais modelares que deverão inspirar as futuras construções terrestres, galerias de arte em todos os gêneros...

Convém observarmos alguns desses pontos que ele descreve. Por exemplo, *teatros para a formação intelecto-moral* – isso é importante para uma reflexão. O que acontece, em geral, no momento, é que o teatro que se diz moderno, na verdade é um amontoado de sandices imorais, com palavreado de baixíssimo nível, com intuito de fazer o povo rir – alguns até de coisas escatológicas. Não é de rir é de chorar. Até onde chegamos nós? Por que isto? Qual o pra-

NAS FRONTEIRAS DA NOVA ERA

zer que se pode tirar disso? Como é possível pensar em arte nesse nível? Paremos para pensar nisso.

Continuando a descrição do plano espiritual onde reside, Miranda informa que existem laboratórios de planejamentos e de projetos relevantes, visando serem alcançados novos descobrimentos das Leis que regem o planeta e o Cosmo, inclusive para erradicar as doenças e distúrbios que ainda predominam na Terra, realizando encontros, debates e conversações superiores, enriquecidos de sabedoria sobre a vida e o seu significado profundo.

Universidades onde são aprofundados conhecimentos avançados, preparando equipes de Espíritos iluminados pelo amor e pela cultura superior, que têm por missão preparar as gerações novas para a futura Humanidade feliz. Citando ainda as "bibliotecas vivas", nas quais os livros são portadores das imagens dos que os escreveram e trazem-nos de volta, inclusive com suas emoções; videotecas e imagens virtuais em computação especial, tudo voltado para a dignificação do ser e sua conquista interior.

Entretanto, em suas narrações, os novos amigos de Alcíone falavam de emoções jamais sentidas no patamar em que nos encontramos, apresentavam paisagens totalmente desconhecidas, sendo as construções feitas de energia modelada, sons e harmonias difíceis de explicar. Nas suas projeções mentais Miranda pôde ver o santuário de orações, deslumbrante, dedicado à exaltação e gratidão a Deus e onde se comunicam os guias da estrela de primeira grandeza, glorificando o Criador. Chamavam atenção a atividade contínua e o trabalho de edificação incessante.

Em suas considerações, o autor medita quanto à renúncia que tais Espíritos vivenciam, pois *deixar, mesmo que por um breve período o mundo de esplendor pelo de sombras, era a demonstração viva do poder do amor, conforme Jesus no-lo apresentou e o viveu, convidando-nos a fazer o mesmo.*

Miranda se deu conta que a noite ia alta e, na Terra, o sono dominava a maioria dos habitantes da área onde deveriam operar. Foram então conduzidos por companheiros encarregados desse mister, aproximadamente cerca de duzentos e cinquenta casais ao acampamento, em parcial desdobramento pelo sono. Instalados em imenso pavilhão, iam aos poucos despertando, mantendo relativa lucidez, tomando conhecimento do que lhes ocorria, o que depois, se traduziria em sonho.

Os futuros reencarnantes foram acomodados em uma ala especial do imenso auditório e os demais cooperadores do lado oposto, no centro estavam os casais encarnados. Ali estavam para ouvirem as explicações que o geneticista Silvio Santana iria apresentar.

Após saudar os presentes, iniciou as elucidações que definiriam rumos para o futuro. Dirigindo-se aos casais que foram trazidos, menciona que todos os que ali estavam acalentavam o desejo de ter filhos e que haviam sido convidados, pelo merecimento, a participar de uma Nova Era para a sociedade terrestre, ressaltando que apresentavam uma conduta *apoiada nos valores éticos do bem,* mantendo compromisso religioso com diversas religiões, em busca da paz. Estavam, portanto, em condições de receber alguns dos missionários como filhos.

Traça em seguida um panorama da crise que a sociedade terrestre enfrenta, assinalada pela violência, pelo desvario moral, pelo aumento do consumo de drogas, pelos vícios, tidos como sociais, porém perversos e destrutivos, pelo desrespeito aos Códigos Divinos, à Natureza e às criaturas. A lei do progresso, todavia, se sobrepõe e um novo mundo de harmonia surgirá, vencendo as sombras da ignorância e da crueldade que hoje predominam.

Enfatiza que eles estarão participando do movimento renovador, no momento em que graves ocorrências dolorosas enlutarão famílias incontáveis, mas que eles estariam educando exatamente aqueles que irão abrir áreas luminosas na densa escuridão e que, para isto, necessitarão de amparo emocional e espiritual para cumprirem o objetivo para o qual viriam à Terra.

Exorta, pois, a educá-los *no culto dos deveres, da responsabilidade, do amor, do conhecimento, a fim de que disponham dos instrumentos próprios para os enfrentamentos até o momento da vitória.*

Destaca que foram convocados pelo Senhor (Jesus) e estão sob Sua proteção, que foram selecionados e *reencarnaram para o cumprimento das venerandas profecias a respeito da era feliz da Humanidade do porvir.*

Exorta-os a manterem Jesus na mente e no coração, preservando os sentimentos de honradez aprendidos nas escolas de fé religiosa, certos, porém, da vossa imortalidade.

Finalizando esclarece que serão apresentados *àqueles que em breve estarão adormecidos em vossos braços, totalmente entregues aos vossos cuidados para o desempenho das tarefas que devem cumprir.*

Miranda expõe a seguir as providências relativas ao encontro de cada casal com aquele que iria reencarnar como filho, que transcrevo abaixo.

SUELY CALDAS SCHUBERT

Imediatamente, vimos um grande painel, no qual estavam escritos os nomes dos casais, e, ao lado, uma espécie de foto virtual e o nome daquele que lhe seria o filho.

Automaticamente, um dos membros da nossa equipe começou a enunciar os respectivos nomes, convidando-nos a que se acercassem da área ampla e vazia entre o público e o estrado em que estava a mesa diretora.

Ao ser enunciado o nome do casal e do Espírito, seu futuro descendente, o acompanhante que trouxera os encarnados avançava na direção da Entidade que saía do seu lugar, e encontravam-se, seguindo à grande área, onde se abraçavam e conversavam jovialmente.

Em ordem, sem qualquer tipo de tumulto, embora o número expressivo de membros, foram sendo convocados uns e outros, para em tempo relativamente curto, encontrarem-se em convivência edificante.

Por um período de aproximadamente quinze minutos mantinham a familiaridade carinhosa, abraçando-se, e retornando aos seus lugares.

Os nossos visitantes de Alcíone haviam sido informados anteriormente do tempo necessário para o primeiro contato, mantendo o período estabelecido.

Retomando os seus lugares no auditório, renovados emocionalmente e jubilosos ante as expectativas desenhadas para o futuro, ouviu-se o trecho da notável obra de Franz Von Suppé, 'Libera me', na parte final do seu célebre 'Requiem'.

NAS FRONTEIRAS DA NOVA ERA

Finalizando sua narrativa, Miranda acrescenta que o Dr. Silvio Santana voltou à tribuna e, nesse momento, apresentava-se circunspecto, diante da gravidade da tarefa de que se encontrava incumbido e aproveitando-se do alto clima de paz e de esperança, esclareceu:

Irmãs e irmãos queridos:
Investidos da nobre missão que desempenhareis na Terra, mantende, encarnados e desembaraçados do corpo físico, serenidade e confiança em Deus.
Estais incumbidos de renovar o abençoado planeta terrestre, que sai da sombra para as divinas claridades.
Vindes de uma estrela de primeira grandeza, onde as excelsas concessões do amor alcançam um patamar de ventura inigualável, e mergulhareis na névoa carnal, volvendo a experimentar as dificuldades inerentes à condição humana limitadora.
Permanecereis encarcerados temporariamente no escafandro orgânico, que vos cerceará, por algum tempo, os formosos voos pelas paisagens sublimes a que estais acostumados...
Provareis a saudade dos afetos queridos que ficaram aguardando o vosso roteiro de misericórdia, muitas vezes, em aparente solidão.
Experimentareis incompreensões, repetimos, e sofrereis os espículos da inferioridade que predomina entre os viajantes da Terra, no seu momentâneo atraso moral.
Vez que outra, em parcial desprendimento pelo sono, fruireis da convivência conosco, que estare-

mos ao vosso lado e vos conduziremos, rapidamente embora, aos santificados ninhos de onde procedeis, para renovardes as forças e encontrardes alegria para a continuação do ministério socorrista.

Recordareis das sublimes lições que ouvistes no abençoado lar, aplicando os conhecimentos que possuis na construção do bem imperecível entre os vossos irmãos terrícolas...

***Asfixiados, em alguns períodos pelo bafio enfermiço da psicosfera do planeta em transição**, aspirareis pelas vibrações celestes, que volvereis a fruir somente quando terminada a incomum tarefa de amor e de sacrifício.* (grifo nosso)

♦ ♦ ♦

Pausa para alguns comentários.

Lendo o parágrafo acima, o qual eu grifei, é impossível não se fazer um paralelo entre o que ele nos transmite e a situação atual de indústrias poderosas que lançam poluentes na atmosfera, gases venenosos, prejudicando a saúde de milhões e milhões de seres humanos, além dos danos à flora, à fauna e ao ar que respiramos, trazendo sérios desequilíbrios ecológicos.

Todavia, por outro lado, atentemos para a terrível carga mental negativa que a maioria da Humanidade exterioriza, poluentes estes mais prejudiciais e venenosos que os das indústrias, constituindo, portanto, a psicosfera terrena. Essa psicosfera, se assim podemos dizer, exala um "bafio enfermiço", decorrente do fantástico conjunto de pensamentos e, ainda mais, as formas-pensamento estratificadas que podem realmente asfixiar, em alguns momentos, os nobres Espíritos da Constelação do Touro, acostumados à sua atmosfera rarefeita e quintessenciada. É notável considerar, diante disso, a lógica dessa assertiva do Dr. Silvio Santana. Pergunto: quem havia imaginado que tal efeito pudesse chegar aos nossos irmãos de outra galáxia?

Os visitantes vieram de uma estrela de primeira grandeza, cuja atmosfera deve ser tão rarefeita que nem conseguimos supor. O maravilhoso conjunto vibratório dos habitantes de Alcíone forma uma psicosfera impossível de descrevermos.

E por que não nos lembrarmos de Jesus? Penso Nele, que o Pai nos concedeu como Guia e Modelo da Humanidade (**O Livro dos Espíritos**, Feb, 2006, q.625). Penso em Jesus e, nesse curso de pensamentos, na Sua descida dos mais altos padrões vibratórios que nossa mente consegue imaginar, para chegar ao nosso modestíssimo planeta, graduando seu potencial vibratório a um padrão que fosse consentâneo ao orbe terráqueo. E quando Jesus não era visto, quando desaparecia, tenho para mim que estivesse se reabastecendo de vibrações de alta voltagem para prosseguir, embrenhando-se no denso nevoeiro dos panoramas terrestres.

André Luiz teve uma experiência relacionada com a poluição mental e espiritual de uma cidade brasileira, conforme registra em **Os Mensageiros** (Feb, 2004), quando volitava sobre uma via pública, juntamente com Vicente e o instrutor espiritual Aniceto:

> *— Estão vendo aquelas manchas escuras na via pública? — indagava nosso orientador espiritual, percebendo-nos a estranheza e o desejo de aprender cada vez mais.*

SUELY CALDAS SCHUBERT

Como não soubéssemos definir com exatidão, prosseguiu explicando:

– São nuvens de bactérias variadas. Flutuam, quase sempre também em grupos compactos, obedecendo ao princípio das afinidades. Reparem aqueles arabescos de sombras.

E indicava certos edifícios e certas regiões citadinas.

– Observem os grandes núcleos pardacentos ou completamente obscuros! São zonas de matéria mental inferior, matéria que é expelida incessantemente por certa classe de pessoas. Se demorarmos em nossas investigações, veremos igualmente os monstros que se arrastam nos passos das criaturas, atraídos por elas mesmas (...).

– Tanto assalta o homem a nuvem de bactérias destruidoras da vida física, quanto as formas caprichosas das sombras que ameaçam o equilíbrio mental. Como vêem, o 'orai e vigiai' do Evangelho tem profunda importância em qualquer situação e a qualquer tempo. Somente os homens de mentalidade positiva, na esfera da espiritualidade superior, conseguem sobrepor-se às influências múltiplas de natureza menos digna. (cap.40)

Prossegue Dr. Silvio Santana:

Sereis caracterizados no mundo pelas qualidades morais, pelos conteúdos psicológicos de paz e de reflexão, desde os primeiros dias da experiência nova.

NAS FRONTEIRAS DA NOVA ERA

Missionários que vos precederam na viagem à Terra, estão ampliando os estudos em torno da psique e da emoção, a fim de vos oferecerem os recursos hábeis para a exteriorização do patrimônio de sabedoria de que estais investidos.

A esse respeito Joanna de Ângelis informa que,

Tal feito somente será possível graças à reencarnação, que faculta aos Espíritos o retorno à indumentária carnal, a fim de darem prosseguimento aos estudos e realizações a que se afervoraram, não os vendo interrompidos pela morte, mas sim alterados os quadros de observações com o estágio na Erraticidade, de onde retornam mais enriquecidos pelas lembranças do mundo real, aplicando na Terra esses conhecimentos que contribuem para a superação dos atavismos perniciosos e das paixões a que se escravizaram em decorrência das experiências iniciais por onde transitaram. (**Dias Gloriosos**, Leal, 1999, cap. 1)

Continuando a preleção do mentor:

Abrir-se-ão novas perspectivas para o vosso ministério nas dádivas do lar afetuoso e rico de ternura. Algumas vezes, intentarão crucificar-vos nas traves da perversidade, mas triunfareis por amor.
Vós outros, que ides receber os nossos visitantes como filhos, que vos credenciastes ao compromisso

de crescer com eles na direção de Deus, preparai-vos.

Sabei que a reprodução humana está sob impositivos graves no que diz respeito à constituição orgânica, e que se desenham no DNA as necessidades evolutivas de cada ser, nada obstante, é sempre o Espírito quem seleciona o espermatozóide mais compatível com os seus propósitos evolutivos.

Graças à vibração que emite, o Espírito seleciona -o da massa expressiva e dispara-o na direção do óvulo para o milagre da fecundação.

A hereditariedade, de alguma forma, encontra-se adstrita à constituição física, em alguns caracteres morfológicos e biológicos, no entanto, os estratos morais são proporcionados pelo reencarnante...

Pausa para uma reflexão a respeito do trecho em que é esclarecido pelo Dr. Silvio Santana, que a reprodução humana está sob impositivos graves, relativos ao corpo físico, enfatizando que no DNA estão "escritas" as necessidades evolutivas do ser reencarnante. É sempre oportuna a compreensão acerca do fato de que o Espírito que retorna imprime no código genético as suas condições e necessidades evolutivas, a partir da fecundação, em cujo processo já está ligado, influenciando com seu patrimônio espiritual o desenvolvimento do feto, até vir à luz da vida física, quando passa a escrever a sua nova história.

Voltando à preleção do mentor.

Mantende a afetividade e o respeito em vossos relacionamentos íntimos de modo a evitardes a intro-

NAS FRONTEIRAS DA NOVA ERA

missão das Entidades vulgares e perniciosas, que tentarão hipnotizar-vos para a adoção dos vícios e das aberrações em voga no tálamo conjugal.

Necessitamos da vossa contribuição saudável, a fim de lograrmos êxito nos empreendimentos desde os primeiros momentos...

Antes de ser iniciado o processo de renascimento dos nossos convidados espirituais, mantereis contato psíquico com eles, de modo que se vos desenvolvam os sentimentos da afetividade.

Mais amiúde, eles estarão visitando-vos, adaptando-se ao psiquismo planetário e às vossas emoções.

Alegrai-vos, trabalhadores do novo mundo!

Vivereis o grande crepúsculo da civilização atual que se vai, mas fruireis a beleza do amanhecer de uma nova era de paz e de bênçãos que está por acontecer.

Cultivai os sentimentos nobres do dever, da harmonia e do bem, nos mais diversos segmentos da sociedade em que vos encontrais, e permiti-vos bafejar pelas aragens espirituais que soprarão afastando as torpes e pesadas vibrações do período de transição.

Abençoados pela oportunidade, começai a planejar, pensai no amor...

Inúmeros, entre vós, anelais pela patermaternidade que ainda não alcançaram...

Defluente de razões que vêm de prístinas épocas, não podereis conceber, mas providenciadas pelos mensageiros do Senhor, as valiosas conquistas através da engenharia genética, aplicadas em benefício da sociedade, ajudar-vos-ão a alcançar o sagrado desiderato.

*Rejubilai-vos, e retornai aos compromissos huma-
nos aureolados de felicidade e de esperança.
O Senhor seja convosco!*

Refere-se Miranda acerca da harmonia superior que pairava no ambiente e nos corações. Logo depois os casais encarnados foram recambiados ao corpo, deixando na mente de cada um a lembrança de um sonho ou um encontro espiritual incomum.

Capítulo 16
Programações reencarnacionistas

O autor espiritual abre o capítulo referindo-se aos diversos missionários que, ao longo dos milênios, vieram ao plano físico contribuir com seus conhecimentos e ensinamentos. Menciona depois quanto aos Espíritos perversos, inferiores, que têm na atualidade a feliz oportunidade de autorredenção, porém se comprazem no mal, mantendo a condição de primarismo no qual estagiam e que serão recambiados para mundos inferiores, por questão de sintonia vibratória, a eles equivalentes.

De acordo com a programação elaborada pelo Dr. Silvio Santana foram convocados, ele e Ivon Costa, para visitar alguns casais comprometidos a receber os irmãos de Alcíone, sendo o primeiro deles na cidade de Belo Horizonte.

NAS FRONTEIRAS DA NOVA ERA

A residência, bastante confortável, estava situada em um bairro elegante da capital mineira. Tudo ali era silêncio e o casal adormecido estava em desdobramento pelo sono físico, e dialogava com aquele que lhe seria o primogênito.

O casal tinha em mente realizar a fecundação *in vitro,* em razão da impossibilidade de terem filhos, pois haviam consultado vários especialistas que não diagnosticaram qualquer impedimento fisiológico em nenhum dos dois. Foram submetidos a cuidadoso tratamento especializado para alcançarem o objetivo, agora tão desejado. No dia seguinte iniciariam os procedimentos necessários.

Importante ressaltar que devido ao mérito dos cônjuges, foram destacados dois Espíritos *da equipe da Era Nova, para que renascessem através desse processo especial.* Sendo assim eles teriam gêmeos. Conversavam, então, com aqueles que lhes seriam filhos.

Dr. Silvio Santana, orientando a terapia auxiliar preparatória, convidou todos à oração, por ele mesmo proferida, em seguida aplicou recursos bioenergéticos no casal adormecido, visando à produção de espermatozoides e óvulos saudáveis, permitindo o êxito da fecundação.

Um fato, porém, chamou a atenção de Miranda. Mesmo com todos os cuidados com que cercaram o referido momento, foram notadas as presenças de alguns Espíritos evidenciando aflição, que haviam acorrido à residência. Entre eles um em especial, tinha ligação emocional com os cônjuges, pois no passado havia sido um filho não aceito, tendo sido abortado, embora não existisse mais ressentimento de sua parte, desse fato decorria a dificuldade atual. Embora recuperados do delito, ficaram as sequelas no perispírito da senhora, que lhe dificultavam a concepção. Foi atendido pelo Dr. Silvio Santana, que lhe explicou com muita ternura e bondade a situação, tranquilizando-o ao próprio futuro, como aos demais ali presentes.

Terminada a tarefa junto ao casal, quando se dirigiam para outra atividade em um dos bairros periféricos da mesma cidade, Philomeno de Miranda, aproveitando o momento, interrogou ao nobre geneticista espiritual quanto à chamada fertilização *in vitro*, também denominada *bebê de proveta*.

Pacientemente, ele nos explicou, a mim e aos demais amigos que a Divindade, sempre misericordiosa, incessantemente envia à Terra os Seus embaixadores, a fim de que os mesmos facilitem o progresso científico-tecnológico, de modo a proporcionar aos seres humanos os recursos hábeis capazes de auxiliá-los a diminuir as aflições a que fazem jus.

A cada momento – informou-nos com gentileza – *a Ciência e a Tecnologia dão-se as mãos, contribuindo em favor da sociedade feliz, assim como enviando os missionários do amor para que os sentimentos de bondade, de misericórdia e de fraternidade vicejem onde antes os combates de extermínio tinham lugar. Naturalmente, é mais fácil a conquista horizontal, a dos valores culturais e técnicos do que a grande vertical do amor em direção a Deus, razão pela qual ainda permanecem as lutas hediondas de toda espécie entre os seres humanos.*

Nas fronteiras da nova era

Na sequência, o médico espiritual apresenta verdadeira aula sobre o assunto solicitado, abrangendo igualmente a controvertida questão da *barriga de aluguel.*

Transcrevemos a seguir, parcialmente, o trecho essencial que revela o êxito do processo de fertilização *in vitro,* do casal de Belo Horizonte.

> *Aproximadamente entre quinze a dezenove horas depois do procedimento cuidadoso, observam-se ao microscópio as evidências da fecundação, que podem ser sintetizadas na presença dos denominados pró-núcleos masculinos e femininos. Mais tarde, transcorridas vinte e quatro horas, já se pode perceber a presença de* pré-embriões, *graças à divisão em duas células. Somente após quarenta e oito horas até setenta e duas horas, quando os mesmos apresentam quatro, oito ou mais células, é que se procede à transferência para o útero materno.*

Dr. Silvio acrescenta que,

> *(...) em nosso caso, esperamos que se tornem exitosos dois dos diversos pré-embriões transferidos, nos quais teremos acoplados os perispíritos dos reencarnantes, que elegerão por vibração especial os espermatozóides que poderão oferecer-lhes alguns dos fatores necessários com as características próprias para as tarefas que lhes estão destinadas na existência corporal.*
> *Aqueles que não tiverem ligação de futuros reencarnantes, perderão a finalidade e serão automaticamente eliminados.*

SUELY CALDAS SCHUBERT

Fica bem claro que após todo o processo relativo a esse tipo de fertilização, a transferência para o útero materno acontece quando os pré-embriões apresentarem a divisão em quatro, oito ou mais células, formando uma estrutura denominada mórula. Nessa altura os perispíritos dos reencarnantes já estarão ligados, influenciando vibratoriamente toda a sequência que se vai desencadeando, a fim de que os futuros corpos apresentem as melhores e imprescindíveis condições para a elevada missão que vieram exercer na Terra.

Prosseguem as elucidações do Dr. Silvio Santana:

A nossa participação, assim como a dos devotados trabalhadores que se encontram vinculados ao mister que abraçamos, não será permanente, sendo realizada apenas em alguns casos especiais, porquanto, desde há alguns anos do século passado, os nossos irmãos de Alcíone estão reencarnando-se na Terra, sem alarde, tornando-se expoentes de sabedoria e portadores de grande contribuição cultural e espiritual. À medida que os anos se passaram desde as primeiras ocorrências, estamos agora vivenciando o período para os renascimentos em massa, enquanto tem lugar, a princípio, lentamente, o expurgo dos irmãos infelizes vinculados à revolta e a truculência de que se utilizam em tentativa inútil para impedir a felicidade dos seres humanos. De maneira equivalente, à medida que os anos se sucederão, número bem expressivo

Nas fronteiras da nova era

*de desatinados será encaminhado ao exílio tem-
porário, de forma que irão contribuir para o desenvolvimento dos seres que encontrarão em os novos ninhos domésticos, para volverem em triunfo,
quando se depurarem das graves imperfeições que
lhes dificultam a marcha do progresso.*

O médico espiritual afirma, portanto, que desde
o século XX já estão reencarnados no planeta os irmãos de
Alcíone, entretanto, o período atual é o da reencarnação de
grande número deles. Por outro lado, tem lugar o expurgo
daqueles que são os promotores da violência, revoltados e
truculentos, cuja vibração de desequilíbrio e inferioridade
não se coaduna com a mudança que está em curso. Acrescentou que o trabalho que ele e a equipe estão realizando
não será permanente, visa apenas a atender a certos casos
especiais, conforme a programação anteriormente traçada.

Finalizando suas excelentes explicações, Dr. Silvio
Santana menciona com muita propriedade:

*Tem sido assim, desde os primórdios do estabe-
lecimento das raças humanas na Terra, quando
missionários do amor e do conhecimento oriundos
de outras moradas da Casa do Pai, mergulharam
nas sombras do planeta para oferecer a contribuição valiosa dos seus conhecimentos.*
*... **É assim que tudo serve, que tudo se encadeia na Natureza, desde o átomo primitivo
até o arcanjo, que também começou por ser
átomo. Admirável lei de harmonia, que o
vosso acanhado espírito ainda não pode apre-***

SUELY CALDAS SCHUBERT

ender em seu conjunto! Assim responderam os Espíritos nobres responsáveis pela Codificação do Espiritismo a Allan Kardec, conforme a questão de número 540, ínsita em O Livro dos Espíritos. Esse encadeamento já houvera sido percebido por Antoine Lavoisier, na sua célebre citação, em torno do estudo da massa: Na natureza nada se cria, nada se perde, tudo se transforma. Nada obstante, na atualidade constatou-se que há sempre uma perda de massa, na reação de uma substância libertando energia... O que, de certo modo, não altera o conteúdo do nosso pensamento em torno da harmonia universal, assim como das Leis que a mantêm. (grifo no original)

A propósito da referência à resposta dos Espíritos superiores à questão 540, que é apresentada apenas na parte final, nessa síntese esplêndida, quero lembrar também um texto com o qual Allan Kardec encerra, de maneira notável, a extensa "Introdução" de **O Livro dos Espíritos**, Feb, 2006, item XVII, que diz o seguinte:

Se observarmos a sequência ininterrupta dos seres, descobriremos que eles formam uma cadeia sem solução de continuidade, desde a matéria bruta até o homem mais inteligente. Mas, entre o homem e Deus, o alfa e o ômega de todas as coisas, que imensa lacuna! Será racional pensar que terminem no homem os anéis dessa cadeia e que ele transponha sem transição a distância que o separa do infinito? A razão nos diz que entre o homem e

NAS FRONTEIRAS DA NOVA ERA

Deus deve haver outros elos, como disse aos astrô-nomos que, entre os mundos conhecidos deve ha-ver outros mundos desconhecidos. Qual a filosofia que já preencheu essa lacuna? O Espiritismo no-la mostra preenchida pelos seres de todas as categorias do mundo invisível e esses seres nada mais são do que os Espíritos dos homens que alcançaram os di-ferentes graus que levam à perfeição. Tudo então se liga, tudo se encadeia, desde o alfa até o ômega (**O Livro dos Espíritos**, Feb, 2006).

Retornando ao relato do autor espiritual Miranda, este menciona que, após a palavra do médico geneticista, houve um silêncio natural, para as reflexões em torno dos Divinos Desígnios.

Dias depois foi possível fazer a transferência dos embriões, aos quais já estavam ligados os dois Espíritos re-encarnantes, possibilitando, a seguir, a gestação normal. Ao saber do êxito do empreendimento a satisfação do casal foi comovente, sendo que à noite, em desdobramento, ambos se encontraram com aqueles que, juntamente com Dr. San-tana, participaram do amparo espiritual que lhes foi dis-pensado, unindo-se todos em oração de agradecimento.

Em seus comentários, reporta-se Miranda ao jú-bilo de acompanhar os procedimentos relacionados com a grande transição que aos poucos se instalava em nosso orbe. Nesse sentido, assinala que numerosos grupos de tra-balhadores espirituais, sob o comando superior de Jesus, desdobravam-se para criar no planeta a psicosfera compatí-vel às necessidades das transformações ora em curso.

Enfatiza quanto os

> *Grupos Espíritas afeiçoados à verdade e os traba-*
> *lhadores responsáveis pela realização do bem geral*
> *passavam a receber informações especializadas a*
> *respeito da conduta dos seus membros, como ali-*
> *ás sempre ocorreu, de forma que pudessem criar o*
> *clima mental e emocional para enfrentar os cata-*
> *clismos que, por outro lado, aconteciam mais fre-*
> *quentemente, acelerando o processo de crescimento*
> *das vidas em amor e paz.*

Faz em seguida uma advertência muito séria citando que, simultaneamente às providências relativas às operações transformadoras, entidades perversas, vinculadas ao desvario ou dele vítimas, movimentavam-se com presteza, atuando com agressividade contra os que estão comprometidos com as mudanças em curso atualmente. São considerações imprescindíveis para os que trabalham por um mundo melhor. Alertando, Miranda abre uma perspectiva ampla, que merece ser transcrita:

> *Ciladas habilmente organizadas, estereótipos do*
> *prazer e estímulos vulgares às sensações passaram*
> *a ser inspirados aos multiplicadores de opinião dos*
> *grandes veículos da mídia, de modo a perturbar*
> *a marcha do progresso, ampliando a área dos des-*
> *mandos de toda ordem, especialmente a que diz*
> *respeito aos gozos servis e de fácil acesso.*
> *Conclaves insidiosos organizados pelos inimigos do*
> *Bem, nas furnas em que se homiziavam, estabele-*

NAS FRONTEIRAS DA NOVA ERA

ceram metas de vingança, utilizando-se da política sórdida a que se entregavam muitos dos seus membros, ora reencarnados nessa área, como nas religiões, nas artes e noutros setores sociais, a fim de que chafurdem no lodaçal do caos moral, em estímulo negativo aos comportamentos saudáveis, fazendo campear o descrédito, o desrespeito às leis e aos deveres, na volúpia de acumular recursos que não são transferidos com a desencarnação, mas entorpecem os significados da existência espiritual.

Fomentadores de guerras de extermínio, de terrorismo insano, de perseguições às minorias, de deboche e de preconceito, misturam-se às multidões, inspirando governos e cidadãos às atitudes calamitosas, de modo que a esperança seja deixada à margem sem consideração, e os exemplos nobres se transformem em mensagens de aproveitadores e oportunistas desvairados.

Subitamente pôde-se observar o aumento surpreendente das aberrações, dos crimes hediondos, da violência inclemente e da falta de autoridade para impedi-los ou administrá-los, tornando-os banais e quase desconhecidos.

O vale-tudo que começou a ser estabelecido, tem o objetivo de criar o clima de desinteresse pela honorabilidade, pelos valores éticos, pelo respeito às criaturas e à sociedade, demonstrando que todos esses significados haviam sido perdidos e uma nova e descontrolada ética passava a ser assinalada como regra de comportamento próprio para esses desditosos dias...

As festanças licenciosas, os programas televisivos chulos e vulgares, agressivos e mentirosos, ao lado do cinema e do teatro em lavagem cerebral de que somente o prazer a qualquer preço é que vale a pena, começaram a tornar o proscênio terrestre local de hediondez, de selvageria e de permissividade que levam à degradação, à exaustão...

Repentinamente, os pais e educadores passaram a ser assaltados pelas dúvidas em torno do significado da formação moral dos filhos e aprendizes, verificando os salários altíssimos com que são remunerados os comportamentos doentios e chocantes em detrimento das profissões dignas e desgastantes daqueles que se exaurem no exercício do dever.

A dura constatação da nossa realidade brasileira, sem falar nos demais países, porque a nossa privilegia tudo isto acima citado, nessa análise clara e percuciente de Philomeno de Miranda que, às vezes, pode chocar alguém que ainda não tenha enxergado o abismo moral e espiritual em que, aos poucos, o país mergulha, caso não haja a reação das famílias e pessoas de bem, honestas e dignas, perante a baixeza, degradação e dissolução dos costumes.

Na verdade, a crise é de caráter mundial, crise de valores, crise moral em todos os sentidos. É importantíssimo ter conhecimento que existem ciladas preparadas pelos inimigos do progresso, porque se comprazem e se locupletam das quedas morais das criaturas encarnadas.

Joanna de Ângelis, no livro **Entrega-te a Deus** (InterVidas, 2010,cap.5), expõe vários aspectos das ciladas, em advertência oportuna para todos nós, especialmente para os que trabalham para o Bem, que buscam realizar a tão necessária transformação moral e espiritual. Ela esclarece, inclusive, um ponto de vista muito interessante que,

Nas fronteiras da nova era

> *As ciladas constituem recursos perturbadores durante a experiência humana, e têm a finalidade de proporcionar a aquisição de resistências espirituais e de valores pessoais ao indivíduo, mediante os quais o Espírito se enriquece de sabedoria. Todos os seres humanos, de uma ou de outra maneira, experimentam-nas durante a vilegiatura terrestre (...).*

Esse texto de Joanna de Ângelis me faz recordar uma comunicação mediúnica que recebi há alguns anos. Antes do início da reunião, alguns dos participantes que chegavam citavam que naquela noite necessitariam do amparo dos benfeitores, porque durante a semana tinham passado por problemas e sofrimentos diversos. O transcurso dos trabalhos ocorreu normalmente, quando em certo momento dei passividade a uma Entidade.

O Espírito comunicante, ao iniciar a sua fala, foi logo evidenciando o seu propósito: – "Vocês, espíritas não gostam tanto de sofrer, então do que se queixam? Vivem dizendo que o sofrimento purifica a alma, que impulsiona o Espírito a evoluir, mas ouvi aqui vários se queixando porque sofreram isto e aquilo. Ouço muitos espíritas se queixarem porque passam por sofrimentos e, ao mesmo tempo, divulgam que sofrer é evoluir". (Prosseguia na mesma "tecla" repetindo essas ideias, mas de repente disse outra coisa) – "Se sofrimento é evolução, então vocês deveriam nos agradecer, porque ajudamos os espíritas a evoluírem. Se nós provocamos sofrimentos e dores nos espíritas, estes deveriam agradecer-nos porque os ajudamos a alcançar a evolução. Espíritas! Não se queixem! Vocês estão evoluindo!".

O dialogador, muito calmo, deixou o espírito comunicante expor o seu pensamento, e depois de algumas palavras e argumentos enveredou pela passagem em que Jesus leciona sobre o escândalo: – *É necessário que venham escândalos, mas aí daquele por quem venha o escândalo!* (Mt: 18,7). Com palavras persuasivas e lógicas o dialogador, de forma amorosa, levou-o a refletir sobre si mesmo e, ao fim, acabou sendo encaminhado.

Mas, a benfeitora prossegue em suas advertências, pois a conscientização da existência dessas verdadeiras armadilhas é fundamental para a imprescindível vigilância que deve estar sempre presente em nossas vidas. Acrescentando então, na referida obra, **Entrega-te a Deus**, outras estratégias do mal, das quais apresentamos esse pequeno trecho, recomendando aos leitores que procurem se inteirar de todo o tema, nesse excelente livro:

> *Há, porém, outro gênero de ciladas perversas que merecem atenção redobrada. Trata-se daquelas que são programadas no mundo espiritual inferior, nas quais se comprazem os Espíritos invejosos, atrasados, primários e os malvados que se transformam em obsessores, verdadeiros verdugos das demais criaturas humanas, individualmente, assim como da sociedade terrestre como um todo (...).*
> *São hábeis nas técnicas de inspiração doentia, trabalhando as reflexões mentais daqueles a quem antipatizam com vibrações perniciosas e extravagantes que desajustam as suas vítimas.*
> *Noutras ocasiões, trata-se de inimigos de existências passadas, que mantêm ressentimento em forma de rancor e desejo incontrolável de vingança,*

na sua morbidez dominadora. Insinuam ideias de enfermidades simulacros, transmitem sensações doentias, envolvem em ondas mentais depressivas, suspeitosas ou de violência, em contínuas tentativas de alienar aqueles que lhes caem nas ciladas mentais.

Também no mesmo propósito de nos alertar, Miranda prossegue em suas considerações, trazendo agora o foco para o intercâmbio entre encarnados e desencarnados, de acordo com o texto abaixo:

> *Os dois mundos de vibrações – físico e espiritual – aumentaram o intercâmbio com maior facilidade e o conúbio espiritual inferior começou a fazer-se tão simples que qualquer comportamento mental logo encontra resposta em equivalente sintonia com os Espíritos que se movimentam nessa faixa vibratória. É claro que aquela que diz respeito aos sentidos mais agressivos e sensuais, predomina na conduta generalizada.*

É igualmente nessa perspectiva que o Codificador leciona, prevendo por antecipação a caminhada dos médiuns fazendo uma severa advertência que nem sempre é levada em consideração, todavia, é de grande importância para aqueles que atuam na área da mediunidade. Referindo-se ao médium iniciante, que está se exercitando na psicografia, ensina **O livro dos Médiuns**, Feb, 1980:

*Suponhamos agora que a faculdade mediúnica esteja completamente desenvolvida; que o médium escreva com facilidade, que seja, em suma, o que se chama um médium feito. Grande erro de sua parte fora crer-se dispensado de qualquer instrução mais, porquanto apenas terá vencido uma resistência material. Do ponto a que chegou é que começam as verdadeiras dificuldades, é que ele mais que nunca precisa dos conselhos da prudência e da experiência, **se não quiser cair nas mil armadilhas que lhe vão ser preparadas.** Se pretender muito cedo voar com as próprias asas, não tardará em ser vítima de Espíritos mentirosos, que não se descuidarão de lhe explorar a presunção* (cap.17 it.216). (grifo nosso)

Mil armadilhas escreve o mestre lionês, inúmeras ciladas enfatiza Joanna de Ângelis, porém, raramente os médiuns e lidadores da área da mediunidade se dão conta disso, ou não acreditam que tal situação lhes possa acontecer, seja porque imaginam que os seus guias espirituais não permitiriam, protegendo-os dessas ciladas e armadilhas.

Entretanto, é uma realidade incontestável, acontece e muito, e nenhum médium está imunizado, sob esse prisma. Talvez por ser profundo conhecedor de nossa fragilidade que Jesus, no Sermão Profético, conclama, conforme Marcos: 13,33: – *Olhai, vigiai e orai.* Três verbos no imperativo, pois Jesus nos alerta em considerável ênfase. Desde que li essa frase senti o efeito que produz, pois *olhar* é estar atento, observar, analisar dentro de si mesmo e em torno, para *vigiar* com toda a inteireza com que deve fazê-lo e, *orar,* como preceito para quem busca a sintonia com o próprio Mestre.

NAS FRONTEIRAS DA NOVA ERA

O autor espiritual, na fieira das reflexões que vem apresentando, enfocando ainda a problemática dos médiuns, explana um tanto mais, com a autoridade moral e espiritual que lhe são inerentes, visando despertar aqueles que, sem perceber, desviaram o curso de suas tarefas.

> *Médiuns que haviam aceitado compromissos de alta responsabilidade para exercer a mediunidade com Jesus, nestes difíceis dias, sem dar-se conta, estão abandonando a vigilância recomendada pelo Mestre e por Allan Kardec, para engalfinhar-se em lutas de competição doentia, buscando lograr posições de relevo, enquanto se fazem instrumentos de Espíritos levianos, que se comprazem em profetismo de terror e revelações confusas, mediante as quais tentam introduzir no movimento espírita as informações inautênticas de que se fazem portadores, gerando incompreensão e desordem (...).*
> *Tudo diz respeito* – continua – *à resposta das Trevas organizadas contra a programação do dúlcido Cordeiro, pacífico e pacificador, que não revida ao mal, prosseguindo com os métodos do amor, no afã de promover o progresso da Humanidade e do seu berço terrícola.*

Encerrando o capítulo, Miranda descreve que em uma das noites seguintes o grupo, em grande silêncio, encontrando-se ao ar livre contemplava a imensidão do céu, o luar prateado, quando o mentor Dr. Santana convidou-os à oração, propondo a todos a entrega total ao Celeste Amigo, lembrando que o Consolador já se encontrava há mais de um século no mundo terrestre, *como uma constelação de seres elevados, para que as sombras fossem definitivamente diluídas ante as divinas claridades siderais.*

CAPÍTULO 17
AMPLIANDO O CAMPO DE TRABALHO

LOGO APÓS A oração proferida pelo Dr. Silvio Santana que, segundo Miranda, proporcionou psicosfera abençoada de dúlcidas vibrações, o nobre mentor iniciou uma série de esclarecimentos dos quais extraio para meus comentários alguns trechos. — *Queridos irmãos. Jesus permanece o sublime Amigo e Mentor, nosso Guia e Modelo desde os primórdios, conduzindo-nos pelo rumo da felicidade e edificando o Reino de Deus no âmago dos nossos corações.*

Imprescindível uma pausa para falarmos acerca de Jesus.

Em **O Evangelho Segundo o Espiritismo**, Feb, 2004, Allan Kardec disserta sobre Jesus, em vários momentos; vejamos o texto abaixo:

> *O papel de Jesus não foi o de um simples moralista, tendo por exclusiva autoridade a sua palavra. Cabia-lhe dar cumprimento às profecias que lhe anunciaram o advento; a autoridade lhe vinha da natureza excepcional do seu Espírito e da sua missão divina. Ele viera ensinar aos homens que a verdadeira vida não é a que transcorre na Terra e*

NAS FRONTEIRAS DA NOVA ERA

sim a que é vivida no reino dos céus; viera ensinar-lhes o caminho que a esse reino conduz, os meios de eles se reconciliarem com Deus e de pressentirem esses meios na marcha das coisas por vir, para a realização dos destinos humanos. (cap.1 it.4)

Emmanuel, em **A Caminho da Luz** (Feb, 1972, pág. 15) descreve Jesus com toda magnificência que Ele representa:

É Ele quem sustenta todos os elementos ativos e passivos da existência planetária. No seu coração augusto e misericordioso está o Verbo do princípio. Um sopro da sua vontade pode renovar todas as coisas, e, um gesto seu pode transformar a fisionomia de todos os horizontes terrestres.

Prosseguindo com Dr. Silvio Santana:

Nada obstante, a cada um de nós cabe a definição dos roteiros a seguir. Há aqueles que preferem as estradas floridas pela magia da ilusão, que logo fenecem ao toque da realidade, demonstrando a sua fragilidade; muitos outros optam pelo desencanto em razão de alguns naturais insucessos e descem ao fosso do desânimo, entregando-se à inutilidade e às queixas com que envilecem a existência; outros mais, entusiasmam-se no início das experiências para logo abandoná-las, assim que defrontam os desafios e as dificuldades; por fim, alguns permanecem devotados, trabalhando o leito por onde se-

guem, retirando os calhaus, melhorando o curso, de modo a torná-los mais fáceis de vencidos por aqueles que seguem na retaguarda.

A inevitável lei da evolução manifesta-se inexorável, utilizando-se, no entanto, dos recursos de cada viandante, que elege o que lhe parece melhor na convicção ou não dos resultados que alcançará. Assumida a responsabilidade, passa a viver dentro da normativa escolhida, submetendo-se às ocorrências defluentes da decisão tomada. À semelhança de uma flecha disparada que não pode retroceder, seguindo na direção apontada, também assim prossegue esse intimorato viajante. Apesar disso, de acordo com o alvo que busca, poderá renovar os futuros disparos alterando a rota, em razão da descoberta de algum engano ocorrido no primeiro tentame. A existência terrena, portanto, é multimilionária em oportunidades que sempre favorecem os seus membros, tendo em vista as suas opções. Todos têm o direito de errar, de forma a poder corrigir e alcançar posteriormente o desejado. Deter-se em situações equivocadas é lamentável perda de tempo que poderia resgatar o engano, enquanto aumenta a carga das aflições, ao utilizar-se da revolta e das reclamações, permitindo-se um comportamento infantil que não resolve o problema, antes, pelo contrário, complicando-o pela insensatez dos atos irresponsáveis.

Ninguém pode deter a marcha do progresso, que objetiva a fatalidade da plenitude a todos reservada pelo amor de Deus.

Nas fronteiras da nova era

Pode-se notar no trecho acima alguns pontos significativos, como a lei de evolução, a marcha do progresso, o livre-arbítrio e as escolhas humanas. A temática da lei de evolução nos interessa, de imediato, por sua grandiosidade.

O notável filósofo e poeta espírita Léon Denis esclarece como ninguém o propósito da evolução. Como uma admiradora constante da obra e do Espírito citado, costumo dizer que o belo e extraordinário livro de sua autoria, **O problema do ser, do destino e da dor** é um tratado sobre a evolução do Espírito. É importante notar o trecho que transcrevo dessa obra:

> *O objetivo da evolução, a razão de ser da vida não é a felicidade terrestre, como muitos erradamente crêem, mas o aperfeiçoamento de cada um de nós, e esse aperfeiçoamento devemos realizá-lo por meio do trabalho, do esforço, de todas as alternativas da alegria e da dor, até que nos tenhamos desenvolvido completamente e elevado ao estado celeste. Se há na Terra menos alegria do que sofrimento, é que este é o instrumento por excelência da educação e do progresso, um estimulante para o ser, que, sem ele, ficaria retardado nas vias da sensualidade. A dor, física e moral, forma a nossa experiência. A sabedoria é o prêmio.*
>
> *Pouco a pouco a alma se eleva e, conforme vai subindo, nela se vai acumulando uma soma sempre crescente de saber e virtude (...).*
>
> *Há em nós uma surda aspiração, uma íntima energia misteriosa que nos encaminha para as alturas, que nos faz tender para destinos cada vez mais elevados, que nos impele para o Belo e para o*

Bem. É a lei do progresso, a evolução eterna, que guia a Humanidade através das idades e aguilhoa cada um de nós, porque a Humanidade são as próprias almas, que, de século em século, voltam para prosseguir, com o auxílio de novos corpos, preparando-se para mundos melhores, em sua obra de aperfeiçoamento. A história de uma alma não difere da história da Humanidade; só a escala difere: a escala das proporções.

O Espírito molda a matéria, comunica-lhe a vida e a beleza. É por isso que a evolução é, por excelência uma lei de estética. As formas adquiridas são o ponto de partida de formas mais belas. Tudo se liga. A véspera prepara o dia seguinte; o passado gera o futuro. A obra humana, reflexo da obra divina, expande-se em formas cada vez mais perfeitas. (1ª parte cap. 9)

Segue a palavra do Dr. Santana:

O envolvimento carnal, entretanto, na condição de uma nuvem que empana o brilho do Sol, produz alguns olvidos sobre as responsabilidades assumidas pelo Espírito antes do mergulho no corpo somático, produzindo conflitos e incertezas sobre a sua realidade, como consequência dos comportamentos mal orientados, provenientes do pretérito. Por essa e outras razões, alguns Espíritos fragilizados pela falta de valor moral para os enfrentamentos, deixam-se arrastar aos despenhadeiros da sombra, vencidos pelo ódio das ocorrências infeli-

NAS FRONTEIRAS DA NOVA ERA

zes em que se complicam, e tentam lutar contra os impositivos da evolução, como se lhes fosse possível detê-la, impedir que outros a vivenciem, criando-lhes embaraços...

Quantas vezes, em nosso historial evolutivo, assumimos compromissos com a verdade, dominados por peculiar entusiasmo, para logo abandoná-los, atraídos pelos risonhos mitos do prazer?! Acreditando em nossa permanência indefinida no corpo físico, sem nos darmos conta, conscientemente, da presença das enfermidades, da desencarnação, usamo-lo para o desgaste através das sensações, intoxicando-o, mediante as emoções desordenadas e *a* chuva ácida dos conflitos de consciência, acoimados pela culpa e pelo remorso, *que procurávamos dissimular, complicando a oportunidade, infelicitando-nos. Renascemos, muitas vezes, com novos sentimentos de renovação, abraçando ideais de recuperação, e logo tropeçamos nos mesmos obstáculos que, por inércia e imprevidência, não nos atrevemos a afastar do caminho, tombando nas mesmas ciladas promovidas pela alucinação do gozo. Ante a inevitabilidade de novos insucessos, volvemos, por fim, encarcerados em expiações abençoadas que nos foram impostas pelo Excelso Amor, a fim de valorizarmos o tempo e a oportunidade, diluindo as fortes amarras com a animalidade primitiva a que nos afeiçoávamos.* (grifo nosso)

Refere-se Dr. Silvio Santana, no início desse parágrafo, que o retorno ao corpo produz um bloqueio relativo sobre responsabilidades assumidas pelo Espírito antes de reencarnar, o que leva a conflitos e incertezas, provenientes do pretérito e que ressumam na vivência atual.

O esquecimento do passado é, não poucas vezes, a maior dúvida dos que aceitam ou se interessam pela reencarnação. Entretanto, é bom saber que o esquecimento é providencial, pois se lembrássemos do nosso passado jamais conseguiríamos nos harmonizar com desafetos e conflitos anteriormente vividos.

Voltando às elucidações do mentor:

> *Em muitas dessas ocasiões encontramos Jesus e nos fascinamos com a Sua proposta libertadora, com as Suas incomparáveis lições de misericórdia e bondade centradas no amor, entregando-nos, fascinados, mas não resistindo aos impulsos da inferioridade moral a que nos atávamos, lentamente adaptando Seus ensinamentos aos nossos interesses espúrios.*
>
> *Em nome do Seu amor, vinculamo-nos ao poder imperial, deixamos de ser perseguidos para nos tornarmos perseguidores, abandonamos a humildade, sob os mantos do orgulho e da soberba... Encontramos meios de afastar os inimigos aos quais deveríamos amar, os antipatizantes que pensávamos conquistar, os equivocados que nos cabia esclarecer, e demos início às aventuras da loucura, criando as Cruzadas, os Tribunais do Santo Ofício, as perseguições inclementes aos mouros e judeus, a todos aqueles que não compartilhavam das nossas ideias, afundando-nos no abismo das*

NAS FRONTEIRAS DA NOVA ERA

*aberrações mais desastrosas. Culminamos essas ar-
bitrariedades em nome do Mártir da Cruz com a
venda das indulgências, liberando todos os criminosos dos seus hediondos comportamentos através
do vil metal que deveria ser enviado a Roma para
a construção da Basílica de S. Pedro e para os te-
souros vaticanos exauridos com as guerras promovidas anteriormente pelo papa Júlio* II, *que viveu*
mais sentado na sela do cavalo, do que no trono
falsamente *denominado de S. Pedro (...).*

Recordo-me da nobre mentora Joanna de Ânge-
lis lendo o trecho acima, quando ela discorre sobre nossa
aproximação com os ensinos do Cristo:

> *Não é a primeira vez que nos chega a voz do 'Cor-
> deiro de Deus', concitando-nos à redenção, ao
> avanço, à sublimação...*
> *Alguns O conhecemos nos idos tempos das horas
> primeiras da nossa Era, preferindo, desde então o
> malogro das aspirações que eram falsas.*
> *Tivemos a oportunidade ditosa, e, todavia, não
> soubemos ou não a quisemos aproveitar... Depois
> expiamos em densas dores, agônicas, em regiões
> punitivas de sofrimentos ressarcidores (...).*
> *Vimos o resplandecer das luzes espirituais em nos-
> sas reuniões de estudo, em Claustros e Seminários,
> Monastérios silenciosos e grutas ascetas. Mesmo
> assim, convertemos os recursos da oração e da vi-
> gilância em astúcia, com que no confessionário,
> extorquimos as informações que usávamos para*

ferir e destroçar, em nome da Verdade, que mani-
pulávamos a bel-prazer (...).
Por fim, quando ao abençoado 'Sol de Assis' res-
plandeceu na Terra reorganizando o Exército de
Amor do Rei Galileu, fruímos a ocasião de retor-
nar às lides da Fé, palmilhando as estradas impér-
vias que a humildade nos oferecia, enquanto a sua
voz entoava a canção da fraternidade universal,
com as notas melódicas da compaixão e da cari-
dade. (**Após a Tempestade**, Leal, 1974, cap.24)

Dr. Silvio Santana continua com a palavra:

Longes vão, na escala do tempo, essas loucuras,
cujos efeitos ainda permanecem em nossa memória
e em nossos atos.
Ressumam com freqüência aquelas manifestações
de ferocidade, quando contrariados, de repúdio,
quando não aceitos, de ressentimento, por falta da
sua afeição... E acreditamos ainda, infelizmente,
ser esse o melhor comportamento.
A vida, porém, escreve nas consciências, em
representação da Consciência Cósmica, a ver-
dade inapelável das Divinas Leis, e ninguém
existe que se possa evadir da sua interna pre-
sença. Eis por que estamos colhendo a semea-
dura conforme a realizamos. (grifo nosso)

A interna presença das Divinas Leis! Fato este
incontestável, porque já temos ciência, segundo a questão 621 de **O Livro dos Espíritos**, Feb, 2006, que a Lei

Divina está escrita na consciência. O parágrafo que destaquei é, pois, da maior importância, porque está não apenas corroborando, mas, igualmente, colocando em destaque uma das mais excepcionais certezas de Allan Kardec que, ao fazer a pergunta: – *Onde está escrita a Lei de Deus?* – Segundo o meu ponto de vista, já sabia a resposta que seria dada pelos Espíritos Superiores. Ele fez a pergunta porque sabia o que seria respondido, portanto Kardec estava, segundo minha opinião, relembrando. Um Espírito do seu jaez já alcançou uma sabedoria inconteste. Por isso foi convidado a ser o missionário da Terceira Revelação.

Atentemos agora para a palavra do benfeitor espiritual Honório, no livro **Vozes-Alerta** (Editora Espiritizar, 2012.MT cap. 14) que expressa, com excelência, o despertar do Espírito imortal:

> *O progresso espiritual, superando as fases do primarismo ancestral e adentrando na etapa da razão com o desenvolvimento dos sentimentos profundos no Ser, conduz a criatura ao despertar de sua proposta maior, que é a plenificação da sua individualidade perante a Consciência Cósmica (...).*
> *O Espírito imortal tem uma relação intrínseca e primária com o Cosmo e não com o meio habitat temporário no qual está inserido no momento, O Ser Consciencial é antes de tudo um indivíduo cósmico, cidadão do Universo, e que está movido por Leis perfeitas, nele manifestadas somente quando sua realidade transcendental começa a ser desenvolvida.*

Voltemos à preleção do mentor.

Neste grave momento das transformações planetárias e humanas, observamos a grande luta entre as forças do Bem e aquelas que se autodenominam do Mal, cada qual utilizando os recursos que lhe caracterizam as definições. Enquanto o amor utiliza da paciência que educa, da instrução que esclarece, do trabalho que dignifica, da renúncia às paixões venenosas que envilecem, o ódio, filho do despeito e da amargura, semeia a cólera, estimula a devassidão, amplia a área da violência, em vãs tentativas de receber respostas agressivas... Os desafiadores da iniquidade investem sem relutância contra todos quantos se afeiçoam ao dever e à edificação do progresso, procurando vencê-los sem qualquer sentimento de respeito pelo direito de viverem as suas opções elegidas.

Importantes elucidações do Dr. Silvio Santana nesse parágrafo.

Ele ressalta o grave momento das transformações que são não somente planetárias, mas que arrastam no seu bojo, provocando, impelindo as transformações humanas.

A permanente luta das forças do Bem contra as forças do Mal estas, em oposição à Lei Divina, alimentam-se do próprio ódio, semeando a cólera, motivando a degradação dos costumes, o aumento da violência em suas várias faces intentando promover respostas equivalentes, que mais açodam os seus instintos primitivos.

NAS FRONTEIRAS DA NOVA ERA

Todavia, por outro lado, o amor que exemplifica e ensina, a paciência que educa, a instrução que esclarece, o trabalho que dignifica, a renúncia às paixões viciosas que envenenam a alma, desviando-a do verdadeiro sentido da vida terrena.

As forças malévolas investem contra os que desejam mudar ou que já estão no processo da transformação interior, e como escreve Paulo, na epístola aos Efésios: 5,8: *Por que noutro tempo éreis trevas, mas agora sois luz no Senhor; andai como filhos da luz.*

Segue o mentor.

> *Se observarmos com cuidado, notaremos a degenerescência da mensagem do Senhor, mesmo nos dias atuais, quando as seitas e igrejas que se multiplicam ferozmente, cada qual pretendendo a primazia do conhecimento e a dominação da verdade, transformam o dízimo, no que, oportunamente, foram as indulgências... Recursos de mercado materialista são utilizados para atrair fregueses desatentos e ambiciosos que desejam comprar o reino sem que operem a íntima transformação de conduta para melhor, amplia-se a área das licenças morais que são concedidas a inúmeras denominações religiosas ditas modernas, para estarem de acordo com a vulgaridade destes dias... A Igreja Católica Apostólica Romana sofre o desvario da pedofilia de alguns dos seus membros, sacerdotes e prelados, vivendo uma conjuntura muito aflitiva, além do poder temporal de que desfruta há mais de dezessete séculos...*

É caso de nos perguntarmos: Nesses dias tumultuados onde está o Cristo no Cristianismo?

Realmente, o Cristo está ausente dessas atuais práticas religiosas, Seus ensinamentos, o código de moral e de luz para a vida imortal que legou às criaturas, obscurecidas pela ambição de dominar, de ter a primazia dos maiores templos, de ser líderes religiosos que se apressam em conseguir passaportes diplomáticos, sem perceber que o que mais precisam é do passaporte para o outro mundo, passaporte de plena fidelidade a Jesus, de fiel intérprete do Seu Evangelho de amor, passaporte que os resgatem das sombrias regiões com as quais sintonizam.

Dr. Silvio Santana fala agora aos espíritas.

> *E os discípulos do* Consolador, *como se vêm comportando? Não existem já as diferenças gritantes em separatismos lamentáveis, através de correntes que se fazem adeptas de X, Y ou Z, em detrimento da Codificação kardequiana na qual todos haurimos o conhecimento libertador? Não surgem, diariamente, médiuns equivocados, agressivos, presunçosos, vingativos, perseguidores, insensatos, pretendendo a supremacia, em total olvido das lições do Excelente Médium de Deus?!*

Nas observações do Dr. Silvio Santana, nota-se o cuidado de realçar a importância da Doutrina Espírita que nos liberta dos grilhões do passado, das amarras que impedem o voo de nossos pensamentos e dilata horizontes

Nas fronteiras da nova era

infinitos para aquele que verdadeiramente a abraçou e não mede esforços para vivenciá-la.

Nesse fio de ideias está Léon Denis ao asseverar: *Não basta crer e saber, é necessário viver nossa crença, isto é, fazer penetrar na prática diária da vida os princípios superiores que adotamos.* (**O problema do ser, do destino e da dor**, cap.24 da 3ª parte).

Na mesma sintonia citamos Emmanuel, quando escreve:

> *Ao Espiritismo cristão cabe atualmente, no mundo, grandiosa e sublime tarefa. Não basta definir-lhe as características veneráveis de Consolador da Humanidade, é preciso também revelar-lhe a feição de movimento libertador de consciências e de corações* (**Missionários da Luz**, Feb, 2007, "Introdução").

Segue a preleção do Dr. Santana.

> *Por outro lado, surgem tentativas extravagantes para atualizar o pensamento espírita com a balbúrdia em lugar da alegria, com os espetáculos ridículos das condutas sociais reprocháveis, com falsos holismos em que se misturam diferentes conceitos, a fim de agradar às diversas denominações religiosas, com a introdução de festas e atividades lucrativas, nas quais não faltam as bebidas alcoólicas, com os bailes estimulantes à sensualidade, com os festejos carnavalescos, a fim de atrair-se mais adeptos e especialmente jovens, em vez de os*

educar e orientar, aceitando-lhes as imposições da transitória mocidade.

Denominam-se os devotados trabalhadores fiéis à codificação, em tons chistosos e de ridículo, como ortodoxos, e, dizem-se modernistas, como se os Espíritos igualmente se dividissem em severos e gozadores, austeros e brincalhões na utilização da mensagem libertadora do Evangelho de Jesus à luz da revelação espírita...

Ainda bem que são a minoria estes, retratados acima, embora consigam fazer alguma confusão, especialmente entre os novatos, jovens ou não. Sempre existem aquelas pessoas que cultivam o hábito de condutas que não condizem com aquela que se espera do espírita ou, do homem de bem, em geral. Nessa questão toda sobressai o indivíduo que é educado, que tem a educação e a ética como modo de ser, com naturalidade.

É fora de dúvida que as concessões para se conseguir verbas, favores, adeptos são bastante perigosas e podem abrir campo para aspectos negativos, em tramas de Espíritos malfazejos, sutis e danosas. Cabe em tudo, da primeira à última linha, do início e do fim da vida terrena, para qualquer ser humano, a vigilância constante.

E em sua fala o mentor acrescenta:

Sem dúvida, são as paixões humanas viciosas, que permanecem em predomínio, gerando essas situações dolorosas... Ao lado delas, porém, por invigilância de quantos se permitem aceitar essas imposições, encontramos a interferência das mentes

NAS FRONTEIRAS DA NOVA ERA

adversárias do Cristo trabalhando-os, inspirando-os, com o objetivo claro de demonstrar o que denominam como a 'falsidade do Cordeiro', graças aos Seus fiéis insanos. Desse modo, a obsessão campeia em muitos arraiais religiosos, não excluindo a seara espírita, infelizmente, na qual se encontram alguns Espíritos estúrdios e ignorantes desejando a projeção do ego, assim como fruir uma situação de relevo, conseguir a libertação de conflitos pela exaltação da personalidade...

Não deixam de ser preocupantes essas inovações que mantêm os vícios e as licenças comportamentais, em detrimento da conduta saudável e honrada, no serviço de consolação dos sofrimentos humanos e no trabalho de erradicação das suas causas.

Não devemos subestimar a inteligência e a competência dos nossos irmãos adversários do Cristo, que encontram nas paixões humanas viciosas o campo ideal para atuarem, enredando as mentes em desequilíbrio, ou aquelas alienadas da realidade profunda da vida.

Emmanuel, em um livro notável de sua autoria, **Pensamento e Vida** (Feb,1991), psicografado por Chico Xavier, a respeito de obsessão, esclarece aspectos de sumo interesse:

A mente que se dirige a outra cria imagens para fazer-se notada e compreendida, prescindindo da palavra e da ação para insinuar-se, porquanto, ambientando a repetição, atinge o objetivo que demanda, projetando-se sobre aquela que procura influenciar. E, se a mente visada sintoniza com a onda criadora lançada sobre ela, inicia-se vivo circuito de força, dentro do qual a palavra e a ação se incumbem de consolidar a correspondência, formando o círculo de encantamento em que o obsessor e o obsidiado passam a viver, agindo e reagindo um sobre o outro.

Não há, por isto, obsessão unilateral. Toda ocorrência desta espécie se nutre à base de intercâmbio mais ou menos completo. Quanto mais sustentadas as imagens inferiores de um Espírito para outro, em regime de permuta constante, mais profundo o poder da obsessão, de vez que se afastam da justa realidade para o circuito de sombra em que se entregam a mútuo fascínio (Cap.27).

Vemos nesse trecho de Emmanuel a questão das formas-pensamento, que expressam uma realidade que, aos poucos, vai se tornando mais conhecida. Na prática funciona de forma automática e como se fosse natural, isto é, surge uma ideia na mente da pessoa visada, como uma imagem, que ela atribui a si mesma, ou, em certos casos, dependendo do teor da imagem pode haver rejeição, no início. Entretanto, a repetição vai lentamente derrubando o bloqueio, em uma espécie de hipnose, e a pessoa então, cede. Estabeleceu-se a ligação necessária.

O processo obsessivo ganha curso se a vítima não reagir, através da prece, e também buscar ajuda em um Centro Espírita, que a irá socorrer dentro do possível.

Deixemos que o Dr. Silvio Santana dê curso à sua exposição.

Nas fronteiras da nova era

O espetáculo, portanto, tem a sua programação nessas regiões nefastas da erraticidade inferior, onde se encontram aqueles que nos foram vítimas e não acreditam em nossos atuais valores. Ainda mais, quando nos testam e falhamos lamentavelmente, aderindo-lhes aos sentimentos vulgares e doentios. Conhecendo-nos as debilidades espirituais e os pontos nevrálgicos, à semelhança de calcanhares de Aquiles, utilizam-se da nossa vulnerabilidade para intrometer-se nas programações dignificantes da conduta humana, mantendo clichês dos vícios e das soluções milagrosas do arrependimento de última hora, da aceitação de Jesus no instante final da etapa física, para a conquista mentirosa do paraíso...

Faz-se urgente uma revisão dos atuais comportamentos no convívio social, nas greis religiosas, políticas, artísticas, em que o belo vem sendo substituído pelo erótico, em que o crime hediondo do aborto transforma-se num ato de coragem digno de imitação, proclamado por multiplicadores de opinião e mulheres que se tornaram famosas.

Abrem-se outros campos de entendimento quanto às influenciações no instante em que o mentor, Dr. Silvio Santana, refere-se às nossas vítimas do passado que, aliás, não acreditam na nossa mudança de vida, do modo de ser. Por essa razão não se cansam de testar nossas disposições atuais, a fim de verificarem a autenticidade da atual experiência carnal. E aplaudem quando caímos nos engodos que preparam. Preparam ciladas bem-urdidas, armadilhas ao longo da caminhada, porque profundos conhecedores de nossos pontos vulneráveis.

Diante desse quadro, pode-se pensar que estamos sem defesas, nas mãos de desafetos do ontem ou de Espíritos que desejam impedir o progresso, tanto quanto da expansão do Espiritismo. Mas, Allan Kardec é extraordinário e escreve adiante do tempo, quando ensina para o porvir que se desenha ao longe. Assim, no item 872 de **O Livro dos Espíritos**, Feb, 2006, aborda em um resumo teórico, o "móvel das ações humanas", lecionando com muita propriedade:

> *Assim, de acordo com a Doutrina Espírita, não há arrastamento irresistível: o homem pode sempre fechar os ouvidos à voz oculta que lhe fala no íntimo, induzindo-o ao mal, como pode fechá-los à voz material de alguém que lhe fale. O homem pode fazê-lo por sua vontade, pedindo a Deus a força necessária e reclamando, para esse fim, a assistência dos bons Espíritos. Foi o que Jesus nos ensinou na sublime* Oração dominical, *quando nos manda dizer:* Não nos deixeis cair em tentação, mas livrai-nos do mal.

Excelente a menção, no texto de Kardec, relativa à tentação, visto que nos remete a Emmanuel que aborda o tema, com a sua costumeira sabedoria e profundidade, em seu livro **Fonte Viva** (Feb, 2010). Vejamos o que escreve:

> *As mais terríveis tentações decorrem do fundo sombrio de nossa individualidade, assim como o lodo mais intenso, capaz de tisnar o lago, procede do seu próprio seio (...).*
> *Não te proponhas, desse modo, atravessar o mun-*

do, sem tentações. Elas nascem contigo, assomam de ti e alimentam-se de ti, quando não as combates, dedicadamente, qual o lavrador sempre disposto a cooperar com a terra da qual precisa extrair a boa semente. Caminhar do berço ao túmulo, sob as marteladas da tentação, é natural (...).
Entretanto, lembremo-nos do ensinamento de Mestre, vigiando e orando, para não sucumbirmos às tentações, de vez que mais vale chorar sob os aguilhões da resistência que sorrir sob os narcóticos da queda (Cap. 110).

Encaminhando-se para o final, assevera o mentor:

À semelhança dos tempos estóicos do Cristianismo primitivo, torna-se impositivo de urgência a volta a Jesus, desataviado e simples, à pulcritude dos Seus ensinos e à sua vivência natural.
Assevera-se que hodiernamente não há mais lugar para a vida ingênua e elevada, em razão da tecnologia avançada, das grandes conquistas da ciência e do conhecimento em geral, quando se deveria afirmar que estes são os dias, sim, da vivência nobre, sendo divulgada como de natureza terapêutica para prevenir as criaturas humanas da depressão pandêmica, das enfermidades psicossomáticas, dos processos enfermiços degenerativos, da violência e da agressividade, dos crimes de todo jaez, da interferência dos Espíritos infelizes nas existências humanas gerando obsessões e transtornos vários, tão lamentáveis quanto dolorosos...

Tenho notado, em viagens pelo país, que muitas Casas Espíritas estão deixando o Evangelho de Jesus e Seus ensinamentos à margem, pois quase não se fala acerca do Mestre. Observo que privilegiam estudos de diferentes áreas doutrinárias, o que é bom e deve ser realizado, ou assuntos de diferentes vertentes do conhecimento humano, fascinantes e enriquecedores, quando é feita a necessária inserção com as fontes da Doutrina Espírita, entretanto, para a vivência diária, na conquista de nós mesmos, na difícil e imprescindível transformação, deixando "o homem velho" para que nasça o Ser Consciencial é imprescindível a aproximação com Jesus, por meio dos ensinamentos que Ele legou à Humanidade, os quais o Espiritismo trouxe de volta aos nossos dias, interpretando-os à luz da razão.

Com Jesus aprendemos o significado do amor e do exercício de amar. O amor é o sentimento e o amar é a vivência do sentimento. Esse o aprendizado fundamental para a viagem que cada um realiza aqui nesse planeta. Quando se tem essa conscientização a jornada se torna mais proveitosa e menos difícil.

As grandes conquistas que o ser humano alcançou na atualidade, os avanços científicos e tecnológicos são surpreendentes e tornam a vida terrena mais confortável, contudo, nada suplanta as conquistas interiores, no fantástico universo de nosso Ser.

Finalizando, Dr. Silvio Santana declara:

Estamos encarregados, nós, os Espíritos que nos encontramos a serviço do Senhor e da preparação dos novos tempos, de despertar consciências, de trabalhar em consonância com os companheiros

Nas fronteiras da nova era

da jornada carnal, de maneira que a renovação seja feita desde agora, passo a passo, reconstruindo o mundo moral em toda parte, especialmente nas paisagens íntimas, no coração de onde procedem as boas como as más palavras e condutas, conforme enunciou o Rabi galileu.

Não se trata de uma tarefa simples e fácil, como, aliás, nada o é, quando se trata de valores de enobrecimento, de transformações radicais dos desequilíbrios para a ordem, do erro para o acerto. Empenhados no programa traçado por Jesus, porfiemos, não cedendo espaço à frivolidade nem às insinuações douradas que o Mal propõe.

Jesus, hoje como ontem, e amanhã como hoje, é o nosso lema. Vencedor dos tempos, Ele aguarda que a Sua mensagem seja realmente vivida conforme no-la ensinou pelo exemplo. Não há outra alternativa, senão avançar no rumo da vitória sobre as tendências inferiores.

Capítulo 18
Reflexões e diálogos profundos

Uma pergunta apresentada pelo Espírito Ivon Costa abre o capítulo:

— Penso que o nobre mentor está preparando-nos para experiências mais significativas do que estas que estamos vivenciando no momento, não é certo?

A narrativa a respeito das nossas responsabilidades faculta-me pensar que as nossas vítimas estão necessitadas de nós, nos ambientes infelizes em que se refugiam. Poderia o caro orientador, acrescentar-nos algo mais?

Miranda comenta que Dr. Silvio Santana prontamente atendeu ao pedido.

Em análise profunda, menciona que a finalidade é despertar, em todos, o sentimento de responsabilidade acerca do momento atual que o planeta atravessa, em que o terrorismo internacional promove lutas sangrentas, nas quais no início Oriente e Ocidente se confrontavam. Ressalta que são remanescentes das terríveis Cruzadas e discorre acerca das tristes ocorrências que levaram os ocidentais ao crime, comandados por alguns reis fanáticos e outros semibárbaros e, a pretexto de defenderem o túmulo vazio de Jesus Cristo,

(...) avançaram como gafanhotos esfaimados com as suas hostes sobre as sementeiras culturais e riquezas que acreditavam poderiam tomar daqueles aos quais elegeram como inimigos, sem que houvesse motivos para a aturdida conclusão. Rios de sangue correram e ressentimentos profundos criaram barreiras entre as duas culturas que deveriam unir-se, a fim de beneficiar a Humanidade como um todo.

As Cruzadas eram expedições militares, de caráter religioso, quando leigos e religiosos se uniram em tentativa

NAS FRONTEIRAS DA NOVA ERA

maciça de recuperar a "Terra Santa da Cristandade" em poder dos mulçumanos infiéis.

Foi em 27 de janeiro de 1095, no Concílio de Clermont, que o Papa Urbano II exortou os nobres franceses a libertar a "Terra Santa" e a colocar Jerusalém sob a soberania cristã, apresentando essa expedição como forma de penitência. Entusiasmados, logo partiram em direção ao Oriente. Os ricos e poderosos cavaleiros da Ordem de São João de Jerusalém e os Cavaleiros Templários foram criados durante as Cruzadas.

As Cruzadas aconteceram entre os séculos XI e XIII. Essas guerras convulsionaram a Europa e o Oriente Próximo durante quase duzentos anos, embora se diga que tiveram um período quase permanente (wikipedia.org.br).

> *Entre as 'guerras santas' nenhuma foi mais sangrenta e mais dilatada que as Cruzadas cristãs, durante a Idade Média. Além da alegação notória que as lançou – tomar os Lugares Santos da Cristandade em Jerusalém – a Igreja de Roma viu nelas uma oportunidade de alargar para o Oriente os seus domínios.*
>
> *Os reis e senhores feudais da Europa ocidental viam perspectivas de adquirir novas terras e riquezas, e o Clero esperava encontrar um escoadouro para os rixentos e desordeiros. Os próprios Cruzados obedeciam a impulsos confiando nos favores prometidos pela Igreja – inclusive a remissão de penitências pelos seus pecados e moratórias para suas dívidas.*
>
> *Muitos, porém, mostravam-se dissolutos e brutais.*

Violavam e saqueavam outros cristãos e cometiam terríveis atrocidades contra os inimigos mulçumanos. Contudo, uma grande força de fé também dirigia os Cruzados, uma profunda reverência pelo solo pisado por Jesus.

Os Cruzados recuperaram os Lugares Santos, mas somente os mantiveram em sua posse por menos de cem anos. E tanto nessa obra de conquista, quanto na realização do sonho de estender até o Oriente o poderio do Ocidente, os Cruzados fracassaram, no final.

Ao se encerrarem as Cruzadas, a lei de Maomé dominava as terras onde se havia travado as batalhas, o império bizantino dos cristãos orientais estava fatalmente abalado; a Europa novamente deveria voltar-se sobre si própria. Porém jamais seria a mesma Europa; suas janelas para o mundo tinham-se aberto e todos os aspectos da vida medieval haviam sido afetados. (**Semeador de estrelas**, cap. 17).

Continuando, o mentor, Dr. Silvio Santana, afirma:

De imediato, a precipitação, filha do medo e do rancor, desencadeou mais uma vergonhosa guerra de difícil encerramento na atualidade com a morte de milhares de civis e militares, cada dia com maiores complicações.

Passado o primeiro momento, ampliou-se o fanatismo nacional em inúmeros países submetidos ao jugo inclemente de outros, mais poderosos, estimu-

lando o uso perverso das bombas humanas, em inconcebíveis atentados à própria, assim como a outras vidas.

Pausa oportuna, porque Dr. Santana revela algo que é imprescindível nos conscientizemos, conforme se lê a seguir:

As tropas espirituais inferiores que, no momento, semeiam a hediondez no planeta, têm algumas das suas lideranças nas vítimas da Inquisição inditosa, sob o comando de antigos rabinos judeus e ulemás mouros, que estorcegaram até a morte inclemente nas sessões de tortura, nos cárceres infectos, ou foram queimados vivos após sofrerem todo tipo de martírios.

Importante, nesse momento, citar André Luiz em seu livro **Libertação** (Feb, 2003) que registra a palavra do Ministro Flácus, quando este, em excelente preleção ressalta os propósitos de Espíritos ainda dominados pelo ódio:

Incapacitados de prosseguir além do túmulo, a caminho do Céu que não souberam conquistar, os filhos do desespero organizam-se em vastas colônias de ódio e miséria moral, disputando, entre si, a dominação da Terra. Conservam, igualmente, quanto ocorre a nós mesmos, largos e valiosos patrimônios intelectuais e, anjos decaídos da Ciência, buscam, acima de tudo, a perversão dos processos divinos que orientam a evolução planetária.

Mentes cristalizadas na rebeldia, tentam solapar, em vão, a Sabedoria Eterna, criando quistos de vida inferior, na organização terrestre, entrincheiradas nas paixões escuras que lhes vergastam as consciências. Conhecem inumeráveis recursos de perturbar e ferir, obscurecer e aniquilar. Escravizam o serviço benéfico da reencarnação em grandes setores expiatórios e dispõem de agentes da discórdia contra todas as manifestações dos sublimes propósitos que o Senhor nos traçou às ações (...).

Em razão disso, o Planeta, por enquanto, ainda não passa de vasto crivo de aprimoramento, ao qual somente os indivíduos excepcionalmente aperfeiçoados pelo próprio esforço conseguem escapar na direção das esferas sublimes.

Considerando semelhante situação, o Mestre Divino exclamou perante o juiz, em Jerusalém: — 'Por agora, o meu Reino não é daqui' e, pela mesma razão, Paulo de Tarso, depois de lutas angustiosas, escreve aos Efésios que 'não temos de lutar contra a carne e o sangue, mas sim contra os principados, contra as potestades, contra os príncipes das trevas e contra as hostes espirituais da maldade, nas próprias regiões celestes' (...).

O sacrifício do Mestre representou o fermento divino levedando toda a massa. É por isto que Jesus, acima de tudo, é o Doador da Sublimação para a vida imperecível (...).

Sem nosso esforço pessoal no bem, a obra regenerativa será adiada indefinidamente, compreendendo-se por precioso e indispensável nosso concurso fraterno para que irmãos nossos, provisoriamente impermeáveis no mal, se convertam aos Desígnios

Nas fronteiras da nova era

*Divinos, aprendendo a utilizar os poderes da luz potencial de que são detentores. **Somente o amor sentido, crido e vivido por nós provocará a eclosão dos raios de amor em nossos semelhantes.** Sem polarizar as energias da alma na direção divina, ajustando-lhes o magnetismo ao Centro do Universo, todo programa de redenção é um conjunto de palavras, pecando pela improbabilidade flagrante.* (Cap.1) (grifo nosso)

Logo após, voltando ao texto do Dr. Silvio Santana, este se refere às perseguições em Espanha e Portugal, que deram origem à Inquisição, em um ótimo relato histórico, sob a visão espiritual, para o qual remeto os leitores da obra de Philomeno de Miranda, que estou comentando.

Mais adiante, o mentor enfatiza o programa de reabilitação que devemos realizar.

O amor de Jesus convoca-nos, desde há muito, para que executemos um programa de reabilitação dos nossos gravames, buscando aqueles aos quais ofendemos, torturamos e levamos ao infortúnio. Como estamos vivendo o período das definições espirituais no globo terrestre, já não podemos adiar a oportunidade da busca e do encontro conscientes com os nossos irmãos em desdita, que permanecem nos labirintos do ódio.

Nessa comovedora exortação, no parágrafo acima, o mentor registra a imperiosa necessidade de realizarmos, em definitivo, um programa de reabilitação relativo ao nosso passado, quando nos comprometemos perante a Lei Divina, em condutas execráveis, infligindo dor e sofrimento ao próximo, nos absurdos processos de perseguição, torturas e crimes hediondos, nos quais nos comprazíamos. Essa uma verdade que hoje nos aturde como um espinho na carne; mais que isso, na consciência, que está inapelavelmente nos cobrando.

Jesus nos legou uma advertência que vem até nós através dos milênios e que faz parte das Leis do Universo: *Bem-aventurados os que são misericordiosos, porque obterão misericórdia,* a qual em **O Evangelho Segundo o Espiritismo,** Allan Kardec comenta magistralmente na passagem a seguir:

> *Reconciliai-vos o mais depressa possível com o teu adversário, enquanto está no caminho com ele, para que não aconteça que o adversário te entregue ao juiz, e o juiz te entregue ao oficial, e te encerrem na prisão.*
> *Em verdade te digo que não sairás dali, enquanto não pagardes o último ceitil.* (**O Novo Testamento**, Feb, 2004, Sociedade Bíblica do Brasil, 1954 – Trad. João Ferreira de Almeida, Mt 5: 26 e 27).
>
> *Na prática do perdão – diz Kardec –, como, em geral, na do bem, não há somente um efeito moral: há também um efeito material. A morte, como sabemos, não nos livra dos nossos inimigos; os Espíritos vingativos perseguem, muitas vezes com seu ódio, no além-túmulo, aqueles contra os quais guardam rancor; donde decorre a falsidade do*

Nas fronteiras da nova era

provérbio que diz: 'Morto o animal, morto o veneno', quando aplicado ao homem. O Espírito mau espera que o outro, a quem ele quer mal, esteja preso ao seu corpo e, assim, menos livre, para mais facilmente o atormentar, ferir nos seus interesses, ou nas suas mais caras afeições. Nesse fato reside a causa da maioria dos casos de obsessão, sobretudo dos que apresentam certa gravidade, quais os de subjugação e possessão (...).

Importa, conseguintemente, do ponto de vista da tranquilidade futura, que cada um repare, quanto antes, os agravos que haja causado ao seu próximo, que perdoe aos seus inimigos, a fim de que, antes que a morte lhe chegue, esteja apagado qualquer motivo de dissensão, toda causa fundada de ulterior animosidade. Por essa forma de um inimigo encarniçado neste mundo se pode fazer um amigo no outro; pelo menos, o que assim procede põe de seu lado o bom direito e Deus não consente que aquele que perdoou sofra qualquer vingança. Quando Jesus recomenda que nos reconciliemos o mais cedo possível com o nosso adversário, não é somente objetivando apaziguar as discórdias no curso da nossa atual existência; é principalmente, para que elas se não perpetuem nas existências futuras. Não saireis de lá, da prisão, enquanto não houverdes pago até o último centavo, isto é, enquanto não houverdes satisfeito completamente a justiça de Deus. (Capítulo 10, its. 5 e 6).

Diante da necessidade de se executar um programa de reabilitação, Ivon Costa volta a interrogar: — *E como poderíamos realizar essa programação?*

O generoso amigo, Dr. Silvio Santana, elucidou:

> — *Empenhados, conforme nos encontramos, ao lado de milhares de outros grupos de Espíritos que trabalham pela implantação dos novos tempos, especialmente na atividade preparatória da reencarnação dos luminares do passado, assim como dos nossos irmãos convidados de Alcíone, acompanhamos o cerco negativo daqueles amigos referidos, tentando impedir a execução do programa em marcha.*
>
> *De igual maneira, estarão reencarnando-se elevados Espíritos da filosofia e da arte, da religião e da política do passado, considerados pais dessas doutrinas, a fim de poderem reformular, atualizar e conduzir às origens do ideal, dos quais os seus postulados foram afastados, facilitando a transição da sociedade em outros segmentos de que se constitui (...).*
>
> *Enquanto urdem as técnicas da indignidade e da vilania, os nossos serão sempre os instrumentos do amor e da compaixão em forma de caridade para com todos e com nós mesmos, usando o capacete da fé e a espada flamejante da bondade, de forma que a vitória, sem dúvida, será de Jesus descrucificado.*

Outro amigo da equipe da qual Miranda faz parte, Anselmo, por sua vez, igualmente inquiriu ao benfeitor: — *Prosseguiremos ainda por algum tempo no serviço preparatório das reencarnações, conforme estivemos fazendo?*

Nas fronteiras da nova era

Sim, sem qualquer dúvida – responde o geneticista – porquanto os nossos tentames podem ser considerados ensaios para os acontecimentos massivos que já se encontram preparados, dependendo, exclusivamente, das condições psíquicas do planeta e das responsabilidades assumidas conscientemente pelos pais que receberão os nobres imigrantes, ao mesmo tempo que também acolherão os missionários do passado, agora de retorno.

Estamos no limiar do glorioso momento anunciado pelo Senhor desde quando esteve conosco e confirmado pelos Seus mensageiros de todos os tempos, que aguardam essa hora para a construção definitiva do reino de Deus em todos os corações.

Somos os trabalhadores humildes que preparam o solo para as grandes avenidas do progresso, ficando esquecidos, a fim de que o conforto e felicidade deslizem em triunfo pelas vias formosas que nossas mãos calejadas trabalharam, quando o terreno era rebelde e difícil...

Silenciando, por um pouco, o amigo e benfeitor levantou a cabeça em direção ao zimbório coruscante e referiu-se aos fascículos de luz que desciam com relativa velocidade em direção ao orbe, iluminando mais a noite.

Eles estão chegando, recepcionados por incontáveis trabalhadores da seara do Mestre, localizando-os nos lares em que deverão renascer... (grifos nossos)

O autor espiritual informa que, a seguir, após encerrar as elucidações, Dr. Santana convidou-os a visitar um bairro periférico de Belo Horizonte. Eram casebres miseráveis, com esgoto a céu aberto. Caminhando por entre tais redutos, Miranda notou uma humílima construção envolta em suave claridade.

O benfeitor esclareceu que ali residia um jovem casal, Hermenegildo e Rosalinda, que renasceram naquela condição a fim de ressarcirem antigos comportamentos extravagantes, tendo se comprometido a receberem com a reencarnação um dos visitantes de Alcíone.

Sendo adeptos do Espiritismo, permaneciam fiéis aos compromissos que tinham assumido antes de reencarnarem e, frequentando a Casa Espírita em bairro próximo, os dois se reencontraram; estavam casados há poucos meses. Tinham por hábito a leitura de um trecho de **O Evangelho Segundo o Espiritismo**, todas as noites, o que propiciava ambiente espiritual harmonioso, atraindo vários amigos desencarnados.

Ao adentrar à pequena casa, depararam com um espaço mínimo e muito modestamente mobiliado. No quarto, o casal estava adormecido e parcialmente desdobrado do corpo material; reconhecendo a presença do Dr. Silvio Santana abraçaram-no com alegria. De imediato chegou até eles um Espírito nobre, que Miranda identificou como aquele que seria o filho do casal. Dr. Santana apresentou-o aos futuros pais. Estabeleceu-se entre eles um diálogo muito especial, pois Hermenegildo e Rosalinda expressavam-se verbalizando o que pensavam, enquanto que o visitante *emitia ondas mentais muito poderosas que se condensavam como símbolos-respostas perfeitamente entendíveis.*

Nas fronteiras da nova era

Segundo Philomeno de Miranda, o Espírito de Alcíone dizia que: *Desejava renascer naquele reduto de dor e de necessidade, a fim de elevá-lo a melhor condição através dos esforços que empreenderia e das ações que realizaria em favor do desenvolvimento da comunidade sofrida.*

Comovente exemplo de doação e renúncia, convidando-nos a reflexão profunda. Portanto, os Espíritos visitantes renasceriam igualmente tanto em lares de certo nível social, quanto nas favelas e redutos de extrema pobreza. Quem sabe se em certo lar, onde a penúria material impere, esteja uma criança ou jovem cujo Espírito mostre o fulgor de sua inteligência e bondade, prestes a promover ali uma obra de amor, fraternidade e de paz, dando um exemplo que abale o mundo, acostumado, em grande parte, à mediocridade de sua vivência do ter e não do ser.

Na sequência Dr. Silvio Santana convidou-o a permanecer ao seu lado para participar de uma visita que iriam realizar. Miranda enfatiza que a presença desse nobre amigo deu um colorido especial ao grupo devido às irradiações que dele emanavam, ao mesmo tempo o seu pensamento produzia uma vibração musical que a todos encantava. Tendo solicitado informações ao mentor dos trabalhos, este relatou algo da situação moral e espiritual da Terra, despertando-lhe sentimentos de ternura e compaixão, de solidariedade pelos sofredores do mundo.

Em breve alcançaram um apartamento no centro da cidade, em um edifício de classe média. Miranda menciona que o ambiente era de harmonia e paz, sem a presença de Espíritos vulgares. Foram recebidos à porta por simpático e risonho casal, em parcial desdobramento pelo sono físico e, de imediato, apresentados pelo Dr. Santana.

Eram Alonso e Eunice que estavam na expectativa de serem aquinhoados com a bênção de um filho.

Dois outros Espíritos especializados no processo reencarnatório estavam no ambiente trazendo o Espírito reencarnante, tendo em vista que o processo de fecundação na senhora Eunice estaria iniciando. O geneticista, após tecer explicações científicas acerca desse processo, acrescenta:

> *– Esse* milagre *– esclareceu, lúcido – é um dos momentos mais grandiosos da vida, que logo mais se transformará num ser humano, qual ocorre, igualmente, com ligeiras diferenças, nos reinos vegetal e animal... Quando se dá a união dos gametas, tecnicamente estão programadas as heranças dos ancestrais, que sabemos serem estabelecidas graças à Lei de Causa e Efeito, através do perispírito.*

O autor espiritual relata, na sequência, todas as providências tomadas pelo Dr. Silvio Santana para que a reencarnação programada tivesse êxito. Os futuros pais, informados da ocorrência, nos seus detalhes próprios abraçaram ternamente aquele que seria o filho tão desejado, e em sinal de gratidão beijaram as mãos do Dr. Silvio Santana.

Fechando o capítulo, Miranda comenta que: *participando de um evento dessa natureza, não existe quem não se dobre vencido ante a majestade divina geradora da vida na sua multiplicidade de aspectos.*

Capítulo 19
Preparação para o armagedom espiritual

Na parte inicial do capítulo, Miranda informa quanto ao sucesso dos trabalhos presididos pelo geneticista Dr. Silvio Santana, que envolveram os casais visitados.

Em sequência discorre sobre a preocupante atuação das forças contrárias ao Bem. Nesse sentido, Miranda comenta acerca da transformação que ocorrerá em todos os quadrantes do planeta, antevendo um mundo sem as fronteiras do ódio, sem os separatismos étnicos, que sempre deram origem a guerras impiedosas, sem a miséria econômica causadora de muito sofrimento e,

> *(...) principalmente, sem a miséria moral, que desapareceria dando lugar a novos conceitos em torno dos comportamentos. Enquanto essa transformação não se realiza, embora esteja em franco desenvolvimento em toda parte, nas sombras dos guetos espirituais inferiores, os inimigos do Bem urdem ataques e tramam vinganças odientas contra as criaturas.*

Nessa linha de raciocínio, ele enevera por uma série de advertências, valiosíssimas, que devem ser bem meditadas por nós, espíritas, mas que abrange todas as criaturas de boa vontade, religiosas ou não. Vale ler o trecho para sentir a seriedade do seu conteúdo.

Nesse sentido, tendo em vista serem os espíritas sinceros os novos cristãos, sem nenhum desrespeito a outros tantos servidores do Evangelho de Jesus espalhados no mundo, tanto quanto cidadãos honestos não vinculados a nenhuma denominação religiosa, porém, valorosos e dignos, as baterias da maldade estavam sendo colocadas na sua direção. É claro que também os indivíduos honestos e de sentimentos elevados não ficavam à margem da ação ignominiosa desses infelizes do Além, por considerá-los obstáculos aos objetivos que abraçam, quais sejam a extinção do Bem, as subjugações e vampirizações coletivas, como já se podem observar, porém, em número mais volumoso, à desventura e alucinações nos jogos dos prazeres sórdidos...

Com certeza, embora as armadilhas perversas e as perseguições inclementes, ninguém, que se encontre desamparado, a mercê do mal, exceto quando se permite espontaneamente a vinculação com essas forças ignóbeis...

O problema do mal é deveras intrigante. As pessoas se perguntam: — Por que existe o mal? — Quem o criou?

Léon Denis, o notável continuador de Allan Kardec, responde magistralmente a todas as dúvidas, em seu livro já citado nessa obra, **O problema do ser, do destino e da dor** (Feb, 1977, 10ª ed.) – um dos melhores livros que já li nesta vida.

NAS FRONTEIRAS DA NOVA ERA

O mal é apenas um estado transitório do ser em vias de evolução para o bem; o mal é a medida da inferioridade dos mundos e dos indivíduos, é também, como vimos, a sanção do passado. Toda escala comporta graus; nossas vidas terrestres representam os graus inferiores de nossa ascensão eterna. Tudo ao redor de nós, demonstra a inferioridade do planeta em que habitamos (...).

Entretanto, nossa estada neste meio é simplesmente temporária e subordinada às exigências de nossa educação psíquica; outros mundos, melhor aquinhoados sob todos os pontos de vista, nos aguardam (...).

O mal, sob este ponto de vista, tem um caráter relativo e passageiro; é a condição da alma ainda criança que se ensaia para a vida. Pelo simples fato dos progressos feitos, vai pouco a pouco diminuindo, desaparece, dissipa-se, à medida que a alma sobe os degraus que conduzem ao poder, à virtude, à sabedoria!

Então a Justiça patenteia-se no Universo; deixa de haver eleitos e réprobos; sofrem todos as conseqüências de seus atos, mas todos reparam, resgatam e, cedo ou tarde, se regeneram para evolverem desde os mundos obscuros e materiais até a Luz Divina; todas as almas amantes tornam a encontrar-se, reúnem-se em sua ascensão para cooperarem juntas na grande Obra, para tomarem parte na comunhão universal.

O mal não tem, pois, existência real, não há mal absoluto no Universo, mas em toda a parte a realização vagarosa e progressiva de um ideal superior; em toda parte se exerce ação de uma força, de um poder, de uma coisa que, conquanto nos deixe livres, nos atrai e arrasta para um estado melhor. Por toda a parte, a grande lida dos seres trabalhando para desenvolver em si, à custa de imensos esforços, a sensibilidade, o sentimento, a vontade, o amor!

Na continuidade de suas ponderações, Miranda acentua que irá deter-se especialmente na área do movimento espírita, comprometido com Jesus e Sua doutrina, por ser este o alvo preferido de determinados grupos que se autodenominam de Mal. Entra, então, o autor espiritual, em detalhes minuciosos a respeito da atuação desses Espíritos, que atingem aspectos e injunções muito graves. Vejamos a abordagem a seguir.

Acercando-se dos médiuns invigilantes, vêm inspirando-os a comportamentos incompatíveis com as recomendações do Mestre Jesus e dos Espíritos superiores através da Codificação kardequiana, estimulando-os a espetáculos em que a mediunidade fica ridicularizada, como se fosse um adorno a exaltar o seu possuidor. Concomitantemente, fomentando paixões servis nos trabalhadores afeiçoados ao socorro espiritual nas reuniões mediúnicas, fazendo-os crer que estão reencontrando seres queridos de outras existências, que agora lhes perturbam o lar e facilitam convivências adulterinas em flagrante desrespeito aos códigos morais e aos do dever da família... Fascinação, subjugação, que se insinuam discretamente e roubam o discernimen-

NAS FRONTEIRAS DA NOVA ERA

to de muitos, constituem o jogo das Entidades insanas, aproveitando-se das debilidades que ainda persistem em a natureza humana.

Além dessas ações nefastas, trabalham pela desunião dos companheiros de lide espiritual, pela maledicência e calúnias bem divulgadas, como se estivessem trabalhando para senhores diferentes e não para Aquele que deu a vida em demonstração insuperável de amor e de compaixão por todos nós.

As reuniões mediúnicas de desobsessão trazem para nós, os participantes, lições inolvidáveis, por meio das comunicações dos nossos irmãos obsessores que relatam suas proezas, com a finalidade de nos atemorizar e lançar dúvidas sobre o trabalho que realizamos. São, às vezes, insinuações maldosas, em outras falam abertamente tentando evidenciar supremacia sobre o grupo mediúnico, sobre o movimento espírita e, inclusive acerca da Doutrina Espírita, quanto ao seu progresso no mundo, no intuito de incutir o desânimo, o desalento e a sensação de que não há nada que se possa fazer para reverter esse quadro.

Alguns chegam dizendo que o medo é a melhor condição para infiltrarem seus pensamentos. Portanto, começam a dar ideias amedrontadoras de diferentes aspectos, e com a repetição a pessoa começa a se sentir vulnerável, exatamente como desejam.

Suscitam paixões avassaladoras entre companheiros de trabalho, na Casa onde colaboram, lançando pensamentos de que são almas gêmeas que se reencontram, ou, ao contrário, sempre encontram uma ou outra pessoa que cultiva a chamada fofoca, o disse me disse, que se presta a levantar suspeita sobre alguém, sobre sua vida particular e acerca da sua atuação na própria Casa, procurando fomentar a desunião.

São hábeis em provocar irritação entre os membros das equipes ou, até mesmo e, especialmente, na vida familiar, para que haja o desgaste vibratório. Bastante comum também, é o empenho a que se dedicam em inocular a tristeza, a amargura no campo doméstico dos trabalhadores da Casa e da Causa, ou a inconformação e revolta de alguns contra as dificuldades da vida terrena, o que pode culminar em depressão.

Mas, estejamos atentos: tudo isso ocorre porque esses Espíritos usam a nossa fragilidade, nossas fraquezas e falhas de caráter, que estudam e conhecem.

Enfim, o mal, o desequilíbrio sempre encontram inúmeras maneiras de perturbar, de prejudicar ou até mesmo anular aquele que se deixa enredar. Nessa altura é bom não esquecer a recomendação do Mestre, no sermão profético, conforme Marcos: 13,33: *Olhai, vigiai e orai.*

Sabemos o quão difícil é trabalhar em equipe, convivendo com as diferenças, ouvindo a opinião dos companheiros e acatando suas ideias, mas, nem sempre podendo colocá-las em prática por diversos motivos, gerando assim a incompreensão ou ressentimento daqueles que as apresentaram. Entretanto, sempre lembro que no próprio grupo de Jesus também aconteciam dificuldades; ali estavam, naqueles primeiros tempos de convívio entre os discípulos, as reações de inveja, ciúme, vaidade, evidenciando os problemas comuns aos seres humanos.

As "vozes do Céu" estão exortando todos os espíritas a uma reflexão profunda. São os Espíritos Superiores

NAS FRONTEIRAS DA NOVA ERA

que estão tentando despertar-nos para a realidade que vige em nosso movimento espírita. Importante ouvirmos o benfeitor Honório, uma das *vozes-alerta* da atualidade:

> *Semelhantes, porém, aos graves compromissos cármicos que se engendraram no comportamento coletivo do Brasil colonial, ignorando as sublimes orientações de Jesus e de Ismael, que segue incólume conduzindo nossa pátria com as velas abertas de sua compaixão amorosa, estamos vivendo graves momentos de inclinação e desvios no seio do Movimento Espírita. Os compromissos de vera fraternidade e do transbordar da caridade entre membros da mesma grei estão dando lugar a tristes disputas da vaidade, espetáculos de competição destituída de qualquer sentido lógico cristão, debates infrutíferos de questões de menor importância. Com isso esquecemo-nos de que na base do Pentateuco estão as necessárias orientações a seguir (...).*
>
> *A programação superior de espiritualização da Terra está adentrando em profunda atividade, mais intensa, mais ativa e pede aos sinceros cooperadores sentimento de trabalho e cooperação. Construamos nossas atividades baseadas na profunda certeza de que recebemos o conhecimento espírita para o desenvolvimento e prática do amor com todas as virtudes irmãs.*
>
> *O tempo daqueles que se serviam do Cristo para as próprias vaidades já obteve seu clímax no passado. Hoje estamos em condição diferente e, pela misericórdia divina, em situação promissora ao nosso adiantamento.*

Trabalhemos juntos e sem as máculas da triste manipulação dos interesses próprios que já nos custaram graves dores e danosos comprometimentos. (**Vozes-Alerta**, Editora Espiritizar, Femt, 2012).

Miranda reporta-se, em seguida, ao Armagedom bíblico do *Apocalipse* de João, destacando que ele não se restringe à estreita faixa do *Vale do Megido*, ou do monte do mesmo nome quando os exércitos de todas as nações se reuniriam para a batalha final. Ressalta que todo o planeta é hoje o *Vale de Jeosafá, onde já se travam as batalhas de extermínio em que o Senhor de misericórdia será o vencedor da impostura e da perversidade.*

Relata o autor espiritual que o Dr. Silvio Santana informou ao grupo que havia sido programado um encontro espiritual com um antigo rabino judeu, que desencarnou vitimado pelas terríveis perseguições do fim do século XV, na Espanha, quando da expulsão dos não católicos daquele país.

Os trabalhos seriam realizados na sociedade espírita que conheciam, quando o mentor entraria em contato com o convidado espiritual Eliachim Bem Sadoc, que comandava um bando de assaltantes desencarnados, cujo propósito era o de exterminar os discípulos da Terceira Revelação judaico-cristã.

Há, na sequência, todo um extenso trecho em que Miranda descreve as atividades da Casa Espírita, enfatizando que, à chegada do orador muitas foram as expressões de alegria manifestada por boa parte do público.

Enquanto isso, Dr. Silvio Santana comenta ser o Espiritismo

> *(...) uma doutrina séria, que não pode ser utilizada para a frivolidade nem para a autopromoção de qualquer de seus membros. Representando o* Consolador *que Jesus prometeu, embora seja uma formosa mensagem portadora de alegrias, não se comporta como espetáculo hilariante para divertimento dos frívolos.*

A palestra versou acerca da *Parábola do Filho Pródigo* e, ao seu término o ambiente era de paz e bem-estar. O orador, em seguida, passou ao atendimento fraterno às pessoas necessitadas.

Encerrados os trabalhos da noite, a Casa ficou silenciosa e vazia, entretanto, grande era a azáfama espiritual. A noite avançava e ali já estavam os trabalhadores especializados no tipo de reunião que estava programada. Na sala mediúnica, técnicos em limpeza psíquica ambiental preparavam o recinto para o labor a ser realizado.

Capítulo 20
O enfrentamento com a treva

Para a realização da reunião mediúnica foram convocados, entre os encarnados, os companheiros que estavam suficientemente preparados e experientes para o tipo de trabalho a ser realizado. Não podemos esquecer que a reunião ocorreria no plano espiritual, portanto, os participantes encarnados estariam em desdobramento parcial durante o sono fisiológico.

Menciona Miranda que o mesmo orador da noite, o médium Joseval, foi até o local juntamente com seu mentor e apresentava-se com muita lucidez, bastante acostumado com os desdobramentos parciais e com as realizações espirituais na esfera de trabalho onde ele, Miranda, residia. Razão pela qual havia entre o autor espiritual e Joseval relações de amizade já antigas. Este, de imediato, colocou-se à disposição do Dr. Silvio Santana que iria dirigir as atividades da noite.

Pausa para algumas reflexões.

No meu livro **Dimensões Espirituais do Centro Espírita** (Feb, 2007) registro algumas providências imprescindíveis para que o local destinado às sessões mediúnicas esteja adequado às especificidades das tarefas que os benfeitores espirituais programam. Da mesma forma os Espíritos especializados nesse mister, conforme consta no capítulo anterior, estavam a postos preparando o recinto para o importante trabalho que seria realizado naquela madrugada. Passo em seguida a transcrever tais providências.

> *No dia da reunião o local passa por rigorosa assepsia a fim de livrá-lo e preservá-lo das* larvas psíquicas *(que são criadas por mentes viciosas de encarnados ou desencarnados): de* ideoplastias perniciosas *(formas-pensamento, clichês mentais); de vibrações deprimentes, constituindo tudo isso os 'invasores microbicidas das regiões inferiores',* con-

forme esclarece o Espírito João Cleofas (...).
João Cléofas elucida que a sala mediúnica é como
o 'ambiente cirúrgico para realizações de longo
curso no cerne do perispírito de encarnados como
dos desencarnados, como também local onde se
anulam fixações mentais que produzem danos
profundos nas tecelagens sensíveis do espírito'.

Menciono ainda, no livro citado, que:

(...) além disso há necessidade de se isolar e defen-
der o recinto das investidas de espíritos inferiores,
o que leva os benfeitores espirituais a cercá-lo por
meio de faixas fluídicas visando impedir a entrada
de tais entidades. Assim, só entrarão no ambiente
aqueles que tiverem permissão dos dirigentes espi-
rituais. (**Dimensões espirituais do centro es-**
pírita, Feb, 2007, cap. 6).

Tudo preparado, um dos vigilantes anuncia que se encontrava à porta da instituição um grupo de rabinos judeus, com vestes extravagantes e à frente vinha, como sumo sacerdote, Eliachim Bem Sadoc, cuja fisionomia denotava ódio e soberba, fazendo-se acompanhar por uma centena de comparsas, também com semblantes ferozes, sendo que muitos apresentavam deformações. Traziam estranhos instrumentos de guerra, postando-se como era comum nos antigos moldes medievais. Produziam uma gritaria ensurdecedora que repercutia no ambiente, no intuito, por certo, de amedrontar os que os estavam recebendo.

De minha parte imagino quanto de experiência seria necessária, entre os integrantes do grupo, para que mantivessem o perfeito equilíbrio, derivado de uma fé amadurecida e forte diante do conjunto vibratório de toda a turba ali bem próxima. É evidente que todas as interferências inferiores foram atenuadas e, quem sabe, bloqueadas para que não atingissem os participantes.

Veneranda entidade feminina fez-se visível ao líder da tropa, que, diante de sua irradiação de compaixão e ternura sentiu-se desarmado em sua ferocidade, sendo convidado a adentrar ao recinto, onde era aguardado com respeito e vibrações afetuosas; alguns outros membros de seu séquito igualmente tiveram permissão para entrar.

Nesse exato momento Dr. Silvio Santana, diretor espiritual dos trabalhos, proferiu comovente oração:

> *Senhor Jesus, Augusto Mestre:*
> *Embora as sombras da ignorância predominem em nosso mundo interior, permite que a sublime claridade do Teu inefável amor nos inunde de esclarecimentos, libertando-nos da perversidade que persiste, dominadora.*
> *Não somos outros Espíritos, senão aqueles réprobos que Te negamos, mais de uma vez, embora situados nas fileiras do Teu Evangelho, assumindo compromissos perniciosos que nos envergonham até este momento.*
> *Hoje, novamente convocados pela Tua misericórdia, ao serviço iluminativo, sentimos a fragilidade em que nos demoramos, e, deixamo-nos conduzir pelas Tuas santas mãos, cobrindo as pegadas luminíferas que ficaram pelos caminhos, sinalizando a*

Tua passagem pela Terra...

Ajuda-nos, portanto, a ajudar, socorrendo aqueles que foram nossas vítimas quando defraudamos a Tua mensagem, infelicitados pelos interesses sórdidos da nossa mesquinhez.

Torna a nossa palavra, suave e enérgica, os nossos sentimentos, elevados e meigos, a nossa mente, lúcida e compreensiva, a fim de que não venhamos a dificultar a concretização dos Teus planos para com os infelizes, que somos quase todos nós.

Raiando a nova madrugada, propicia-nos a incomum felicidade de ampliar os horizontes ainda em sombras para a luz da verdade de que Te fazes portador.

O irmão, que iremos receber, ao lado de outros que tombaram nos fossos profundos do ódio, guarda as lembranças do que lhe fizemos ontem, quando conspurcamos o Teu nome com as nossas paixões.

Apiada-Te de todos nós, os Teus servos humílimos, e sê conosco a partir deste momento, através dos Teus mensageiros sublimes, a fim de que consigamos melhor contribuir na Tua seara fecunda.

Que assim seja !

Uma onda de paz se derramou sobre todos, que se mantinham unidos em harmonia e enternecimento.

Dr. Silvio Santana saudou-o em nome de Jesus e deu início ao diálogo com o irmão visitante, que reagia gritando sua revolta em estar ali. Dizia que tinham caído em uma cilada e procurava movimentar o médium Joseval a fim de que externasse assim a sua ira, chamando os membros do grupo de "nefastos cristãos de todos os tempos".

Dava ordem de ataque aos que foram impedidos de entrar, porém, as energias do ambiente os mantinham imobilizados, devido à diferença de padrão vibratório. O Mentor, tranquilo, respondeu que o desafio havia partido do próprio amigo que ali se encontrava. Este, reagindo com ferocidade, avisou que estavam se retirando e disse: *Nunca os cristãos terão qualquer tipo de dignidade para o enfrentamento com a verdade que se encontra no* Torá, *e jamais nas falsas palavras desse adversário de Israel, que foi justamente castigado...*

Em resposta, entre outras considerações, Dr. Santana asseverou:

> *— O tempo correu na ampulheta das horas e todos mudamos, penso que para melhor, porquanto, a clara mensagem de Jesus, por fim alcançou as paisagens da nossa mente e o país dos nossos sentimentos.*
> *Suplicamos-lhes, bem como a todos a quem magoamos, o perdão sincero, reconhecendo nosso erro lamentável e de graves consequências. Honestamente arrependidos, desejamos demonstrar a nossa transformação moral, recebendo-o e a todos quantos anelem pela paz que não fruem desde há muito, paz de que Jesus é o único possuidor (...).*

A essa altura, o Espírito comunicante ergueu o médium em atitude ameaçadora, e dirigindo-se ao mentor, interrogou:

NAS FRONTEIRAS DA NOVA ERA

— Veja a paisagem da Terra infeliz. Onde estão a mansidão e a cordura, a compaixão e a misericórdia, tão decantadas? Não vê, por acaso, o que ocorre no mundo rico de poderes ilusórios e de degradação? Em que lugar se ocultam os discípulos do Crucificado portador de muitas culpas, que os engabelou com Suas palavras e promessas vãs?

Dr. Silvio Santana respondeu pacientemente:

— Sim, vemos a presença da luz onde predominava a treva, do amor onde o ódio semeava destruição, da ternura no lugar em que a agressividade reinava e do trabalho de reconstrução sobre os escombros das glórias mentirosas do passado. Anunciam-se novos tempos, quando o sofrimento cederá lugar às alegrias de viver, e quando os sentimentos entorpecidos oferecerão campo à floração dos elevados ideais da dignificação humana. Essa lamentável situação será questão de pouco tempo, para ser resolvida, porquanto, momento chega em que a Terra e os seus habitantes serão constrangidos a alcançar patamares superiores da evolução.

Em tom de sarcasmo o comunicante indagou: — *Quando os filhos de Alcíone se instalarão, expulsando os terrícolas?*

O mentor da reunião, atendendo à pergunta, informa que estamos recebendo visitantes de outra dimensão, *que se propõem a ajudar nas transformações que já se vêm operando no planeta, porque a Lei que vige no Universo é a da harmonia, da solidariedade, dos princípios morais estabelecidos pelo Pai Criador.*

Essa resposta e, mais todo o conjunto do que havia transcorrido até então, provocaram no Espírito que se manifestava uma reação de grande ódio, começando a gargalhar, apresentando-se em toda hediondez com aspecto lupino (de lobo). Tão forte foi essa mudança que o médium se ergueu, vergando-se e uivando dolorosamente.

Ao mesmo tempo os acompanhantes do antigo rabino passaram também por transformações em seus perispíritos, enquanto um odor fétido se espalhou pelo ambiente. Em decorrência uma atmosfera muito pesada se instalou, mas que foi modificada pelas preces de profunda intensidade de todos os participantes, transbordante de compaixão pelos infelizes irmãos. Essas vibrações superiores diluíram as densas formas psíquicas. O comunicante afastou-se violentamente do médium, prometendo novo encontro, enquanto todos os que compunham o seu séquito o acompanharam.

♦ ♦ ♦

Importante refletirmos em torno dessa sequência de acontecimentos.

É fundamental ter em vista que a reunião foi realizada na dimensão espiritual, embora em uma sociedade espírita terrena, porque os integrantes da sessão e o médium eram encarnados, enquanto que a equipe espiritual que orientava e sustentava todo o labor era de altíssimo padrão vibratório, imprescindível para o enfrentamento que ocorreria.

NAS FRONTEIRAS DA NOVA ERA

Uma pergunta, entre outras, poderia ser esta: por que a necessidade da participação dos encarnados? O enfrentamento não poderia ter sido somente com a equipe de desencarnados? Sim, os trabalhos em favor desses Espíritos poderiam ter sido na esfera espiritual, sem o concurso dos que ainda estão no plano físico; todavia, alguns dos integrantes do grupo mediúnico necessitavam participar diretamente, em razão de certos compromissos pretéritos, visto que teriam ali o aprendizado e as lições imprescindíveis para o seu crescimento espiritual, o que, aliás, era para todos.

Na realidade costumo dizer que, nas tarefas da desobsessão, os Espíritos que se comunicam para o atendimento espiritual, que acontece através da doutrinação, do diálogo, em verdade nos estão transmitindo lições que muito nos edificam, tanto quanto expressam, indiretamente, profundas e essenciais advertências.

Há, porém, outro aspecto que precisa ser observado. Refiro-me à necessidade de determinados Espíritos, tão estratificados no mal, que assumem formas animalescas, assim vivendo séculos na contagem do tempo terrestre. Certamente a esses Espíritos, por serem extremamente materializados em sua condição psíquica, se lhes torna imprescindível a participação de médiuns e de um grupo mediúnico de encarnados a fim de que, por intermédio desses, as carapaças fluídicas que os envolvem, as suas energias deletérias, densas e quase físicas se vão, assim, diluindo e esvanecendo, porque o conjunto ali presente funciona como um grande *exaustor* vibratório, que muito os beneficia.

Entretanto, uma surpresa aguardava a equipe mediúnica, foi quando Dr. Silvio Santana, que se mostrava

243

satisfeito com os resultados alcançados, passou a explicar detalhes do trabalho da noite.

> *— Estava programada essa reação, porquanto, em realidade, não tivemos aqui, o antigo sacerdote Eliachim Ben Sadoc, mas um* clone *dele, um Espírito que lhe assimilou as características com o objetivo de enganar-nos, já que, no seu reduto, ele acompanhou todos os lances do nosso encontro.*
> *Hábil e astuto, não quis correr o risco de um enfrentamento direto, enviando primeiro, simuladores do seu reino de horror, fortemente vinculados à sua poderosa mente, que os arrancou do nosso recinto, com a permissão dos nossos Guias, sem dúvida, para que não descobríssemos a farsa. Como em nossos labores espirituais a violência é desnecessária, e não nos cabia evitar a evasão dos visitantes, foram tomadas providências para que o diálogo se prolongasse pelo tempo apenas necessário para que ocorressem as metamorfoses, diluindo as* máscaras fluídicas *de que se utilizaram para ocultar a atual identidade (...).*
> *Consideramos exitosa a tarefa sob as bênçãos de Jesus, que terá seu natural prosseguimento em ocasião oportuna que virá.* (grifos no original)

Dois pontos, entre outros, que merecem destaque e comentários.

O primeiro deles é a inusitada revelação que ali não estava o antigo rabino, mas um clone. Fácil entender que no mundo espiritual isso é possível, pois os Espíritos

NAS FRONTEIRAS DA NOVA ERA

manipulam os fluidos espirituais, conforme Allan Kardec afirma em **A Gênese** (Feb, 2002):

> *Os Espíritos atuam sobre os fluidos espirituais, não manipulando-os como os homens manipulam os gases, mas empregando o pensamento e a vontade. Para os Espíritos, o pensamento e a vontade são o que a mão é para o homem. Pelo pensamento, eles imprimem àqueles fluidos tal ou qual direção, os aglomeram, combinam ou dispersam, organizam com eles conjuntos que apresentam uma aparência, uma forma, uma coloração determinadas; mudam-lhes as propriedades como um químico muda a dos gases ou de outros corpos, combinando-os segundo certas leis. É a grande oficina ou laboratório do mundo espiritual.* (cap.14)

Assim, é compreensível, também, as armas e tudo o mais que os comparsas apresentavam.

O segundo ponto que ressalto é a assertiva do Dr. Silvio Santana, que Miranda registra, quando ao terminar suas elucidações sobre a sessão mediúnica diz: *Consideramos exitosa a tarefa sob as bênçãos de Jesus, que terá seu natural prosseguimento em ocasião oportuna que virá.* Essa ocasião oportuna veio a ser o livro **Amanhecer de Uma Nova Era** – que comentarei na segunda parte deste livro – e, que complementa este que estamos comentando, **Transição Planetária**; naquele encontraremos de novo o antigo rabino.

Entretanto, a sessão mediúnica ainda não havia terminado. Após o desligamento das Entidades mencionadas, os integrantes do grupo, refazendo a concentração, favoreceram a que uma das médiuns presentes, a irmã Arlinda, trabalhadora com mais de meio século na seara do Cristo, entrasse em transe. Esta, portadora de mediunidade de efeitos físicos, passou, então, a exteriorizar o ectoplasma, uma energia específica, através dos orifícios naturais da face, que por acumulação, permitiu a materialização de um Espírito nobre que irradiava luz azulada, enquanto o recinto saturava-se de vibrações perfumadas.

Tratava-se de um embaixador de Ismael, guia espiritual do Brasil, que se identificou como Bittencourt Sampaio, este um Espírito muito querido por quantos o conhecem. Ele transmitiu belíssima mensagem que transcrevo na íntegra.

Irmãos queridos:

Guarde-nos Jesus na Sua paz e misericórdia. As vossas preces alcançaram as regiões felizes, e o anjo benfeitor do Brasil enviou-nos, a fim de receberdes o seu apoio honroso, na bendita realização a que vos entregais.
A pátria do Cruzeiro desempenhará o seu papel cristão no cenário do mundo conturbado da atualidade.
Missionários do amor e da libertação de consciências encontram-se renascidos entre vós, com a tarefa de devolver ao mundo a mensagem gloriosa do suave-doce Rabi galileu, que sofreu as previstas modificações ao longo dos séculos.
Comprometidos com a Verdade, têm a tarefa de viver o que ensinam, trabalhando os me-

Nas fronteiras da nova era

tais da alma, de forma a amoldá-los às novas finalidades.

Embora os caminhos ainda permaneçam com espinheirais dominando-os e pedrouços em todo lugar dificultando a marcha, esses peregrinos do dever encontram-se forrados de coragem e de destemor para não se deterem em momento algum, avançando sempre.

Espíritos missionários de outras eras, acostumados à austeridade e à renúncia, inspiram-nos em favor do êxito no desiderato.

Incompreendidos e malsinados, sofrendo escárnio e enfrentando desafios colossais, avançam confiantes no resultado feliz do empreendimento com o qual se comprometeram desde antes do berço.

A sua palavra vibrante e os seus exemplos dignos sensibilizam os públicos que os ouvem e as pessoas que convivem com eles reconhecem que estamos realmente no limiar de um novo tempo de amor, de paz e de verdade.

Não mais os engodos de outrora, nem as louvaminhas da viagem equivocada ao reino da ilusão.

A seriedade e o sacrifício são-lhes as condecorações que carregam nas vestes da alma, identificando-os como seguidores de Jesus, que não teve outra escolha entre a glória mentirosa da Terra e a cruz libertadora que o reconduziu à imortalidade em triunfo.

Percorrem os mesmos caminhos do passado, nos quais deixaram pegadas assinalando crimes e vícios, que ora deverão apagar, sobre-

pondo as luminosas propostas do amor sem jaça e da verdade sem disfarce...

Vinculados psiquicamente à nossa Esfera, recebem continuo estímulo para não esmorecerem nas lutas difíceis, nem se desviarem do roteiro que percorrem animados pelo espírito da alegria e a compensação da paz interna.

Perseguidos pelos adversários da Luz equipam-se com os instrumentos de defesa, que são a oração e os atos enobrecidos.

Mesmo quando a grande nação brasileira mergulha em abismos de devassidão, de corrupção, de desrespeito aos códigos da justiça e da honradez, fase passageira do seu processo de evolução, Ismael, compassivo, intercede, junto a Jesus, em favor de todos, confiando nos reajustamentos que já se vêm operando com uma nova geração de mulheres e de homens de bem.

Certamente, o mesmo ocorre nos diversos países da Terra, no entanto, ao Brasil coube, por determinação do Mestre incomparável, a tarefa de devolver ao mundo a Sua mensagem de misericórdia e de libertação total.

Porfiai, pois, nos objetivos abraçados, sem jamais temerdes as forças do mal, que se diluem como a neblina ante o calor do Sol da verdade, instituindo o período de amor como essencial para a felicidade de todos.

Tendes sido objeto de ciladas e traições, de testemunhos que guardais em silêncio, nunca revidando ao mal, sempre compreendendo que sois discípulos dAquele que não se defendeu

NAS FRONTEIRAS DA NOVA ERA

das acusações indébitas que lhe foram atiradas na face, sendo-vos, portanto, o modelo a seguir.

Solidão, desapreço, sofrimentos íntimos por anseios que se não converteram em realidade são as injunções a que fazeis jus em decorrência do vosso comportamento em outras passadas reencarnações.

Mantende, hoje, o brilho da alegria e da bondade na face e no sentimento, gerando harmonia onde quer que vos apresenteis.

Nunca experimentareis abandono, nem sofreis a ausência dos vossos guias espirituais afetuosos, que seguem convosco até a conclusão da tarefa encetada, quando retornareis à grande pátria espiritual.

Que o Senhor vos abençoe e vos guarde sempre, vosso irmão e servidor.

Bittencourt Sampaio

Muitos dos que me leem não devem ter conhecimento acerca desse Espírito de superior elevação espiritual.

Dr. Francisco Leite Bittencourt Sampaio nasceu na cidade de Laranjeiras, Sergipe. Advogado, poeta, escritor, jornalista, político. Era funcionário público. Na sua carreira política foi eleito deputado federal, sendo presidente (Governador) do Espírito Santo. Foi presidente da Biblioteca Nacional, no Rio de Janeiro. Como espírita tornou-se grande amigo de Dr. Bezerra de Menezes.

Membro do "Grupo Confúcio", ali desenvolveu sua mediunidade receitista, curando muitos doentes através da homeopatia. Mais tarde passou a integrar o "Grupo Ismael", da Federação Espírita Brasileira – FEB.

Esse Espírito de escol tornou-se mais conhecido dos espíritas depois que o Espírito Irmão Jacob, no seu livro **Voltei** (Feb, 1979, 7ª ed. cap, 16) psicografado pelo médium Chico Xavier, relatou nessa obra um singular e belo fato, ocorrido envolvendo o autor espiritual e o próprio Bittencourt.

Conta o autor espiritual Jacob, em seu livro, que desencarnado há pouco tempo ainda estava procurando integrar-se à vida verdadeira. Jacob foi espírita dedicado e atuante na mediunidade. Certa noite, no mundo espiritual, segundo narra, foi em companhia de Guillon Ribeiro, de Bezerra de Menezes e de Leopoldo Cirne para um local denominado de santuário. No ambiente onde se ouviam coros infantis entoando formosas melodias, ele se sentiu dominado por intensa emoção. Observou no recinto uma câmara muito alva, no centro do santuário, onde estava acontecendo a reunião. A prece de abertura foi proferida por Bezerra de Menezes. Enquanto ele orava, muitos amigos presentes se fizeram radiantes de luz. Pétalas fluídicas azuis caiam sobre todos.

Quando Bezerra terminou a oração, *na câmara alva surgiu, de repente, uma estrela cujos raios tocavam o chão (...)*. A estrela se transformou lentamente, alguém se destacou e Jacob surpreendeu-se: era Bittencourt Sampaio, cuja expressão resplandecente a todos envolveu.

De volta à narrativa, Miranda ressalta que a mensagem desse Espírito comoveu os participantes e, logo em seguida, diante destes, diluiu-se a luminosa figura do Embaixador de Ismael, deixando na ambiência uma atmosfera

Nas fronteiras da nova era

fluídica de bem-estar. A médium, aos poucos, recobrou a lucidez, cônscia de que havia sido instrumento da materialização de um mensageiro especial.

Dr. Silvio Santana despediu-se da equipe, enquanto o dirigente encarnado encerrava os trabalhos.

Capítulo 21
As batalhas difíceis

Ainda sob a impressão da memorável reunião, Miranda mantinha-se em proveitosa conversa com alguns amigos, cujo tema predominante era a respeito da mistificação realizada por Espíritos voltados ao mal. O autor espiritual afirma a sua surpresa perante o desmascaramento do perverso visitante, o que o levou a formular ao diretor dos trabalhos algumas perguntas.

> — *Como se atrevem esses companheiros a tentar expediente de tal porte, em um encontro de alta magnitude, conforme aquele do qual tivemos a felicidade de participar? Por outro lado, como se deu a diluição da máscara de que se utilizava o infeliz amigo, procurando ocultar a sua realidade?*

Dr. Silvio Santana prestamente esclareceu que a intenção do rabino Eliachim era criar embaraços. Sendo assim, produziu por ideoplastia o disfarce do seu assecla, utilizando-se da hipnose e da autofixação mental sobre ele,

SUELY CALDAS SCHUBERT

criando então a sua imagem à qual se deixou amoldar. Dessa maneira o seu representante foi preparado para se apresentar, unindo à própria arrogância a hipocrisia a que ele estava acostumado.

Antes de prosseguir com a explicação do mentor, convém falar a respeito de um tema de grande interesse, que é a mistificação, que Allan Kardec aborda em **O Livro dos Médiuns**, Feb, 1980, cap. 27 it. 303. Transcrevo a seguir a 2ª pergunta deste item, formulada pelo Codificador.

> *Por que permite Deus que pessoas sinceras e que aceitam o Espiritismo de boa fé sejam mistificadas? Não poderia isto ter o inconveniente de lhes abalar a crença?*
> *— Se isso lhes abalasse a crença, é que não tinham muito sólida a fé. Os que renunciassem ao Espiritismo por um simples desapontamento, provariam não o haverem compreendido e não lhe terem atentado na parte séria. Deus permite as mistificações para experimentar a perseverança dos verdadeiros adeptos e punir os que do Espiritismo fazem objeto de divertimento.*

Em nota a seguir, Kardec adverte quanto aos Espíritos que mistificam, enfatizando que a astúcia destes ultrapassa, às vezes, tudo o que se possa imaginar. Terminando diz:

> *Cumpre não se deem os passos prescritos ou aconselhados pelos Espíritos, quando o fim não seja emi-*

NAS FRONTEIRAS DA NOVA ERA

> *nentemente racional; que ninguém nunca se deixe deslumbrar pelos nomes que os Espíritos tomam para dar aparência de veracidade às suas palavras; desconfiar das teorias e sistemas científicos ousados; enfim de tudo o que se afaste do objetivo moral das manifestações.*

Algumas vezes, nas reuniões mediúnicas, dei passividade a Espíritos mistificadores, dos quais eu sabia, antecipadamente, das suas reais intenções, porém, é claro, os participantes não tinham ideia disso. Todavia, o dirigente dos trabalhos é uma pessoa de grande experiência, de muito estudo e prática da Doutrina. Vou registrar aqui uma dessas experiências.

Certa noite, em meio às manifestações por outros médiuns, eu comecei a perceber a aproximação de um Espírito realmente diferente, que se ligou a mim, ele exalava cinismo e arrogância. Logo no início da comunicação percebi o jogo de palavras, mas, obviamente, não poderia dizer ao doutrinador de que se tratava. Ele, porém, depois de alguns minutos captou a intenção da Entidade, com muita calma e segurança ele disse: – "Meu irmão, pode falar com franqueza, pois sua intenção não é esta, você não está sendo verdadeiro, afinal por que veio nos falar? Qual o seu propósito? Ele deu uma gargalhada e respondeu: – Espertinho, hein?". A partir desse momento o diálogo tomou outro rumo, e esse nosso irmão, diante da argumentação amorosa e muito lógica, acabou se convencendo de sua situação, mudando seus propósitos de vida.

Talvez alguém esteja se perguntando: por que acontecem, vez que outra, as comunicações de mistifica-

Suely Caldas Schubert

dores, em reuniões sérias e bem amparadas pela Espiritualidade? A resposta não é de difícil entendimento. A equipe espiritual que programa os trabalhos mediúnicos permite a manifestação de tais Espíritos porque conhece o teor vibratório dos participantes, como um conjunto harmonioso, que tem experiência de anos e anos de um labor abnegado e constante no campo da mediunidade com Jesus, tendo, portanto, condições propícias para ajudar e beneficiar um mistificador, visto que sua astúcia e hipocrisia serão captadas por alguns dentre os próprios participantes e, especialmente, pelo próprio médium, que permite a passividade e também, pelo dirigente experiente. É bom lembrar que o mistificador é um Espírito necessitado e que pode mudar o rumo de sua trajetória de vida ao receber a bênção do esclarecimento, fundamentado em vibração fraterna e compreensiva.

Convém ter em mente que o que foi relatado por Miranda é a descrição de um trabalho realizado por uma falange de Espíritos altamente especializados, de elevado padrão espiritual, cuja autoridade moral infunde respeito, que visa resgatar Entidades extremamente comprometidas com o mal. Trabalhos esses que somente na esfera espiritual podem ser realizados. Esse tipo de trabalho mediúnico relatado na obra é de tal porte e grau de dificuldade, com implicações muito graves, inclusive de alto risco, o que significa que todos os presentes, inclusive os encarnados em desdobramento, apresentavam condições morais e espirituais que os qualificavam para terem sido convocados.

É edificante constatar que a mediunidade é uma faculdade do Espírito e que são feitas reuniões mediúnicas no plano espiritual, que podem ser realizadas somente com a presença de Espíritos desencarnados, ou, estes e os encar-

NAS FRONTEIRAS DA NOVA ERA

nados, em desdobramento pelo sono fisiológico.

Voltando ao texto do autor espiritual, Miranda, observemos que a segunda parte da pergunta que ele apresentou ao Dr. Silvio Santana refere-se à questão da máscara utilizada pelo representante do antigo rabino e como se deu o processo da diluição da mesma. O mentor, com a palavra, elucida que o comunicante se demorou um pouco mais junto à comunicação pelo médium Joseval, cujas energias saudáveis contribuíram efetivamente pela diluição da máscara.

Pessoalmente, assisti e participei de processos semelhantes a este, guardadas as devidas proporções. Quando do atendimento a certos casos de desobsessão, um deles foi marcante, porque o Espírito obsessor, para enredar a sua vítima, apresentava-se como um homem jovem e bonito. Trazido à comunicação falava com empáfia, com muita arrogância, dizendo-se vitorioso porque a criatura visada estava totalmente vencida aos seus encantos e promessas, que ela alcançaria se optasse pelo suicídio.

No transcurso da comunicação o doutrinador, muito inspirado, convidou-o a olhar a própria aparência, ele esbravejou que não o faria, todavia, eu vi a sua máscara fluídica se diluir como a cera quente se dilui, escorrendo até o chão desaparecendo num átimo às nossas vistas. Isto também acontece quando certos Espíritos vêm portando armas, que a certa altura, pelo direcionamento da equipe do mentor espiritual da sessão, derretem como a cera quente que se dilui. Compreende-se, é claro, como sendo providências atinentes aos benfeitores, que o médium colabora com suas energias e vibrações amorosas que sempre devem envolver o comunicante, seja este qual for.

Dr. Silvio Santana continuando, explica que desde o início da comunicação do mistificador, fazendo-se passar por aquele que o comandava, havia se dado conta da tentativa, que resultou frustrada, neste sentido, embora não o tivesse desmascarado, por não ser oportuno naquele momento. Menciona ainda, que insistiu em citar o nome de Jesus Cristo, que mais o irritava, produzindo-lhe desgaste emocional e desajuste.

Esse esclarecimento do mentor, em especial a parte em que cita Jesus, traz à minha lembrança um fato interessante.

Há muitos anos, conversando com o escritor Hermínio Miranda, cujos livros são de excelente qualidade e, aqui cito dois deles: o famoso **Diálogo com as Sombras** (Feb) e **Diversidade dos Carismas** (Editora Arte e Cultura), ambos imprescindíveis para os estudiosos da mediunidade – então, esse amigo relatou-me que, em um diálogo com Espíritos comunicantes, ao perceber que o cerne dos conflitos que apresentaram e que os levaram ao ódio e à revolta está relacionado com Jesus, em dado momento faz uma pergunta de fundamental importância : – *Meu amigo, o que você tem contra Jesus Cristo*? A pergunta certamente alcança o Espírito de forma direta e, é comum que ele se mostre revoltado, que negue, e que tente fugir à resposta, porém acaba cedendo e deixando cair a muralha de ódio que erigiu em seu mundo íntimo, exatamente para evitar que Jesus viesse à tona de suas lembranças pretéritas, porque isso o enfraqueceria.

São via de regra Espíritos que se comprometeram junto à igreja católica, que usaram do poder que ela lhes conferia, traindo os princípios de sua fé, e que usaram do

Nas fronteiras da nova era

nome de Jesus para iludir criaturas simplórias, ou de projeção, de maneira criminosa e perversa.

Retorno à narração de Miranda, que faz outra pergunta ao mentor.

— *Em razão do acontecimento, o labor deverá continuar, oportunamente, nas furnas da intimidade do planeta, onde se resguarda e mantém o seu triste império da loucura?*

Dr. Silvio Santana expõe, em resposta, algumas considerações acerca do reduto criado pelo sofrido amigo, que se tornou um verdadeiro Estado, com organização administrativa, em uma comunidade que abriga milhares de Espíritos do mesmo jaez. Assim, finaliza sua exposição, alertando:

> *Deveremos aguardar o transcurso dos dias, a fim de avaliarmos o efeito do nosso primeiro contato direto com o mandatário da comunidade, conforme ocorreu, através do seu símile desnorteado.*
>
> *Recordemo-nos que essa luta pode ser considerada de relevante importância, tendo em vista a revolução moral que se opera no planeta, neste momento em que nos encontramos em plena transição de um para outro tempo.*
>
> *Os nossos irmãos irão recrudescer as agressões aos servidores do Mestre, assim como contra a sociedade em geral, pensando em alcançar as vitórias da insensatez e do horror. Gerando distúrbios psíquicos e emocionais, estimulando as tendências inferiores das criaturas humanas, esperam as respostas em forma de desalinho moral sempre crescente, culminando na violência doméstica, urbana, na-*

cional e mesmo internacional, por meio de guerras calamitosas em que se comprazem. Olvidam que o progresso é inevitável e que o mal tem efêmera duração (...).

Nosso objetivo é diminuir os efeitos de tão rude comportamento no organismo social, libertando das malhas obsessivas aqueles que nelas tombaram por insensatez e leviandade, diminuindo, dessa maneira, os males que têm lugar na sociedade contemporânea.

A solução final está nas mãos do Comandante da barca terrestre, Nosso Mestre e Senhor.

Novas tarefas aguardavam o nobre geneticista.

Por sua vez, Miranda e outros amigos, tais quais Lopes Neto e Ivon Costa, enquanto aguardavam ser convocados para novos trabalhos, resolveram visitar algumas instituições dedicadas ao Bem, algumas públicas, governamentais, e também as não governamentais.

Começaram por um hospital público, de emergência. Infelizmente depararam com a situação constrangedora que é comum nesses casos. Em meio à imensa confusão de pessoas que se amontoavam, aguardando atendimento, onde predominava o descaso pela vida humana, o pequeno grupo teve sua atenção despertada para um senhor de aproximadamente sessenta anos, em uma cadeira de rodas, com graves problemas cardíacos, cuja esposa implorava por atendimento, sendo informada que o médico não chegara.

Em atenção mais acurada foi possível constatar a presença de um obsessor, um Espírito com aspecto feroz, que aumentava o sofrimento do homem por lhe ter ata-

NAS FRONTEIRAS DA NOVA ERA

do com uma espécie de corrente metálica, fluídica, que lhe apertava o tórax. A mulher pôs-se a suplicar o auxílio divino, nessa altura Lopes Neto elevou o pensamento em prece, enquanto Ivon Costa passou a aplicar-lhe a bioenergia, o que trouxe alguma melhora ao paciente que, finalmente foi encaminhado à UTI.

O passe que lhe foi aplicado propiciou o afastamento do obsessor. Nesse momento, Miranda buscou um contato mental com o perseguidor, que de imediato, passou a narrar o drama que enredava os dois. "– Por incrível pareça, – disse –, esse homem é meu filho único" quando o algoz atual no passado foi a vítima, pois ele o assassinara para se apoderar dos bens paternos. O crime não foi descoberto e ali estava o pai transformado em obsessor, para se vingar do filho cruel. O caso sensibilizou a todos, mas não havia como tentar um diálogo, visto que o pai obsessor não estava interessado, totalmente fixado nos seus propósitos.

Ao lado de tanto sofrimento daquele grupo de enfermos, à espera de atendimento, foi possível constatar o trabalho sacrificial de médicos e enfermeiros desencarnados, assim também familiares e amigos dos pacientes, que procuravam minorar os graves danos decorrentes dos desmandos governamentais e da negligência de alguns servidores sempre mal-humorados.

Posteriormente o grupo visitou algumas outras instituições, verdadeiramente dedicadas à caridade legítima, tal qual ensinou Jesus.

Vale destacar que na busca de obras de beneficência, a fim de ampliar a aprendizagem do grupo, foi-lhes indicada uma Casa de amor dedicada ao repouso de pacientes que tiveram alta em hospitais e que não tinham como e onde passar o período de convalescença, principalmente os pacientes que vinham de cidades do interior do Estado.

Dirigiram-se para o local, um edifício moderno de três pisos, com diversos setores de atendimento aos sofredores do caminho, realizando também atividades doutrinárias do Espiritismo.

À entrada foram recebidos por *venerável benfeitor da Humanidade, que deixara na Terra uma obra incomum nas terras da antiga África equatorial francesa, e que também cooperava naquele ninho de amor.*

Ante a surpresa da presença de tão nobre benfeitor da Humanidade, que os recepcionava, este ao comentar que o amor não tem pátria, elucidou:

> *— Quando jovem, vinculado à música erudita que dedilhava com brilhantismo no órgão, não vacilei em transferir-me das paisagens formosas do berço natal para o clima asfixiante das florestas africanas, em nome do amor de Jesus pelos Seus irmãos infelizes... Depois da desencarnação, porque atraído pelo afeto dos fundadores daquele lar, um casal totalmente dedicado ao bem, na sua sublime expressão da caridade, concordara em participar do formoso ideal de serviço aos mais carentes.*

Logo depois passaram a percorrer as dependências da Casa, quando o casal de fundadores, abnegados servidores de Jesus, adentraram à instituição. Segundo descreve Miranda, a senhora estava aureolada por delicada filigrana de luz, o que caracteriza grande sensibilidade mediúnica, enquanto o esposo, igualmente dedicado ao bem do próximo, resolvia questões atinentes às necessidades da Casa.

Ao se referir à mediunidade da senhora dirigente do Lar, o autor espiritual leva-nos a recordar de André Luiz, em **Nos domínios da mediunidade** (Feb, 1979) notável obra para estudos aprofundados acerca do intercâmbio mediúnico à luz da Doutrina Espírita. No capítulo 16 do citado livro o autor espiritual aborda a questão do mandato de serviço mediúnico, registrando o exemplo da médium Ambrosina. Esta se dedicava há mais de vinte anos à prática da mediunidade em favor dos sofredores. Por sua abnegação André Luiz observou que Ambrosina trazia, por entre os cabelos, uma espécie de um pequeno funil de luz, que a distinguia como trabalhadora de Jesus.

No meu livro **Dimensões espirituais do centro espírita**, cap. 18, faço uma abordagem detalhada sobre o caso dessa médium.

Escreve Miranda que igualmente visitaram os antros da drogadição, nos jardins da cidade, nos becos escuros, onde crianças se entregavam ao crack, já apresentando sinais de desarranjos cerebrais.

Finalizando, o autor espiritual comenta:

> *A paisagem humana, sempre agônica, despertava-nos os sentimentos de compaixão e misericórdia, levando-nos à oração intercessória em favor de todos os dominados pelos vícios, os tombados nas urdiduras do mal que praticaram contra si mesmos em outras existências, quando se permitiram a luxúria, a soberba, o crime legal ou não, agora colhidos nas redes fortes das reparações inadiáveis pelo sofrimento a que faziam jus.*

CAPÍTULO 22
PREPARATIVOS PARA A CONCLUSÃO DO LABOR

DEPOIS DE TRÊS meses de labor e aprendizado, orientados, na parte final, pelo Dr. Silvio Santana, este esclareceu à equipe que seria necessária uma revisão de tudo o que fora realizado, desde a primeira incursão à região de Sumatra, na Indonésia, assolada pelo tsunami e, posteriormente, os trabalhos em torno das reencarnações especiais, para a vinda dos Espíritos de Alcíone, culminando com a grave experiência ligada ao antigo rabino e seus asseclas.

Assim, após as instruções habituais à equipe, foi iniciada a jornada quando visitaram alguns dos muitos casais que se ofereceram para o programa das reencarnações dos convidados de Alcíone, assim também, de vultos ilustres do passado agora retornando. Evidentemente que também eram muito bem cuidadas as reencarnações normais dos Espíritos que retornavam em condições melhores e que participariam do novo projeto de iluminação, com vistas à grande transição em curso no planeta.

Enfatiza Philomeno de Miranda que não houve antes, em qualquer época, uma revolução espiritual de tal porte, e todos os que se encontram voltados para os compromissos relevantes e mantendo os propósitos de elevação interior estarão sob os cuidados especiais dos encarregados da Nova Era.

Nas fronteiras da nova era

Na visita aos casais, novamente foi possível dialogar com os mesmos, porque em parcial desdobramento durante o sono fisiológico estavam conscientes, quando então a equipe constatou emoção e alegria porque teriam, em breve, os filhinhos tão desejados. Por sua vez, os reencarnantes também se preparavam, a fim de corresponderem às expectativas das responsabilidades assumidas.

Retornando à Sociedade onde foram realizados alguns dos mais importantes trabalhos, foram encaminhados para o local onde se daria o encerramento. Quando todos se encontravam no recinto o mentor, Dr. Silvio Santana, foi procurado por um dos membros espirituais da Casa. Este apresentava uma fisionomia de grande preocupação e solicitou ao benfeitor que socorresse um dos médiuns da instituição, que no momento enfrentava uma situação muito grave. Tratava-se de um assalto à mão armada e o bandido, fortemente drogado, ameaçava de morte o trabalhador da instituição, que orava mentalmente, pedindo socorro aos seus mentores. Sua prece foi ouvida.

Sem mais delongas, Dr. Silvio Santana convidou Miranda a acompanhá-lo.

Interrompo a narrativa para uma observação. No mundo espiritual as coisas acontecem em uma fração de pensamento. Tenho tido vários exemplos disso, pois ao ver um Espírito a certa distância, sem que eu tenha tempo de pensar qualquer coisa ele já está ao meu lado. É extremamente interessante assistir a isto.

Voltando à narrativa, vamos ver o que aconteceu.

O assalto ocorria em uma rua de péssimo aspecto, onde sombras densas expressavam os fluidos deletérios de que se vestia a região por ser local de prostituição. O assaltante exigiu que os pertences lhe fossem entregues, após o que estava resolvido a matá-lo. A arma oscilava em sua mão trêmula. Mas, o que tornava a cena mais grave era a presença de um terrível obsessor que o inspirava a acabar com a vida da vítima. Nesse momento Dr. Silvio Santana tomou as medidas imprescindíveis para que o desencarnado, diante da sua presença e argumentação interrompesse a atuação maléfica, o que aconteceu, e ao mesmo tempo passou a envolver o assaltante em descargas energéticas, atuando sobre o centro cardíaco, provocando-lhe um choque emocional, fazendo-o derrubar o revólver e tombar em seguida vitimado por hipotensão circulatória.

Evandro, o médium trabalhador da Sociedade, aturdido diante da ocorrência, percebeu a presença do benfeitor e sua interferência a fim de que tudo terminasse bem. Refeito do choque recuperou os seus objetos e amparado espiritualmente pelo guia, afastou-se do local sombrio onde se encontrava.

Entretanto, Evandro havia ido àquele local para atender a uma jovem mulher, gravemente enferma, em fase terminal, vivendo os últimos momentos de sua atormentada existência terrestre. Estava, portanto, exercendo a legítima caridade, arriscando-se a transitar por uma região realmente perigosa. Não era a primeira vez que a visitava, levando, inclusive, alimentos e alguns recursos para ajudá-la, minorando seus sofrimentos. Pensando na situação que acabara de enfrentar, Evandro se comoveu às lágrimas, mas, inspirado pelo guia tomou o rumo do lar.

Miranda conclui anotando que é ainda um grande desafio a ação do bem no mundo atual.

◆◆◆

NAS FRONTEIRAS DA NOVA ERA

Pausa para falar a respeito do médium Divaldo Franco.

Recordo-me, nesse instante, que Divaldo Franco, o médium que psicografou esta obra, também já foi assaltado em plena via pública, no Rio de Janeiro, há muitos anos. Felizmente tudo terminou bem, pois ele viu, ao lado do meliante, o Espírito de sua própria mãe, a qual ele descreveu com todos os detalhes, o que causou grande impacto ao homem, que acabou por deixar a arma e, no fim de tudo, contou o seu caso, pois estava desesperado, com fome, sem emprego e sem dinheiro. Divaldo, inspirado por sua mentora Joanna de Ângelis, levou-o ao apartamento onde se hospedava, oferecendo-lhe farta refeição e, depois, conseguindo um emprego para ele. Tornaram-se amigos e, por longos anos, o ex-assaltante acompanhava o médium baiano quando ia aos locais mais perigosos da cidade, dizendo que o fazia para evitar que ele fosse vítima de algum assalto.

◆ ◆ ◆

Voltando ao relato, Miranda registra que retornaram à Casa Espírita onde foram recepcionados por diversos colaboradores, inclusive o guia espiritual do Evandro. Conduzidos ao salão de conferências, que se encontrava repleto, teve início a cerimônia de encerramento. O guia espiritual da Casa convidou Dr. Silvio Santana que fizesse parte da mesa diretora.

Não esquecer que esta solenidade acontecia no plano espiritual, embora estivesse sediada na dimensão espiritual da Casa terrena.

Na preparação do ambiente ouviu-se suave melodia entoada por um coral de vozes infantis, enquanto delicados flocos de substância luminosa se derramavam sobre todos.

Quando soaram os últimos acordes a mentora Joaquina orou com emoção abrindo a solenidade. Os médiuns presentes passaram a exteriorizar energias semelhantes a ectoplasma, que eram direcionadas para um tubo fluídico transparente. Aos poucos surgiu ali a figura do Dr. Artêmio Guimarães, que se dirigiu à tribuna e falou com bela entonação vocal, a preleção que transcrevo na íntegra.

> *Irmãos queridos:*
> *Abençoe-nos Jesus, o sublime Guia da Humanidade.*
> *Há pouco tempo, nossos projetos eram possibilidades em delineamento, que hoje se converteram em realidade, graças ao devotamento dos servidores do Bem.*
> *Inúmeros grupos de trabalhadores do Evangelho em nosso plano desceram à Terra, a fim de criarem condições para a instalação do Reino dos Céus nos corações, e agora, de retorno à nossa comunidade, deixam espaço para outros lidadores darem prosseguimento ao programa, que se efetivará conforme o progresso dos resultados colhidos nas experiências iniciais.*
> *Antevemos, felizes, os futuros dias de renovação total do planeta no seu aspecto moral, quando os Espíritos retardatários transferirem-se para outros mundos, onde irão operar o progresso que se negam neste momento e os mensageiros da luz transfor-*

NAS FRONTEIRAS DA NOVA ERA

marem os mecanismos de guerra em instrumentos de paz, os vícios e crimes em espetáculos de amor e libertação.

Os trabalhadores da grande transformação encontram-se, há algum tempo, operando diligentes nos mais variados segmentos sociais e culturais da Terra.

Nestes dias, porém, dão-se as grandes migrações de Espíritos felizes, interessados na modificação das estruturas sociais do mundo para melhor, quando a dor fugirá envergonhada, por desnecessidade da sua presença entre os seres humanos.

Tornando factível a promessa de Jesus, a respeito do mundo de regeneração, a caminho de paraíso ou planeta feliz, os abnegados obreiros da Espiritualidade preparam o ambiente em que deverão viver esses construtores do amanhã.

Congratulamo-nos com os queridos irmãos que agora encerram o seu périplo de fraternidade, após o período que lhes foi concedido para a execução do projeto.

Como não existe entre nós o repouso em forma de ociosidade, passado breve período de renovação e de estudos, os mesmos volverão ao proscênio terrestre para novas investiduras espirituais, contribuindo mais eficazmente junto aos rebeldes e insanos, em tentativa de despertá-los, a fim de que disponham da oportunidade para o arrependimento e a retificação moral, ao invés do exílio que lhes será imposto pela Divina Legislação.

Certamente, serão atividades mais penosas e desafiadoras do que as que foram realizadas durante o período que hoje se encerra.

Suely Caldas Schubert

Confiamos que o Sublime Trabalhador nos equipará de recursos e nos instrumentalizará para a execução do futuro programa, de forma idêntica a esta que se conclui em bênçãos.
Que Ele mesmo, nosso Exemplo e Modelo, nos conduza com o Seu carinho, são os votos deste vosso amigo devotado e fiel.

Quando silenciou, Dr. Silvio Santana proferiu a prece de encerramento.

Amado Mestre Jesus:

Convidaste-nos para trabalhar na Tua seara, e totalmente desequipados apresentamo-nos, à última hora, quando nos recebeste, oferecendo-nos o campo a lavrar.
Embora o dia se apagasse em a noite que se aproximava, permitiste que nos apressássemos e arássemos as terras dos corações endurecidos, a fim de podermos nelas ensementar a Tua palavra de amor e luz.
Após os anteriores fracassos em que tombamos, não tergiversaste em conceder-nos o lastro da confiança para a execução do Teu programa de renovação da Terra, apesar da nossa pouca experiência e quase nenhuma sabedoria.
Mesmo lutando contra as nossas imperfeições, visitaste-nos, vezes incontáveis, a fim de sustentar-nos no esforço de autotransformação para melhor, a fim de podermos en-

frentar os desafios internos e solucionar as dificuldades exteriores.

Os dias passaram na ampulheta do tempo e chegamos à etapa final com as mãos quase vazias de feitos, embora o coração e a mente agradecidos por todas as Tuas formosas concessões.

Perdoa-nos a imperícia, as limitações, as dificuldades, porém, o que possuímos de melhor oferecemos ao serviço, e o que muito gostaríamos de realizar, tentamos fazê-lo, permanecendo dispostos para os empreendimentos do futuro.

Honra-nos com novos convites e enriquece-nos com a Tua incomparável misericórdia, facultando-nos novos cometimentos de luz.

Agradecemos-Te, Senhor nosso, depositando no Teu coração amoroso os nossos melhores sentimentos de ternura e de gratidão.

Encerrada a bela reunião, chegou a hora das despedidas, explica o autor espiritual, repassando mentalmente algumas de suas emoções nos trabalhos realizados.

Repassamos pela mente e pela emoção todos os lances do empreendimento, desde o primeiro tentame junto às vítimas do tsunami do oceano Índico até o socorro ao jovem médium, concluindo pela vitória do amor em todas as suas expressões.

Raiava novo dia, quando nossa caravana, ainda sob o comando do Dr. Sílvio Santana, retornou ao nosso plano espiritual.

À medida que nos afastávamos da Terra querida, podíamos vê-la envolta em luz azul, rodopiando no Cosmo e avançando no rumo de planeta de regeneração.

SEGUNDA PARTE
AMANHECER DE UMA NOVA ERA

CAPÍTULO 01
RESPONSABILIDADES NOVAS

O AUTOR ESPIRITUAL, Manoel Philomeno de Miranda, abre o capítulo fazendo algumas considerações relacionadas com o trabalho que é realizado na Colônia Redenção, no plano espiritual onde ele reside, que é uma comunidade de intensas atividades. Enfatiza que, por meio desse labor, todos os residentes recebem bênçãos que motivam o crescimento interior para a conquista da plenitude.

À noite – ele afirma – terminadas as tarefas são realizadas reuniões de estudos, conferências e debates sobre o desenvolvimento intelecto-moral e, em outros momentos, todos se entregam à meditação concernente à vida e às fantásticas concessões de Deus.

Conta Miranda que, em certa ocasião, abnegado servidor do Departamento de Comunicação aproximou-se dele. Tratava-se de Hildebrando que na Terra foi espírita e médium, tendo se dedicado a servir ao próximo com amor

NAS FRONTEIRAS DA NOVA ERA

e caridade, deixando atrás de si um rastro de pegadas luminosas. Hildebrando trazia um convite do mentor da área de comunicações para que ele participasse de uma equipe que deveria permanecer no mundo físico por um período, contribuindo com os guias espirituais em favor daqueles que promovem o bem e ajudam o progresso da Humanidade.

O amigo explicou a Miranda que:

> *(...) o rude adversário do Cristianismo, que se mantinha em região infeliz, formando equipes de perseguidores aos novos cristãos, os espíritas, preparava-se para uma investida perversa contra veneranda instituição do Espiritismo, em tentativa de desforço por haver sido desvelado, na farsa a que se submetera.*

Hildebrando faz alusão ao antigo rabino que, no livro de Miranda, **TRANSIÇÃO PLANETÁRIA**, conforme foi registrado no capítulo 20, tentou enganar o grupo mediúnico que atuava no plano espiritual, com vários componentes encarnados os quais, em desdobramento durante o sono físico, participaram da importante sessão mediúnica, ao lado dos mentores e trabalhadores desencarnados. Aconteceu que o rabino enviou um "clone" na tentativa de fingir ser ele próprio ali presente, tendo ainda comparecido com um grande número de asseclas armados, no intuito de intimidar os participantes. O falso rabino foi logo descoberto pelo dirigente dos trabalhos. Dr. Silvio Santana e este, no momento oportuno, declararam ter percebido a farsa, que resultou fracassada. O Espírito, que se apresentava com a aparência do chefe, retirou-se enraivecido com toda sua tropa. O antigo rabino prometeu vingar-se. Era, pois, a esse fato que Hildebrando se reportava.

Diante do exposto, Miranda entende que estaria sendo preparada uma invasão de consequências perversas para os obreiros de Jesus.

Hildebrando acrescenta que, além do atendimento ao irmão atormentado do passado e aos seus comparsas, outros trabalhos estavam programados. Menciona que *os companheiros reencarnados olvidam, não poucas vezes, que os dois mundos, o físico e o espiritual interpenetram-se, não havendo fronteiras definidoras, o que permite um intercâmbio constante entre os seus habitantes.*

Essa é uma questão muito interessante, pois ocorre frequentemente em nosso meio espírita, especialmente no cotidiano da Casa Espírita. Tenho observado que os trabalhadores que atuam diretamente nas instituições sempre o fazem com dedicação e carinho, como é inquestionável, a maioria, porém, não se recorda que os benfeitores espirituais estão presentes, que a tudo assistem, que conhecem nossas intenções. Inclusive o mesmo acontece com médiuns experientes que, com conhecimento de causa, parecem totalmente esquecidos da presença da Espiritualidade. Em decorrência dessa situação, deveras incoerente, é que escrevi o livro **Dimensões espirituais do centro espírita**, a fim de evidenciar o quanto devemos aos mentores abnegados que nos cercam, que fazem parte do dia a dia de nossas Sociedades Espíritas, acompanhando nossos propósitos de crescimento.

Nas suas considerações, Hildebrando enfatiza o quanto é prejudicial aos seres humanos o orgulho, filho do egoísmo, levando-os a acreditar que são especiais, merece-

NAS FRONTEIRAS DA NOVA ERA

dores de respeito e de consideração, embora não tratem os demais na mesma medida. Discorre ainda quanto a certa conduta, a do melindre, que muitos adotam, pois ficam a criar problemas onde estes não existem. Guardam ressentimentos por qualquer coisa se forem contrariados nos seus pontos de vista, ocasionando constantes dificuldades, abrindo assim campos vibratórios à interferência de mentes espirituais malévolas e perturbadoras, comprometendo, muita vez, o bom andamento da instituição onde são voluntários.

Ante as judiciosas ponderações de Hildebrando, anotemos a palavra sábia de Joanna de Ângelis, que adverte com muita propriedade:

> *Em verdade, todo aquele que não admite admoestação ou deixa-se ferir, ressentindo-se diante de qualquer conjuntura, está envenenado pelo orgulho e intoxicado pela presunção. Desse modo, vale pensar-se no significado das realizações cristãs, tendo em vista que o amor de Jesus deverá estar materializado em nossas mãos dedicadas ao serviço e em nossos corações voltados para a ajuda recíproca.* (**Jesus e Vida**, Leal, 2007, pág. 69)

O companheiro, terminando seus comentários, transmite a Miranda o convite do mentor, para uma reunião no dia seguinte, no Departamento de Comunicações, para estudo da operação a ser realizada, atendendo ao pedido de socorro do grupo mediúnico. A operação estaria sob a direção do próprio Francisco de Assis.

Após a retirada do amigo Miranda, refletindo em tudo o que lhe fora transmitido, passa às suas conjecturas pessoais, cuja experiência, quando no plano terreno, fora profícua em relação ao movimento espírita.

A certa altura, no curso dos pensamentos, ele ressalta as recomendações dos Espíritos nobres, de que cada um deve tomar para si os conselhos que vertem do Alto e, não atribuir que estes foram endereçados somente para o próximo.

Interrompendo as referências do autor espiritual do livro que estou comentando, menciono que o conselho acima também foi transmitido por Joanna de Ângelis ao seu médium, Divaldo Franco.

Em sua sabedoria a nobre mentora, desde os tempos primeiros da missão que ambos realizam, alertou-o de que ele deveria, invariavelmente, tomar para si todos os conselhos e mensagens que ela e os demais benfeitores da Vida Maior ditavam através da sua faculdade mediúnica. Ao longo de mais de sessenta anos de atividades ininterruptas no campo da mediunidade com Jesus, Divaldo Franco seguiu à risca o conselho da veneranda mentora, o que lhe permite, hoje, olhar o caminho percorrido e sentir que foi fiel ao Mestre e à benfeitora, com todas as veras de sua alma.

Voltando às ponderações de Miranda, este escreve acerca do movimento espírita, em um trecho que deve ser meditado pelos que me leem:

> *O Espiritismo, por sua vez, vem sendo sacudido por tormentas internas no movimento, gerando dissensões, filhas diletas da presunção, chegando-*

NAS FRONTEIRAS DA NOVA ERA

se ao ponto de contestar as bases da Codificação, ou apresentando-se falsas técnicas travestidas de científicas, de experiências pessoais, de informações mediúnicas não confirmadas pela **universalidade do ensino.**

Faço uma pausa para reflexões oportunas. Allan Kardec, em **O Evangelho Segundo o Espiritismo**, Feb, 2004, "Introdução" II, aborda a importante questão da autoridade da Doutrina Espírita e o controle universal do ensino dos Espíritos. Observemos esse trecho:

O primeiro exame comprobativo é, pois, sem contradita, o da razão, ao qual cumpre se submeta sem exceção, tudo o que venha dos Espíritos. Toda teoria em manifesta contradição com o bom senso, com uma lógica rigorosa e com os dados positivos já adquiridos, ***deve ser rejeitada, por mais respeitável que seja o nome que traga como assinatura.*** *Incompleto, porém, ficará esse exame em muitos casos, por efeito da falta de luzes de certas pessoas e das tendências de não poucas a tomar as próprias opiniões como juízes únicos da verdade. Assim sendo, que hão de fazer aqueles que não depositam confiança absoluta em si mesmos? Buscar o parecer da maioria e tomar por guia a opinião desta.*

A concordância no que ensinem os Espíritos é, pois, a melhor comprovação (...).

Essa verificação universal constitui uma garantia para a unidade futura do Espiritismo e anulará todas as teorias contraditórias. Aí é que, no porvir, se encontrará o critério da verdade. (grifo nosso)

Adiante, na mesma obra, capítulo 21, "Falsos Cristos e falsos profetas", o Espírito Erasto adverte:

Estai certos, igualmente, de que quando uma verdade tem de ser revelada aos homens, é, por assim dizer, comunicada instantaneamente a todos os grupos sérios, que dispõem de médiuns também sérios, e não a tais ou quais, com exclusão dos outros (...). É incontestável que, submetendo ao crivo da razão e da lógica todos os dados e todas as comunicações dos Espíritos, fácil se torna rejeitar a absurdidade e o erro.

Pode um médium ser fascinado, e iludido um grupo; **mas a verificação severa a que procedam os outros grupos, a ciência adquirida, a alta autoridade moral dos diretores de grupos, as comunicações que os principais médiuns recebam, com o cunho de lógica e autenticidade dos melhores Espíritos, justiçarão rapidamente esses ditados mentirosos e astuciosos emanados de uma turba de Espíritos mistificadores ou maus.** (grifo nosso)

Miranda termina suas reflexões asseverando ser imprescindível o retorno às fontes evangélicas, à simplicidade e ao serviço eminentemente cristão.

NAS FRONTEIRAS DA NOVA ERA

Capítulo 02
Programação de alto significado espiritual

À HORA APRAZADA Miranda comparece à reunião que teria lugar no Centro de Comunicações, ali se encontrando com Hildebrando. O local, um aprazível ambiente ornamentado com flores, era destinado a pequenos públicos, naquela noite aproximadamente cem convidados.

O dirigente da reunião era o irmão Aurélio, responsável pelo Centro de Comunicações. Este, quando na Terra, trabalhava na área da engenharia elétrica, havendo deixado valioso patrimônio em favor da sociedade.

Após a prece proferida pelo diretor, teve início a solenidade quando este apresentou o orador da noite, o irmão Evandro, que iria expor a programação a ser desenvolvida, para a qual estavam sendo convidados. Tratava-se de um complexo programa de socorro a uma instituição respeitável dedicada a Jesus, tendo como patrono o amorável Francisco de Assis, e que se encontrava sob forte ameaça das Trevas.

O benfeitor, após saudar o público, passa às explicações necessárias. Em suas palavras iniciais aborda a crescente expansão do Espiritismo, atribuindo, entre outros fatores, as declarações de algumas autoridades de alto cabedal científico e de renome mundial, que estão convictas da existência de um Ser Supremo, Criador de todas as coisas, inclusive da imortalidade do espírito, visto que essa compreensão abre perspectivas ilimitadas ao pensamento humano.

SUELY CALDAS SCHUBERT

Segundo o mentor, esses baluartes da cultura atual, depois de haverem penetrado nos arcanos das micropartículas, assim também do macrocosmo, concluíram pela não existência de qualquer explicação racional, que não seja a do Criador.

De minha parte, como exemplo dessa expressiva adesão de alguns dos respeitáveis vultos da Ciência, menciono os nomes de Francis S. Collins, em seu livro **A Linguagem de Deus** (Gente, 2007) e Amit Goswami, (Aleph, 2007) em sua obra **O Universo Autoconsciente**, que surpreenderam o meio acadêmico a partir de suas declarações e elucidações acerca da presença de um Ser Superior, criador de todas as coisas.

Prossegue o instrutor espiritual Evandro, enfatizando a crescente onda de desrespeito aos princípios éticos e morais, destacando a avassaladora vulgaridade dos costumes, ameaçando a estrutura moral e espiritual da Humanidade.

As aberrações multiplicam-se e os ídolos da alucinação contagiam verdadeiras multidões que se entregam a condutas realmente assustadoras, frequentemente estimuladas por hordas de Espíritos primitivos, favorecendo terríveis processos obsessivos ocasionando consideráveis prejuízos sociológicos, psicológicos e morais à sociedade que perdeu a noção dos verdadeiros valores espirituais, hoje tidos como ultrapassados pela grande maioria. Ressalta a ideia, quase geral, de que a vida física deve ser aproveitada com prazer, a qualquer preço, e destaca:

> *O destempero da cultura é alarmante, enquanto o culto do prazer sob todos os aspectos considerados,*

NAS FRONTEIRAS DA NOVA ERA

ultrapassa tudo quanto sucedeu nesse gênero até o momento nos diferentes períodos da História.

Pais intercambiam licenças morais com os parceiros dos filhos, os lares, na sua grande maioria, converteram-se em bordéis e o desrespeito ao santuário familiar alcança elevados índices de cinismo e degradação que derrapam na criminalidade de vário porte.

Autoridades insanas entregam-se à corrupção, enquanto os cidadãos estorcegam na miséria de todo tipo, sem esperança nem alegria de viver, fugindo pelas armadilhas da depressão, do suicídio, das drogas ilícitas.

Sem qualquer sentido masoquista, é lamentável a situação moral dos viandantes carnais, com as exceções naturais, que alcançaram, pela tecnologia, os astros, embora com os pés nos charcos das paixões mais vis.

Graves ponderações estas, do nobre orientador, traçando com tintas fortes o panorama mundial. A esse respeito podemos apontar que realmente a vulgaridade, o desrespeito à família, o desprezo aos valores espirituais, as aberrações fazem parte do cotidiano de grande número de pessoas, totalmente alienadas do verdadeiro sentido da vida. Às vezes, os cidadãos dignos, os que ainda cultivam esses valores morais e espirituais, diante de tanta loucura, se perguntam: – Como foi possível chegarmos a tal descalabro?

Eis que as duas obras que estamos analisando, **TRANSIÇÃO PLANETÁRIA** e **AMANHECER DE UMA NOVA ERA** trazem os esclarecimentos imprescindíveis para a compreensão desse grave momento que o planeta atravessa. E como não pensar na luminosa assertiva de Allan Kardec, ao escrever em **A Gênese** essa frase de impressionante atualidade: *Hoje não são mais as entranhas do planeta que se agitam: são as da Humanidade.*

Ouvimos pais dignos, honestos, que ainda cultivam os valores morais da família, comentarem a extrema dificuldade de se criar os filhos, dignamente, em meio à imensa onda de imoralidade que tomou conta do nosso país, imoralidade esta não apenas na depravação e dissolução dos costumes, mas também na corrupção desenfreada, que campeia em quase todos os níveis e que, lamentavelmente, se tornou quase que um hábito geral, de grande parte de nossas autoridades, que recebem altos salários e regalias, enquanto as classes menos favorecidas sofrem o resultado insano das ditas autoridades.

O Espiritismo, porém, brilha em meio às sombras, descortinando paisagens novas, oxigenando a pesada psicosfera moral do planeta para que o ser humano não perca a esperança e caminhe, mesmo entre as enormes dificuldades que o cerca, lançando luz sobre as trevas da ignorância humana, a fim de que a Humanidade regenerada alcance a vitória. Em **O Livro dos Espíritos**, Feb, 2006, questão 930, os Espíritos superiores lecionam, taxativamente: *Numa sociedade organizada segundo a lei do Cristo ninguém deve morrer de fome. É neste momento que a mensagem de Jesus, desvelada pelos imortais, apresenta-se com caráter terapêutico e libertador.*

Importa algumas reflexões sobre a frase acima.

Neste momento crucial o Espiritismo pontifica. Exatamente quando tudo parece não ter mais jeito, quando o tsunami moral invade as ruas do mundo, quando a famí-

NAS FRONTEIRAS DA NOVA ERA

lia parece prestes a desaparecer, quando o desalento ameaça se alastrar, chega à Terra o Consolador que Jesus prometeu à Humanidade do porvir. Que viria esclarecer as dúvidas ancestrais das criaturas abrindo um horizonte infinito de possibilidades, decorrentes dos ensinamentos dos Imortais, ao tempo em que dão notícia da Imortalidade, trazendo Jesus de volta, como a dizer que Ele está mais vivo do que nunca.

Jesus é, portanto, o Sublime Terapeuta, conforme a Doutrina Espírita explana, evidenciando que Ele veio até nós para libertar os seres humanos das peias da ignorância, do fanatismo, do preconceito, curando as almas e propiciando a libertação definitiva, a partir do esforço individual de cada uma na sua escalada evolutiva.

Entretanto, elucida o orador, um estranho paradoxo vem imperando em nossas fileiras, pois à medida que grande número de pessoas se sentem atraídas pela Doutrina Espírita, alguns dos trabalhadores de Casas Espíritas, que estão cientes de seus luminosos princípios, desviam-se do rumo que aceitaram por farol a aclarar as suas vidas, voltando aos condicionamentos infelizes dos quais estavam começando a se libertar. Tal conduta reflete-se, negativamente, naqueles que dão os primeiros passos em direção ao conhecimento do Espiritismo.

É inegável que as forças contrárias ao Bem, se não conseguem atuar diretamente junto aos que estão na vanguarda dos trabalhos na vinha do Senhor, buscam os invigilantes, os que se presumem melhores que o próximo, que se deixam dominar pelo orgulho, enfim, os que são os elos mais fracos e suscetíveis de ser influenciados negativamente.

Portanto, os que estão na linha de frente, ao se manterem firmes e fiéis ao Ideal Maior, são, não raro, atingidos indiretamente, pois a atuação malévola alcança os que os cercam, a fim de ocasionar perturbações diversas ao bom andamento dos trabalhos na Casa espírita.

Vejamos um trecho da palavra abalizada do mentor:

> *Todos nos rejubilamos com o crescimento e a aceitação do Espiritismo pelas massas. Nada obstante, um perigo natural ameaça a lavoura do Bem. Trata-se de muitos daqueles que lhe aderem aos postulados, por não se encontrarem em condições emocionais de assumir as responsabilidades que lhes são conferidas pelas circunstâncias e pessoas desprovidas de bom senso, facultam que surjam problemas de comportamento e dificuldades que poderiam ser evitados. É natural que, muitos dos aderentes à mensagem, sintam entusiasmo e entreguem-se com ardor à divulgação e vivência das novas propostas libertadoras, no entanto, como é compreensível, advêm os enfrentamentos, os desafios que se mesclam com as problemáticas pessoais e logo esmaece o júbilo e surgem as observações negativas a respeito do próximo, surgindo contrariedades quando não são aceitas algumas das suas sugestões ou diretrizes, não poucas vezes inspiradas pelos inimigos desencarnados do ideal, e aparecem os partidos na grei, as dissensões infelizes, as deserções...*

NAS FRONTEIRAS DA NOVA ERA

Imprescindível atentarmos para o alerta da Mentora Joanna de Ângelis quanto a esta questão:

> *Se, entre aqueles que dizem amar a Deus, que têm como meta o amor ao próximo como a si mesmos, que alardeiam as excelências da fraternidade, da compaixão e têm, na caridade, o objetivo maior, a dissensão semeia ódios, que esperar-se dos que ignoram ou se distanciam das lições incomparáveis do amor, senão a rebeldia, a agressividade, o despautério?* (**Jesus e Vida** - pág. 78).

Outro grave aspecto para o qual todos os espíritas – que amamos a Doutrina dos Espíritos – precisamos estar alertas é a ideia de atualizar e corrigir os textos da Codificação que expressam, como sabemos, os ensinos que vertem do Mais Alto, sob a chancela do Espírito de Verdade, na justificativa perigosa de adaptá-los aos tempos modernos, o que equivale a dizer, vulgarizar o alto nível espiritual de toda a Terceira Revelação.

Essa é, inegavelmente, a grande luta que sempre existiu entre as forças do Bem e aquelas que a ele se opõem. As paixões inferiores que ainda predominam *não cedem às sublimes conquistas do amor sem grandes embates e sacrifícios.*

Ao finalizar a reunião no Centro de Comunicações, o instrutor relata parte da história da instituição que estava sob a mira vingativa do antigo rabino e seus asseclas.

> *Ao Santo de Assis foi feita urgente solicitação de socorro, por antigos discípulos seus na Úmbria dos*

dias passados, que se reencarnaram com o objetivo de erguer uma instituição terrestre moderna dedicada à caridade, sem fugir à simplicidade do seu amoroso coração. Profundamente sensibilizado, ele fez-se benfeitor do projeto e intercedeu junto a Jesus, suplicando-Lhe as bênçãos, em favor da sua realização.

Lentamente, os obreiros foram renascendo no corpo físico, reencontrando-se uns com os outros, reconstruindo a família espiritual da qual provinham, e surgiu um amanhecer de esperanças para os sofredores do mundo físico. A obra materializou-se sob as luzes de o Consolador, tornando-se uma referência de dedicação a Jesus em ambos os planos da vida.

Amigos devotados que permaneceram em nossa área de ação passaram a inspirá-los, a protegê-los, a enviar cooperadores abnegados para os auxiliar. A medida que crescia, a sociedade passou a enfrentar dificuldades superlativas que foram vencidas com altivez cristã e vem beneficiando milhares de espíritos.

Núcleo de trabalho para obreiros de nossa esfera, adquiriu o selo da mansidão do Mestre que tem conhecimento do seu significado espiritual.

Multidões são beneficiadas pelas ações meritórias, pelas instruções doutrinárias, pelos serviços evangélicos realizados. Obsidiados recuperam-se das perseguições e aderem ao trabalho de amor, depressivos entregam-se à laborterapia e a ignorância é esclarecida mediante as luzes da educação.

Compreensivelmente, vem despertando grande simpatia, enquanto que, também, vem inspi-

NAS FRONTEIRAS DA NOVA ERA

rando as animosidades dos ciúmes doentios, das competições desenfreadas da vaidade, das críticas contumazes e amargas, bem como de perseguições francas e desvairadas. No entanto, resiste como a embarcação segura bem-conduzida na tempestade, graças aos autas que a comandam com amor e simplicidade...

Incluída no mapa das instituições nobres que irão contribuir em favor da grande transição planetária, conforme já vem sucedendo, chamou a atenção dos tradicionais inimigos do Senhor Jesus, que agora se voltaram com decisão para derrubá-la.

Porque os seus membros unem-se na fé e no trabalho, vêm acompanhando-os, aguardando qualquer falha que surja, a fim de penetrarem na fortaleza em que se constituiu, minando-a interiormente.

É o que agora vem sucedendo lentamente. A presunção e a rudeza de um dos seus membros, ambicioso e infantil, insensato e agressivo, passaram a impor-se, gerando inquietação e tornando-se a brecha moral para a invasão do Senhor da sombra, entidade infeliz que, desde o fim do século XV, tornou-se adversário de Jesus.

Pessoalmente passou a comandar a mente do companheiro invigilante e notamos a gravidade do momento. Os bons trabalhadores dão-se conta do perigo e estão buscando inspiração para providências imediatas antes que sejam causados danos irreversíveis e, em oração, têm apelado para o Pobrezinho de Deus, que assume o comando geral da instituição, havendo-nos convocado para a delicada tarefa de remoção do obstáculo com socorro ao desvairado, já que o Pai não deseja a morte do iníquo, mas sim, a da iniqüidade...

Uma programação está elaborada, incluindo-vos a todos e ireis a diferentes sociedades espíritas auxiliar os abnegados servidores do Messias nazareno, enquanto que nós outro e pequeno grupo iremos, inicialmente, atender à nau em quase soçobro e outras tarefas posteriores...

Mais tarde, após esta reunião, o nosso irmão Hildebrando enunciará os nomes dos nossos companheiros e serão formadas as demais equipes que seguirão conosco à Terra para o trabalho de amor e de proteção aos queridos servidores fiéis à verdade. Que o Senhor nos abençõe o empreendimento fraternal e nos ajude a servir conforme Ele o fez em relação a todos nós.

Paz sempre em nossas vidas com Jesus!

Ao término da palavra do mentor Evandro, foi apresentado um grande painel acima do palco, com cenas do circo de Roma, que emocionou a todos. Ali estavam retratados os primórdios da fé cristã, quando os mártires eram atirados à arena, verdadeiros *heróis do amor e da santificação que se imolaram em favor da divulgação do Evangelho de Jesus, naquele áspero período.*

E Miranda finaliza: *A nós todos não havia alternativa, exceto seguir-lhes o exemplo.*

Capítulo 03
Planejamento de atividades espirituais

Encerrada a reunião, o amigo Hildebrando apresentou os nomes daqueles que formariam as equipes e que se deveriam reunir logo em seguida, em outras salas. Miranda estava em um dos grupos, com mais quatro amigos que foram espiritistas na Terra, com os quais tivera ensejo de participar de trabalhos em favor do próximo, algumas dessas experiências narradas em outras obras de sua autoria.

Com efusões de alegria reencontraram-se os integrantes do novo grupo, a saber: José Petitinga, trabalhador incansável do Evangelho; Eurípedes Barsanulfo, o missionário de Sacramento (MG), cuja harmonia interior transmitia equilíbrio e paz, evocando, no breve momento, realizações que desenvolveram juntos, em época próxima; Jésus Gonçalves, o ex-hanseniano cuja experiência evolutiva concedera-lhe nobreza moral. A equipe estaria sob a coordenação do apóstolo Bezerra de Menezes.

De imediato, Dr. Bezerra de Menezes, mentor do grupo, apresentou-lhes, através da projeção de imagens em uma tela presa à parede, cenas enviadas da Instituição Espírita, a qual deveriam visitar posteriormente. Todos passaram a acompanhar atentamente a movimentação da Casa, dedicada à divulgação e vivência do Espiritismo.

Por meio do relato dos trabalhos que aconteciam naquele instante, Miranda proporciona aos leitores, que

SUELY CALDAS SCHUBERT

ainda não conhecem, os excelentes resultados dos trabalhos doutrinários abertos ao público.

Devo dizer aqui que sempre tive preocupação pessoal, como de resto, a de tantos outros espíritas fiéis à Doutrina dos Espíritos, de que se compreenda a importância fundamental da chamada reunião pública doutrinária. Sabemos que a programação deve ser feita com todos os cuidados possíveis quanto à escolha dos temas e, igualmente, dos expositores a serem convidados, a fim de que sejam mantidas as bases da Codificação kardequiana, indenes de interpolações que não se coadunem com Doutrina. A esse respeito escrevi, no capítulo 4 do meu livro **Dimensões espirituais do centro espírita**, aspectos da reunião pública, no âmbito da dimensão espiritual, que transcrevo a seguir.

Este recinto (o da sala de palestras públicas), recebe da Espiritualidade o cuidado compatível com a importância das tarefas ali desenvolvidas. Espíritos especializados magnetizam o ambiente e o preservam e renovam constantemente, propiciando uma psicosfera salutar, consoante informa Manoel Philomeno de Miranda.
São instaladas defesas magnéticas que impedem a entrada de entidades desencarnadas hostis e malfeitoras, portanto só entram aqueles que obtêm permissão (...). Há ainda outro ponto a considerar, é que sendo um local de tratamento de almas enfermas, que somos quase todos nós, é imprescindível que os recursos do 'laboratório do mundo invisível' sejam mobilizados e acionados para o atendimento espiritual.

NAS FRONTEIRAS DA NOVA ERA

♦♦♦

De volta ao relato de Miranda, que está sendo comentado.

Tratava-se de uma noite de exposição doutrinária e o orador terminava a sua palestra, que versava sobre a Codificação. Este se encontrava inspirado pelo mentor da Casa, enquanto grande parte do público recebia socorro bioenergético. Podia-se observar a unção que a todos dominava, produzindo uma vibração de alta potência, propiciando verdadeira chuva de flocos de luz que se derramava sobre a assistência.

Em dado momento tiveram o ensejo de presenciar uma jovem que estava na plateia e que apresentava um quadro depressivo, provocado por um adversário espiritual que lhe vampirizava as energias. Ao receber as vibrações harmoniosas do ambiente, ela pareceu despertar do torpor que a martirizava, enquanto chorava discretamente, em catarse de tudo o que a perturbava. A jovem passou a recordar de sua infância e do sofrimento vivenciado pela ausência da mãe, que desencarnara quando ela estava com apenas quatro anos. No fio das recordações a mãezinha querida, presente, aproximou-se, envolvendo-a em seu amor e transmitindo-lhe palavras de encorajamento. Simultaneamente, o encarregado (encarnado) da tarefa aplicou-lhe passes, desligando-a dos fluidos do obsessor, que ali mesmo desistiu do propósito de levá-la ao suicídio.

♦♦♦

Pausa para um comentário. O Espírito obsessor que atormentava a jovem obteve permissão para entrar no local da palestra pública porque os mentores da instituição sabiam, previamente, que o ambiente elevado contribuiria não somente para a libertação da sua vítima, mas também a dele próprio, que já apresentava condições para tanto.

A prima, que a convencera a ir ao Centro Espírita, notou-lhe a mudança de aspecto e, ao comentar a respeito, teve a surpresa de ouvir o quanto ela se sentia beneficiada. Ambas conversaram afetuosamente, sendo que a acompanhante advertiu-a ser este o primeiro passo no processo da recuperação – que o Espírito fora afastado, mas poderia tentar nova investida, aconselhando-a a manter-se vigilante e assídua aos trabalhos da Casa Espírita.

A equipe dirigida por Dr. Bezerra de Menezes prosseguia assistindo à projeção das imagens, acompanhando as diversas reações das pessoas presentes. Logo depois o expositor começou a atender à imensa fila de pessoas aflitas, que vieram à reunião em busca de alívio para seus males, através das diretrizes que o Espiritismo apresenta, que ele bondosamente atendia, inspirado pelo seu mentor espiritual.

Nesse momento a transmissão foi suspensa e o venerável mentor explicou ser aquela instituição a sede para as atividades durante os próximos trinta dias. Dr. Bezerra de Menezes expôs aos participantes de sua equipe as dificuldades que a Humanidade, pela importância de suas ponderações. Transcrevo-as integralmente.

Neste grave período de transição planetária para *mundo de regeneração*, aperta-se o cerco do sofrimento às criaturas humanas e os espíritos resistentes no mal percebem que não poderão continuar nas façanhas infelizes a que se entregam. Em consequência, enfu-

NAS FRONTEIRAS DA NOVA ERA

recidos e revoltados, agridem com maior ferocidade aqueles que se lhes emaranham nos ardis, como se esperassem driblar os planos divinos.

Todo o planeta está envolto por dificuldades crescentes, decorrência natural da incúria e do egoísmo da própria criatura humana ao longo dos milênios.

Antes, tinha-se a impressão de que o poder das armas solucionaria qualquer dificuldade entre as nações, mas agora as graves problemáticas são internas em todos os países, resultando nos desconcertos inumeráveis que vêm produzindo prejuízos inesperados nos povos que, infelizmente, ainda não despertaram para a verdadeira fraternidade.

A fome dizima multidões na África sofredora, em guerras tribais sem-fim, assim como em quase todos os países, as revoluções internas sacodem aqueles vitimados pelas ditaduras impiedosas, as religiões fanáticas estremecem, as finanças internacionais sofrem o impacto da incompetência de muitos administradores e as enfermidades de etiologia variada despedaçam corpos, mentes e corações confrangidos.

No sermão profético, narrado pelo evangelista Marcos, no capítulo XIII, quando Jesus se refere aos grandes fenômenos referentes ao *fim dos tempos* morais desditosos, declara que se não *fosse pelos eleitos que (o Pai) escolheu,* as dores seriam muito mais terríveis.

Esses Seus *eleitos* são todos aqueles que se

permitiram por Ele eleger em razão da sua conduta e da sua dedicação e respeito às soberanas leis. (grifo nosso)

Nesse painel de desafios e padecimentos, a *Pátria do Evangelho* experimenta igualmente os efeitos danosos das desigualdades sociais, das minorias sofridas e abandonadas, da indiferença dos poderosos, da corrupção absurda e da indébita utilização dos recursos públicos, que deveriam ser aplicados a benefício do povo necessitado...

Medidas paternalistas e eleitoreiras são tomadas, sem que as causas da miséria sejam removidas pela educação das novas gerações, cada vez mais abandonadas na formação do caráter e no respeito aos direitos humanos, mediante leis justas e devidamente cumpridas...

O abençoado reduto doméstico perdeu o rumo e a alucinação tomou conta de quase todos os segmentos sociais.

Claro está que não nos compete censurar os infelizes administradores, mas sim lamentá-los, tendo em vista que eles volverão ao proscênio terrestre para recolher os calhaus e pedrouços que deixaram aguardando-os, vestidos de dor e merecendo compaixão, ou quiçá, irão expungir a culpa em dimensão inferior à Terra que desonraram e agrediram com a sua indiferença e crueldade...

Como sempre, os instrumentos de que nos utilizaremos nas atividades desenhadas pelos nossos mentores, serão sempre aqueles que se

Nas fronteiras da nova era

encontram no Evangelho de Jesus: o amor, a bondade, a compaixão, a esperança, a caridade...

Não fomos eleitos para o reproche, a reclamação nem o revide, e sim, para a compreensão e o sentimento de solidariedade em qualquer circunstância e condição.

Muitas armadilhas nos esperam, situações complexas e embaraçosas estarão à nossa frente, no entanto, em todos os momentos o Senhor estará amparando-nos e inspirando-nos a melhor diretriz.

Em nossa programação seremos convocados a momentos muito difíceis, no entanto, confiando em Deus, não tombaremos na tentação de resolver todas as dificuldades, compreendendo que as leis se cumprem conforme foram desencadeadas por cada um.

Nas atividades de socorro desobsessivo, deixemo-nos compadecer pelos sofredores, sem olvidar, no entanto, os mais infelizes, que são aqueles que permanecem dominados pelo ódio prolongado, sem qualquer momento de paz, havendo-se tornado sicários. Na condição de terapeutas espirituais junto aos nossos irmãos igualmente desencarnados, a compaixão em relação à sua desdita deve ser uma normativa que nos impedirá de sintonizar na faixa da sua ira e da sua crueldade. Embora usando de energia em relação aos espíritos odientos, Jesus deles se compadecia sempre.

Desse modo, uma das pautas essenciais da nossa excursão é o socorro à instituição ame-

açada e o atendimento aos novos viajores da indumentária carnal, que se apresentam originados de outra dimensão para as grandes mudanças que se vêm operando e que se farão mais rápidas e volumosas...

Orando e deixando-nos embalar pela canção das bem-aventuranças, conseguiremos desincumbir-nos a contento do compromisso que nos está sendo confiado.

Ao encerrar, o benfeitor solicitou ao irmão Eurípedes que fizesse uma prece de gratidão a Jesus.

CAPÍTULO 04
ATIVIDADES ABENÇOADAS

A EQUIPE LIDERADA por Dr. Bezerra de Menezes, conforme esclarece o autor espiritual, deixando a Colônia Redenção, aproximava-se da instituição espírita onde, no plano terreno, estagiariam pelo tempo necessário aos novos trabalhos, conforme fora programado. Era o entardecer terrestre, quando adentraram à Casa Espírita, que se encontrava de portas abertas.

Verdadeiro santuário de amor, recebia significativo número de visitantes, encarnados e desencarnados, que para ali acorriam levados pelos sofrimentos de que eram portadores, buscando orientação e alívio para as dores morais e físicas que os atormentavam, sendo atendidos por servidores dedicados e cônscios de suas responsabilidades.

Nas fronteiras da nova era

Com a crescente presença desse público extremamente necessitado, a Instituição, como verdadeiro ambulatório espiritual, passou a manter suas portas abertas desde bem cedo até avançadas horas da noite.

Recebidos carinhosamente pelo dirigente espiritual Hermano que, de imediato, esclareceu ter ligações do passado com a equipe de trabalhadores da Casa, referindo-se aos dias recuados de Assis. Mencionou que, à época, se encontrava na direção de um monastério, cujos propósitos eram os de viver os ensinamentos de Jesus; entretanto, em razão da ignorância medieval aliada à presunção e vaidade humanas, deixou-se levar para a pompa e o desvirtuamento do pensamento e atitudes daquele do qual se tornara seguidor, Francisco de Assis.

Assim, após algumas reencarnações dolorosas, carregando o peso do remorso e amargurado pelo fracasso, todos *estavam reencontrando Jesus na seara espírita, trabalhada na imortalidade do espírito e no propósito da revivescência do Seu Evangelho libertador.*

Informado a respeito do programa que o grupo presidido por Bezerra de Menezes deveria executar, prontificou-se, juntamente com os demais benfeitores da Sociedade, a contribuir para o êxito dos trabalhos, encaminhando-os à sala mediúnica, que se encontrava antecipadamente equipada para o mister.

Miranda constatou que o ambiente fora cuidadosamente assepsiado, não havendo ali a presença de vibriões mentais e outras construções ideoplásticas negativas, muito comuns em ambientes coletivos, visto ser este um espaço reservado aos atendimentos de importantes e graves significados.

SUELY CALDAS SCHUBERT

Eram 20 horas quando o grupo, reunido na sala, foi convidado à oração pelo mentor espiritual, a fim de que estivessem todos em condições próprias para o desempenho das tarefas. Em seguida foram para a ampla sala onde estava sendo iniciada a reunião pública. O expositor abordava o tema acerca do perdão.

Na plateia encontrava-se uma jovem de grande beleza física que *exsudava energia escura de natureza pestífera defluente do pensamento atormentado e dos vícios a que se entregava.* Dr. Bezerra de Menezes, aproximando-se pediu a Miranda que a observasse mais cuidadosamente. Este, respeitosamente, objetivando ajudar a jovem de forma mais efetiva, procurou captar suas paisagens mentais acompanhando-lhe, então, as sofridas reflexões do momento.

◆ ◆ ◆

Pausa para atentarmos ao que ensina Allan Kardec, em **A Gênese,** cap. 14, explicando a respeito dos fluidos.

> *Tem consequência de importância capital e direta para os encarnados a ação dos Espíritos sobre os fluidos espirituais. Sendo esses fluidos o veículo do pensamento e podendo este modificar-lhe as propriedades, é evidente que eles devem achar-se impregnados das qualidades boas ou más dos pensamentos que os fazem vibrar, modificando-se pela pureza ou impureza dos sentimentos. Os maus pensamentos corrompem os fluidos espirituais, como os miasmas deletérios corrompem o ar respirável. Os fluidos que envolvem os Espíritos maus, ou que estes projetam são, portanto viciados, ao passo que os que recebem a influência dos bons*

NAS FRONTEIRAS DA NOVA ERA

Espíritos são puros quanto o comporta o grau de perfeição moral destes (...).
O pensamento do encarnado atua sobre os fluidos espirituais, como o dos desencarnados, e se transmite de Espírito a Espírito pelas mesmas vias e, conforme seja bom ou mal, saneia ou vicia os fluidos ambientes. (Itens 17e 18)

Elucida ainda, o Codificador, que os fluidos carecem de denominações particulares, sendo designados por suas propriedades e seus efeitos e tipos originais. Sob o ponto de vista moral os fluidos trazem o cunho dos sentimentos de: *ódio, de inveja, de ciúme, de orgulho, de egoísmo, de violência, de hipocrisia, de bondade, de benevolência, de amor, de caridade, de doçura, etc.* (item 17)

Pode-se entender, portanto, a partir das explicações acima, que a jovem exteriorizava fluidos que lhe eram próprios, cuja natureza revelava as suas condições morais, os conflitos que a dominavam resultantes da vida viciosa que levava.

Convém fazer algumas ilações a partir da condição moral e espiritual da jovem mulher. É oportuno citar que esse tipo de fluido ou energia, como Miranda denomina, que ela exsudava, não é uma situação rara, mas muito mais comum do que imaginamos. Basta fazer uma reflexão acerca das condições morais da maioria dos seres humanos e logo chegaremos à conclusão que a atmosfera psíquica do planeta está saturada desses fluidos, que são veículos dos sentimentos degradados que a maioria cultiva, desde a violência em suas várias facetas, a corrupção e a desonestidade (violência que são, igualmente) que nos causam impactos, pois chegam a patamares antes inconcebíveis pelos que ain-

297

da lutam e se esforçam por uma vida melhor, na qual os valores morais e espirituais sejam preservados e vivenciados.

Voltando ao relato, Miranda constatou que a jovem mantinha uma vida sexual promíscua, comercializando o próprio corpo, ao tempo em que dependia de um explorador profissional, que obtinha lucro por meio dela.

Quando passava de carro rumando para o *trabalho,* sentiu-se atraída pelo nome à entrada da casa: Sociedade Espírita Amor e Caridade. Em outros tempos não lhe dera maior atenção, todavia, aquela era uma noite diferente. Encontrava-se extremamente angustiada e resolveu conhecer a instituição, visando um pouco de paz. Procurou informações sobre a reunião e, segundo o autor espiritual, *que, pela inspiração divina, culminaram em motivá-la a ficar, a fim de ouvir os comentários da noite e, posteriormente, poder conseguir orientação espiritual.*

Por razão que não saberia explicar, relaxada das tensões habituais, começou a recordar o passado, que sempre evitava para não sofrer; lembrou-se, então, de sua mãe que a iniciara em uma existência fútil, desde os primeiros anos de vida. Era apresentada como modelo infantil em toda parte, mais tarde em *perversos programas de televisão que disputam glórias e prêmios, fama e dinheiro, tornando-se conhecida e disputada pelas revistas de maledicências e de sexo atormentado.*

Aos 16 anos, com a ajuda materna, sempre hábil e ambiciosa, já havia aprendido as técnicas de exploração que lhe rendiam valores apreciáveis que, entretanto, não lhe harmonizavam os sentimentos. Após a desencarnação da genitora, compreendendo que aquele tipo de vida não lhe preenchia o vazio existencial, passou a cultivar grande

NAS FRONTEIRAS DA NOVA ERA

ressentimento contra ela, que a empurrara para as experiências destrutivas, embora lucrativas no âmbito material.

Naquele momento encontrava-se em terrível dilema. Estava grávida e chegara a sentir certa alegria pensando na possibilidade de ter um filho. Todavia, ao comunicar àquele que a explorava, fora rudemente rejeitada, inclusive não aceitando, segundo ele, a suposta paternidade. Ela, porém, que o amava, se entregou a ele sem os cuidados preventivos que adotava em seus múltiplos relacionamentos. O homem reagiu com frieza e crueldade, dizendo ser um profissional e que não a amava e nem a ninguém propondo, então, que realizasse o aborto, pois a gestação iria prejudicar-lhes o *negócio*.

Chocada diante da reação dele, passou, também, a ter pensamentos de rejeição à maternidade. Ali estava, pois, na esperança de receber uma ajuda sobrenatural, que a aliviasse do terrível conflito interior. Ouvia as considerações do expositor; contudo, pensava em se decidir pelo aborto.

Nesse instante, Dr. Bezerra de Menezes surpreende Miranda, explicando que o espírito em projeto de reencarnação era a própria genitora. Esta, ao despertar na vida espiritual, acompanhando a caminhada da filha pela degradação moral, deu-se conta de que ela a detestava. Profundamente arrependida e angustiada, deparou-se com odioso inimigo desencarnado, que se vinculava à moça, vampirizando-lhe as energias vitais que a consumiam, acarretando-lhe estafa, exaurindo-lhe as forças e levando-a à perda do sentido existencial.

◆◆◆

Interrompo o relato para tratarmos do processo de vampirização.

André Luiz esclarece em **Missionários da luz** (Feb, 2007), que sob o aspecto espiritual,

> *(...) vampiro é toda entidade ociosa que se vale, indebitamente, das possibilidades alheias e, em se tratando de vampiros que visitam os encarnados, é necessário reconhecer que eles atendem aos sinistros propósitos, a qualquer hora, desde que encontrem guarida no estojo de carne dos homens (...).*
>
> *E o vampirismo mantém considerável expressão, porque se o Pai é sumamente misericordioso, é também infinitamente justo. Ninguém lhe confundirá os desígnios, e a morte do corpo, quase sempre surpreende a alma em terrível condição parasitária. Desse modo, a promiscuidade entre os encarnados indiferentes à Lei Divina e os desencarnados que a ela têm sido indiferentes, é muito grande na crosta da Terra. Absolutamente sem preparo e tendo vivido muito mais de sensações animalizadas que de sentimentos e pensamentos puros, as criaturas humanas, além do túmulo, em muitíssimos casos prosseguem imantadas aos ambientes domésticos que lhes alimentavam o campo emocional.* (capítulo 4)

É preciso esclarecer que vampiro e vampirismo, de que estamos tratando, não tem nada a ver com os vampiros das histórias e filmes de ficção. Não são, como relatam essas obras, homens ou mulheres que em certo momento se transformam em vampiros, com dentes longos e afiados, tentando encontrar pessoas das quais sugam o sangue, sendo que as vítimas também se tornam vampiros.

> *O vampiro é um ser mitológico ou folclórico que sobrevive alimentando-se da essência vital de criaturas vivas, o sangue.*
>
> *Mas existe igualmente o 'vampiro psíquico' ou 'vampiro energético', que é uma pessoa ou entidade que alega alimentar-se da 'energia vital' de outras criaturas vivas. O vampirismo está representado nas crenças ocultistas de várias culturas e na ficção. Os termos usados para descrever a essência que os vampiros psíquicos retiram ou recebem de outros, inclui 'energia', 'força vital' e vitalidade.*
>
> *O termo 'vampiro energético' é também usado metaforicamente para descrever pessoas cuja influência deixa os outros com sensação de exaustão, com dificuldade de concentração ou depressão* (Wikipédia).

Esse trecho que retrata o vampirismo psíquico ou energético, sendo explicado pelo ângulo espiritual, cabe perfeitamente quando o processo é realizado por um espírito de ordem inferior. No caso da jovem, que Miranda relata, o inimigo, um obsessor, atuava como vampiro energético, deixando a vítima exaurida.

O autor espiritual ressalta que, apesar desse grave conflito interior, em que a jovem se encontrava, ela recebia o amparo do seu guia espiritual que se esforçava por inspirá-la a mudar o rumo de sua vida. Assim, inspirada por ele, a moça lendo o nome da Instituição resolveu entrar, buscando o socorro para seu tormento íntimo.

Dr. Bezerra de Menezes, pessoalmente, aplicou-lhe passes dispersivos, nos *chacras* coronário e cerebral, desligando o espírito obsessor, que em seguida, por indução hipnótica, levou-o a adormecer, sendo conduzido por Petitinga e Eurípedes à sala mediúnica, com os cuidados amorosos necessários.

CAPÍTULO 05
PROCEDIMENTOS LIBERTADORES

ENCERRADA A PALESTRA, realizou-se em seguida a transmissão dos passes coletivos, aplicados por médiuns habilitados que se posicionaram pelos corredores, entre as filas das cadeiras, ao tempo em que os benfeitores desencarnados socorriam os necessitados, envolvendo-os em energias salutares.

Seguindo à sala mediúnica, Miranda verificou que os trabalhos estavam em pleno desenvolvimento. O dirigente da reunião, o mentor Hermano, contava com uma equipe de vinte companheiros encarnados, sendo três médiuns psicofônicos, dois psicógrafos, três dialogadores, dois passistas e os demais contribuíam na sustentação dos fluidos imprescindíveis ao bom andamento dos trabalhos.

Observemos o transcurso da sessão mediúnica.

Dois médiuns davam passividade a duas entidades sofredoras, sendo carinhosamente atendidas pelo dialogador, enquanto recebiam vibrações do mentor da reunião. Miranda comenta que ao mesmo tempo em que os esclarecedores falavam aos comunicantes, exteriorizavam em ondas contínuas vibrações em tonalidade azul-prateado que os envolviam, suavizando-lhes as feridas morais. Desliga-

NAS FRONTEIRAS DA NOVA ERA

dos dos médiuns, em torpor hipnótico, foram levados em macas, apresentando-se bem melhores que antes.

Conforme fora adredemente combinado entre Dr. Bezerra de Menezes e o mentor Hermano, para que também fosse atendido o inimigo espiritual da jovem, este foi trazido à comunicação por meio da médium Celestina. Esta, dedicada trabalhadora do bem, granjeara o respeito e afeto dos mentores por sua faculdade mediúnica equilibrada e orientada pela Doutrina Espírita.

O vingador aproximou-se do perispírito da médium logo ocorrendo a imantação entre ambos, com repercussão no organismo de Celestina, podendo-se observar que *algumas das glândulas endócrinas, especialmente a epífise, apresentou peculiar luminosidade que se estendeu à pituitária, à tireoide, descendo ao centro genésico, antes passando pelo plexo cardíaco, num sistema circulatório especial.*

Automaticamente a médium começou a transmitir o pensamento do comunicante, cujas particularidades sintetizamos a seguir.

O comunicante exteriorizou, inicialmente, ondas de raiva carregadas de vibrações destrutivas tentando prejudicar a médium, não conseguindo, porém, o intento em razão das defesas espirituais de que a senhora era portadora.

Façamos uma pausa necessária.

As comunicações dessa natureza são muito comuns em reuniões de desobsessão. Claro que os médiuns que atuam nessa área são aqueles mais experientes, com larga folha de serviço prestada ao bem, na seara de Jesus. Minha vivência pessoal nesse campo já ultrapassou os cinquenta anos de trabalho contínuo e perseverante. Atual-

SUELY CALDAS SCHUBERT

mente, nessa quadra da minha vida, prossigo dando passividade aos Espíritos, via de regra, obsessores semelhantes a este, que está sendo apresentado por Miranda.

Nesse largo período dediquei-me também a estudar mais profundamente os aspectos e particularidades que envolvem a obsessão e a desobsessão. No meu livro **Obsessão/desobsessão** registrei, à época, minha experiência nessa notável e fascinante área.

Espíritos que se comunicam cheios de ódio por alguém, é fato habitual nas sessões práticas. Certa vez, um desses que se comunicou por mim, tinha tanto ódio que rilhava os dentes e quando falava desse sentimento negativo endereçado a duas pessoas, as lágrimas desciam pelo meu rosto, que era o dele naquele instante. Ele sofria incrivelmente e o fato de odiar tão intensamente denotava isto. Eu sempre menciono que quanto mais vingativo e endurecido é o comunicante, mais ele sofreu e sofre. Como diz Manoel Philomeno de Miranda – o autor das duas obras que comento – em outra obra de sua autoria: *O ódio é o amor que enlouqueceu.* (**Nos bastidores da obsessão,** Feb, 1970).

Voltando à narrativa.

O espírito que atormentava a jovem, vendo que sua intenção não teve efeito, tentou, então, desligar-se da imantação ao perispírito da médium, não conseguindo o que pretendia, passou a falar em tom agressivo que ninguém poderia detê-lo na sua vingança. O doutrinador, bastante experiente e inspirado pelo próprio Dr. Bezerra de Menezes, com muita bondade, falou-lhe que pretendiam um contato a fim de estudarem juntamente a razão do seu sofrimento; que não estavam ali para impedi-lo de prosseguir no seu propósito, mas sim, lembrar-lhe que aquele não

NAS FRONTEIRAS DA NOVA ERA

era o caminho para que alcançasse a felicidade. Esclareceu que até, então, ele agia conforme suas intenções, entretanto a partir daquele momento, *porém, alteram-se as possibilidades de agressão, sendo você convidado à mudança de comportamento em seu próprio benefício.*

Marcelo, o dialogador, prosseguia mencionando as leis universais, que funcionam por automatismo e igualmente pela interferência do pensamento daqueles que o direcionam suplicando ajuda e misericórdia, conforme acontecia com a jovem que pedia socorro.

O comunicante referiu-se a ela fazendo graves acusações, confessando que se comprazia com a sua vida desregrada sexualmente, vampirizando-lhe as energias com as quais se locupletava.

Diante da argumentação do doutrinador, o comunicante começou a relatar o motivo de seu ódio. Para não fugir à regra, tratava-se de um triângulo amoroso. Ele e a jovem eram casados, pais de dois filhos, quando em 1808 tropas francesas invadiram Portugal, pelo lado norte onde residiam. Parte da tropa instalou-se na cidade e *a tresloucada apaixonou-se por um soldado sedutor e com escândalo de alta repercussão, abandonou o lar, deixando-nos, o que resultou na morte de um dos nossos filhos, vitimado por enfermidade cruel que lhe vinha devorando o corpo juvenil.*

Prosseguindo em sua narrativa, referia-se à vergonha que deu lugar ao ódio e a uma profunda tristeza que o consumiu, levando-o à morte, seguindo-se também a morte do segundo filho. No plano espiritual, ao se conscientizar da nova condição, procurou-a, durante longo tempo, até encontrá-la, compreendendo que ela havia voltado à vida física. Ansiando por vingança, descobriu que ela estava grávida e, para sua surpresa, a genitora era o filho morto prematuramente, agora retornando através dela, que lhe seria mãe novamente. E afirma ser a vingança a sua compensação.

Marcelo, com a palavra, explicou que *as divinas leis não são aplicadas em cobranças indébitas, mas sim em forma de mecanismos de reabilitação e reequilíbrio.*

Importante afirmativa esta, a do dialogador, merecendo reflexão.

Os mecanismos de reabilitação e reequilíbrio das divinas leis se efetuam através da reencarnação.

A reencarnação, no plano em que nos situamos, é a maior prova do amor de Deus para com seus filhos. Ao possibilitar ao Espírito infrator o retorno ao proscênio terrestre, o Criador dá prova irrefutável de sua justiça perfeita e misericordiosa.

Sob esse prisma, todos, sem exceção, recebem o ensejo de se reabilitar e alcançar o equilíbrio que os levará à escalada evolutiva, para rumos cada vez mais altos. Essa compreensão, que o Espiritismo faculta, é um gigantesco salto para que cada um possa sintonizar com a Bondade divina, emergindo das sombras em que se encontrava para um amanhecer de esperança que se concretiza passo a passo.

Vamos encontrar Allan Kardec, em sua notável obra, **O Céu e o Inferno**, escrevendo algumas de suas magistrais páginas, quando apresenta, no capítulo sete, da primeira parte, o **Código penal da vida futura**. Vale a pena determo-nos em alguns dos itens desse código.

Foi nos anos setenta, que descobri esse magnífico código penal e me recordo que logo depois, no final da

NAS FRONTEIRAS DA NOVA ERA

década de 80 estando na FEB, a convite do então Presidente Francisco Thiesen, fiz uma palestra a respeito, à qual associei o impressionante caso de Jacques Latour, que está, nesse mesmo livro, na segunda parte, capítulo seis, que trata dos criminosos arrependidos.

Recomendo a todos lerem essa obra, a quarta da Codificação Kardequiana, pouco conhecida e divulgada no meio espírita, verdadeiro tratado acerca da Justiça divina segundo o Espiritismo.

Kardec, referindo-se às consequências das imperfeições, explana:

> *O Espírito sofre, quer no mundo corporal, quer no espiritual, a consequência das suas imperfeições. As misérias, as vicissitudes padecidas na vida corpórea são oriundas das nossas imperfeições, são expiações de faltas cometidas na presente ou em precedentes existências. Pela natureza dos sofrimentos e vicissitudes da vida corpórea, pode julgar-se a natureza das faltas cometidas em anterior existência, e das imperfeições que as originaram (...).*
> *O arrependimento, conquanto seja o primeiro passo para a regeneração, não basta por si só; são precisas a expiação e a reparação. Arrependimento, expiação e reparação constituem, portanto, as três condições necessárias para apagar os traços de uma falta e suas consequências. O arrependimento suaviza os travos da expiação, abrindo pela esperança o caminho da reabilitação, só a reparação, contudo, pode anular o efeito destruindo-lhe a causa. Do contrário, o perdão seria uma graça, não uma anulação.* (itens 10 e 16)

Continuando em sua argumentação, Marcelo explica que ninguém tem o direito de tomar a justiça em suas próprias mãos e adverte que Deus não necessita da nossa contribuição para fazer com que as leis de amor sejam respeitadas e que, aqueles que se comprometem recebam o necessário corretivo. Em seguida ressalta vários aspectos que demonstram a justiça divina a se cumprir: enfermidades depuradoras, circunstâncias do destino, problemas da afetividade e relacionamento às anomalias orgânicas e mentais, os acidentes, além de outros métodos eficazes para a recuperação.

O comunicante reafirmou o ódio que o dominava, dando ensejo a que o dialogador apresentasse outros argumentos que ressaltassem o quanto ele estava dependente do comportamento desequilibrado da jovem. Marcelo, então, bastante inspirado pelo mentor, induz o Espírito a recuar no tempo, a fim de constatar que igualmente existiam culpas no seu procedimento, o qual ele necessitava conscientizar-se.

♦ ♦ ♦

Nesse ponto faço uma reflexão, conforme a seguir.

A regressão de memória no Espírito comunicante pode ocorrer quando o doutrinador percebe que isso é necessário, especialmente porque, sintonizado com a equipe espiritual, está ciente de que há condições para tal procedimento. Assim, aos poucos realiza a indução terapêutica – na expressão de Miranda – para que ele se recorde do passado próximo ou remoto, de acordo com o caso, o que o levará a descobrir o quanto foi conivente com essa ou aquela circunstância, ou até que ele próprio a provocou,

NAS FRONTEIRAS DA NOVA ERA

propiciando que se inteirasse da realidade e o quanto lhe cabe, também, de culpa e responsabilidade, não sendo a vítima a única culpada.

No caso relatado por Miranda, ao constatar a sua parcela de responsabilidade, inclusive na morte dos seus dois filhos, o dialogador enfatiza que ele deveria se esquecer da sua postura de vítima, assumindo a sua real condição.

O Espírito comunicante fez, então, a inevitável pergunta de todos os vingadores que se tornam cônscios do passado e de suas inúteis vinganças, visto que, indiretamente, cobram de si mesmos:

> *— E agora, o que me sucederá?*
> *— O amor de Deus não tem dimensão — respondeu-lhe o psicoterapeuta espiritual. Você será encaminhado a uma comunidade espiritual na condição de enfermo, onde receberá conveniente tratamento, renovando-se e adaptando-se a novo comportamento, deixando a nossa irmã inditosa prosseguir conforme estabelece a Lei de Causa e Efeito.*

Passes calmantes foram aplicados na médium, que alcançavam o Espírito, que adormeceu e foi desligado e conduzido pelos benfeitores espirituais. A médium Celestina recobrou a lucidez envolvida por vibrações de harmonia.

Enquanto isto, na sala de atendimento, a jovem buscava o expositor para lhe pedir a orientação sentindo um agradável bem-estar; não sabia e nem podia imaginar que estava sob uma influência obsessiva, da qual se havia libertado, momentos antes.

SUELY CALDAS SCHUBERT

Diante do trabalhador de Jesus, que a recebeu com visível simpatia, passou a respirar a psicosfera que dele emanava, passando assim a expor o seu drama. Referiu-se ao desejo de abortar, sem explicar, como é óbvio, os detalhes de sua vida íntima, sentindo-se, entretanto, *qual se fora uma adolescente sem experiências, que realmente o era na área do bem e da verdadeira fraternidade.*

Essa frase de Miranda, descrevendo a emoção da jovem, é de tal ternura que me tocou emocionalmente. Quem de nós não se sentiu, de repente, diante de um missionário de Jesus na Terra, que inconscientemente identificamos tal, por exemplo, nosso inesquecível Chico Xavier, quem de nós, repito, não se sentiu como um adolescente espiritual, baldo de experiência na caminhada infinita, a qual percebemos existir naquele precioso momento? Ou diante de nosso amigo Divaldo Franco, cuja vibração espiritual envolve e se derrama sobre aqueles que dele se aproximam? Quando nos aproximamos deles temos a impressão de que somos alunos incipientes, ou como somos carentes de tudo o que eles representam aqui nesse planeta.

◆ ◆ ◆

Retornando ao texto de Miranda. O atendente carinhosamente passou a explicar-lhe a gravidade do crime do aborto, solicitando-lhe que pensasse demoradamente antes de qualquer decisão. Citou que o fato de o pai recusar a assumir a responsabilidade e que isto não seria importante porque o amor que ela dedicaria ao filho ou filha preencheria aquela ausência. Falou-lhe ainda sobre o *milagre da vida,* acerca da imortalidade e da reencarnação, enquanto o mentor aplicava-lhe energias especiais. Ao término do atendimento, a jovem retirou-se, prometendo voltar à instituição. Saiu emocionada e resolveu retornar ao apartamento, evitando seguir ao *trabalho* aquela noite.

Dr. Bezerra de Menezes informou que ela seria trazida de volta à instituição em desdobramento parcial pelo sono. O trabalho iria continuar.

CAPÍTULO 06
O SOCORRO PROSSEGUE

MIRANDA COMENTA QUE, nesse instante, deu-se conta de que todos os acontecimentos relacionados com a jovem estavam ligados a uma assistência que estava sendo prestada por um espírito nobre que a amava não sendo, pois, um simples acaso.

Este espírito logo em seguida apresentou-se, explicando ser o antigo soldado francês que a desencaminhara, por ocasião da conquista da Ibéria pelas tropas napoleônicas.

Mais tarde, envelhecido, reconheceu o mal que havia feito, porquanto após um período de relacionamento, abandonou-a sem a menor compaixão, para regressar ao lar, posteriormente vindo a constituir sua própria família. Entretanto, não a esquecera e a jovem sempre esteve presente em sua mente e na emoção, até o final da existência física. Nos últimos anos procurou remediar o mal que fizera no passado através da prática do bem, tentando atenuar a sensação de culpa que o dominava e que carregou para além do túmulo. Essa preocupação levou-o a uma transformação radical, pois que a encontrou em uma região espiritual de sofrimento, de onde não conseguiu resgatá-la.

Tempos depois ambos reencarnaram, porém em situação diferente. Ele teve o ensejo de conhecer o Espiritismo, após a desencarnação de Allan Kardec, visto que renasceu novamente na França, na cidade de Tours, onde conviveu com o apóstolo Léon Denis, até mesmo participando de inúmeras reuniões com o emérito escritor francês, que ali residia. Philippe era o seu nome. Significativamente transformado, retornou à Pátria espiritual no começo do século XX, com a consciência de que deveria cuidar para o reerguimento daquela a quem prejudicara no passado.

Por essa época, portanto, participava ativamente da equipe espiritual que trabalhava na Sociedade Espírita Amor e Caridade. Relata Miranda, que o antigo soldado francês, agora Phillipe, informado das atividades que aconteceriam no período em que ali estariam atuando solicitou a orientação do Dr. Bezerra de Menezes, que culminou no atendimento que estava em curso, concernente à jovem Martina.

Nesse meio tempo, na sala mediúnica sucediam-se as comunicações de espíritos atormentados, que recebiam a terapia espírita que suplanta e difere daquela que é propiciada aos encarnados. Miranda, elucidando quanto aos desencarnados, menciona que,

> *(...) todos os seus padecimentos estão impressos no perispírito que registra as ações e os seus efeitos, necessitando de vibrações generosas de amor e de caridade para serem diluídas mediante novas fixações emocionais. As palavras, naturalmente, auxiliam no despertamento das aflições, no entanto, com mais eficiência quando carregadas de compaixão e de entendimento fraternal, sem reprimendas nem imposições pretensiosas de quem deseja doutrinar,*

NAS FRONTEIRAS DA NOVA ERA

convencer, modificar... O trabalho é de socorro e não de domínio das mentes e dos sentimentos dos enfermos espirituais.

♦ ♦ ♦

Faço a seguir uma reflexão acerca da questão do diálogo com os espíritos.

Esse é um tema que venho apresentando em seminários específicos, há muitos anos, resultado de pesquisas nas obras que tratam do assunto e, também, observando e analisando as próprias comunicações para as quais dou passividade e as abordagens do esclarecedor do momento, para cada comunicante. Sempre menciono que a tarefa do dialogador é de essencial importância no contexto da reunião mediúnica. Nesse diálogo – porque não é um monólogo no qual fale apenas o encarnado – há necessidade de deixar que o comunicante relate o motivo pelo qual está ali, a fim de que se possa atender de maneira mais efetiva os sofrimentos ou conflitos de que seja portador. Interessante constatar que em inúmeras ocasiões o espírito faz uma catarse de suas aflições, no relato ou nas queixas que apresente durante a comunicação mediúnica. Portanto, o dialogador deve estar preparado para atender, com carinho e compaixão, adequando sua palavra, sua abordagem, visando suavizar as dores que esses nossos irmãos desencarnados apresentam.

Lembramos, inclusive, o procedimento do insigne Codificador, conforme relata em alguns textos da Codificação, também da *Revista Espírita*. Especialmente ressalto as comunicações registradas em **O Céu e o Inferno**, Feb, 1982, na segunda parte, quando constatamos que o mestre lionês permitia que o comunicante relatasse a sua situação,

SUELY CALDAS SCHUBERT

mais comumente pela psicografia, conforme era habitual àquela época. Aos poucos esse processo foi sendo substituído pela psicofonia, por ser um método mais dinâmico, com o surgimento de grande número de médiuns adequados a esse processo.

◆ ◆ ◆

O autor espiritual prossegue, então, nos seus comentários e esclarecimentos acerca das comunicações mediúnicas, citando o caso de espíritos recalcitrantes e discutidores e que, nessa circunstância, devem ser evitadas discussões que se alonguem, prejudicando até mesmo o transcurso da reunião. Assim, notando o esclarecedor que se trata de um comunicante cuja intenção é tomar o tempo dos trabalhos, deve-se encerrar a comunicação, dizendo-lhe com fraternidade que seu tempo já terminou, deixando ao encargo dos mentores a tarefa de atendê-lo.

Enfatiza Miranda o benefício do *choque anímico* para o espírito que se manifesta, por ser este um recurso terapêutico.

Por conseguinte, *nesse choque anímico, o espírito transfere ao médium pesada carga de fluidos deletérios que o dominam e infelicitam, enquanto se renovam por aqueles* (fluidos) *exteriorizados pelo sensitivo, beneficiando-se de imediato.*

◆ ◆ ◆

Pausa imprescindível.

E o médium, em relação a essa pesada carga de fluidos deletérios, como fica? É a pergunta que acode à mente de quem lê. O médium experiente, cuja vivência

NAS FRONTEIRAS DA NOVA ERA

mediúnica o evidencia para tal cometimento, fica muito bem, porque elimina essas energias enfermiças por mecanismos orgânicos, capazes de diluir a carga fluídica negativa e, sobretudo, por estar emitindo vibrações de paz, de amor, que extravasam de seu mundo íntimo, visto ser este o seu labor constante no abençoado campo da mediunidade com Jesus.

O médium educado e amadurecido nessa lide do bem consegue se recompor quase instantaneamente, considerando ainda que os mentores o estão renovando fluidicamente e energeticamente para que se mantenha equilibrado e absolutamente em harmonia.

Há um fator que influencia e muito o bom êxito da prática mediúnica: refiro-me ao grupo de participantes da sessão, deixando bem claro que quanto mais os encarnados vibram com amor, emitindo pensamentos de paz e concentrados da forma mais homogênea possível, mais produtivo e frutífero serão os resultados dos trabalhos. Portanto, o fator fundamental para que a doutrinação tenha êxito é a qualificação do próprio grupo mediúnico.

Léon Denis ressalta, em **No invisível,** cap.10: *É das mais meritórias essa missão: exige a perfeita união das vontades, uma profunda experiência das coisas do invisível, que só se encontra nos meios de longa data dedicados ao Espiritismo.*

◆ ◆ ◆

Nos seus comentários, Miranda destaca o atendimento de Jesus aos obsidiados que alcançava igualmente os seus perseguidores, compadecendo-se de ambos e, em decorrência, os expulsava de suas vítimas, contando com *a ajuda dos Seus cooperadores espirituais que se encarregavam de esclarecê-los.* (grifos no original)

Eu imagino, caros leitores e leitoras, que tais espíritos, por se encontrarem diante de Jesus, envolvidos por Sua puríssima aura que, repletada de amor e compaixão, de imediato envolvia o perseguidor. Tenho para mim, que o ato de expulsá-lo deva ser compreendido como o de deslocá-lo do perseguido para, então, ser conduzido pelos espíritos de alta elevação que assessoravam o Mestre, no seu sublime trânsito de luz pela Terra.

Explica o autor espiritual que a reunião mediúnica foi encerrada, após a prece proferida pelo médium Marcelo, inspirada pelo mentor Hermano.

Entretanto, os trabalhos teriam continuidade quando seria atendida a jovem Martina. Em razão disso, várias providências tinham sido tomadas, passando a sala por uma assepsia com aparelhagem especial, diluindo os fluidos mais pesados fixados às paredes e ao teto ou que permaneciam na psicosfera, de modo que as futuras atividades não viessem a se contaminar com as vibrações doentias.

A reunião que seria realizada no plano espiritual teve início quando o relógio da Sociedade assinalava 01h30min da madrugada.

Participavam, em desdobramento parcial pelo sono, a senhora Celestina, o médium Marcelo e reduzido grupo de companheiros encarnados, diretamente assistidos pelo mentor Hermano. Nesse momento surge Philippe, conduzindo Martina adormecida, que foi colocada em cadeira confortável. Dr. Bezerra de Menezes aproximou-se da jovem e despertou-a, com suavidade. Esta, ao observar o ambiente pensou estar sonhando.

Miranda expõe que, embora a vinculação perispiritual da genitora que se encontrava em processo de reen-

NAS FRONTEIRAS DA NOVA ERA

carnação, a senhora foi conduzida até Martina, que desejou afastá-la, rejeitando a sua presença.

Na longa sequência é narrada pelo autor espiritual a difícil aceitação da jovem por aquela que lhe fora mãe, naquele momento reconhecendo os erros cometidos e lhe pedindo perdão; culminando por suplicar com verdadeira emoção: *Desejo refazer o caminho, recuperar-me do grave engodo. Não me expulses do teu seio.*

Martina, dominada por um choque ao ouvir a súplica de sua mãe, pôs-se em pé e interrogou:

— *Como expulsar-te de onde?*

— *Do teu ventre. Estou necessitando do retorno, dos teus braços e do teu colo quente para repousar um pouco e cuidar de ti nos dias pesados do futuro.*

Martina indignada novamente rejeitou veementemente a gestação, destacando sua condição de mulher famosa e rica, enumerando as razões de realizar o aborto. Afirmou sentir-se enlouquecer diante da situação inusitada. Petitinga que a estava atendendo diretamente, procurando esclarecê-la, pediu que observasse quem vinha em sua direção.

◆ ◆ ◆

Momento de refletir um pouco sobre a questão do aborto.

O Espiritismo defende a vida em todos os sentidos, trazendo esclarecimentos irretorquíveis quanto à gravidade de se interromper a vida do ser em formação.

Constitui-se em grave comprometimento perante as Leis Divinas a prática do aborto em qualquer fase da gravidez, visto que esse procedimento impede que o Espírito, já ligado ao embrião, renasça em novo corpo físico que lhe servirá como instrumento de progresso.

Em **O Livro dos Espíritos**, Feb, 2006, na questão 358, Kardec indaga:

> *Constitui crime a provocação do aborto, em qualquer período da gestação?*
> *Há crime sempre que transgredis a lei de Deus. Uma mãe, ou quem quer que seja, cometerá crime sempre que tirar a vida a uma criança antes do seu nascimento, por isso que impede uma alma de passar pelas provas a que serviria de instrumento o corpo que estava se formando.*

Emmanuel, o mentor de Chico Xavier, em página intitulada "Aborto delituoso", enfoca os vários crimes e os procedimentos para coibi-los lecionando, porém, a certa altura, da seguinte forma:

> *Todavia, um crime existe mais doloroso, pela volúpia de crueldade com que é praticado, no silêncio do santuário doméstico ou no regaço da Natureza... Crime estarrecedor, porque a vítima não tem voz para suplicar piedade e nem braços robustos com que se confie aos movimentos de reação.*
> *Referimo-nos ao aborto delituoso, em que pais inconscientes determinam a morte dos próprios filhos, asfixiando-lhes a existência, antes que possam sorrir para a bênção da luz* (**Religião dos espíritos**, Feb, 17ª ed. pág. 17-18).

NAS FRONTEIRAS DA NOVA ERA

Nos últimos tempos a mulher, pretextando ser dona do próprio corpo, afirma ter o direito de praticar o aborto, diante de uma gravidez indesejada. Essa é a postura de grande número de mulheres que lutam pela regulamentação do aborto, totalmente alienadas quanto à realidade de que são espíritos imortais como, aliás, todos nós, humanos. A certeza da imortalidade e da reencarnação muda toda perspectiva de vida, trazendo no seu cerne a questão do livre-arbítrio e da responsabilidade individual perante as Leis Divinas.

◆ ◆ ◆

Retornando ao enfoque da situação de Martina.

Philippe, que se apresentava levemente aureolado por suave claridade, se aproximou, chamando-a de Maria José. Ela o reconheceu prontamente e respondeu dando-lhe o nome de Marcel.

Em sequência os dois se abraçaram e ela, sentindo-se confusa, mas feliz, reconhecendo que estava diante do verdadeiro amor de sua vida, aceitou os argumentos dele em relação à gestação e mostrando-se propensa a admitir o retorno de sua mãe.

Capítulo 07
O amor nunca põe limites

Após o atendimento à jovem Martina, os trabalhos prosseguiram, quando duas entidades que cooperavam habitualmente nas reuniões mediúnicas da Sociedade Espírita adentraram, trazendo em maca, adormecido, um dos seus diretores.

Tratava-se do confrade Anacleto, que já passara de cinquenta anos de vida, viúvo há cinco anos, e que sempre fora um dos pilares de segurança da instituição por sua dedicação constante.

Miranda foi informado de que ele era responsável por atividade de grande importância na Casa. Porém, invigilante, nos últimos tempos havia passado por uma transformação no seu comportamento, tornando-se agressivo e perturbando o grupo de trabalho do qual fazia parte.

Anacleto, durante os anos de casado, manteve-se equilibrado sexualmente, mas após a desencarnação da esposa, igualmente dedicada trabalhadora, passou a cultivar ideias e sentimentos perturbadores, despertando em seu íntimo tormentos até então adormecidos, gerando hábitos mentais que o levaram a um tipo de vida promíscua, frequentando motéis com jovens aventureiras igualmente perturbadas.

Aos poucos se desligou emocionalmente dos deveres espirituais e passou a se desinteressar pela função que exercia na Casa. Entre os membros da diretoria, quando chamado a cooperar, reagia de maneira grosseira, faltando totalmente com os compromissos assumidos. Por fim che-

NAS FRONTEIRAS DA NOVA ERA

gara ao ponto de desviar valores da contabilidade da instituição, a fim de atender aos prazeres pelos quais optara.

A esposa desencarnada, acompanhando-lhe a derrocada, aflita, recorreu ao mentor, solicitando socorro imediato. Esse, por sua vez, orou em rogativa a Francisco de Assis, que encaminhou para o atendimento ao irmão necessitado a equipe de Bezerra de Menezes, em atuação espiritual na Sociedade.

O autor espiritual menciona que no presente comportamento de Anacleto, o que mais se evidenciava era uma espécie de alucinação de autopoder, que ele próprio se atribuía, não prestando contas dos seus atos administrativos e nem admitindo ingerência ou quaisquer observações no sentido de mudar suas atitudes. A situação chegou a tal ponto que os companheiros pensavam em convocar uma assembleia geral a fim de excluí-lo do quadro administrativo, o que poderia resultar em escândalo, pois certamente ele reagiria de forma negativa, mais se complicando e afetando o conceito da própria instituição, voltada ao amor e à caridade.

Anacleto trazido à sala de atendimentos demonstrava muita agitação, como quem desejasse se libertar de alguma constrição que o afligia.

Observando-o com mais atenção Miranda notou que ele se encontrava em processo de subjugação espiritual muito grave, pois apresentava estranhas formas ovoidais, que lembravam a medusa da mitologia grega, e que era constituída por seres espirituais inferiores; estas formas flutuavam em volta de sua cabeça, emitindo ruídos estranhos.

Miranda explica a seguir:

Tratava-se de espíritos vítimas da monoideia, que lhes fora inculcada em experiências hipnológicas perversas, trabalhada por hábil adversário do bem, que se acreditava responsável por verdadeira legião de desencarnados que lhe sofriam os acicates cruéis.

Em sua observação Miranda notou que dois desses ovoides fixavam-se no sistema nervoso central, outros dois no aparelho genésico, e um no chakra cerebral, em verdadeira parasitose exploradora grave. Todas essas áreas apresentavam-se dominadas por esses espíritos deformados, sendo que a atuação no sistema nervoso central exauria a vítima lentamente porque se nutriam do seu tônus energético.

A continuidade desse quadro por certo acarretaria alguma enfermidade grave, comprometendo-lhe a existência física.

♦♦♦

Interrompemos a narrativa para imprescindível esclarecimento.

André Luiz, especialmente em **Evolução em dois mundos** (Feb, psicografia de Francisco Cândido Xavier e Waldo Vieira, 5ª ed.cap. 12) encontramos importantes elucidações a respeito dos Espíritos denominados ovoides. Em meu livro **Obsessão/Desobsessão** apresento uma síntese do pensamento de André Luiz, que muito interessa aos estudiosos, que cito a seguir, parcialmente.

Nas fronteiras da nova era

Menciono nessa obra que a transubstanciação do corpo espiritual ou perispírito em um corpo ovoide pode ocorrer nos casos de desencarnados em profundo desequilíbrio, desejosos de vingar-se ou portadores de vicioso apego, que envolvem e influenciam aqueles que lhes são objeto de perseguição ou atenção e se auto-hipnotizam com as próprias ideias, que se repetem indefinidamente.

Igualmente acontece o mesmo com Espíritos de grandes e cruéis criminosos, os pervertidos, os trânsfugas do dever que, ao desencarnar, ver-se-ão atormentados pela visão repetida e constante dos próprios crimes, vícios e delitos, em alucinações que os tornam dementados. As formas-pensamento que exteriorizam, infindáveis vezes tornam-se-lhes viciosas, resultando no monoideísmo auto-hipnotizante. Nos casos mencionados, a mesma ideia fixa e constante leva à deformação perispirítica.

André Luiz, aprofundando, explica que, não havendo outros estímulos os órgãos do corpo espiritual se retraem ou se atrofiam, da mesma forma que ocorre aos órgãos do corpo físico que, paralisados, se atrofiam.

Segundo o autor espiritual, aos poucos, esses órgãos do perispírito

> *(...) se voltam, instintivamente, para a sede do governo mental, onde se localizam, ocultos e definhados, no fulcro dos pensamentos em circuito fechado sobre si mesmos, quais implementos potenciais do germe vivo entre as paredes do ovo.*

A forma ovoide guarda consigo todos os órgãos de exteriorização da alma, tanto nos planos espirituais quanto

SUELY CALDAS SCHUBERT

nos terrestres, tal qual o ovo ou a semente, que trazem em si a ave ou a árvore do futuro.

Os obsessores utilizam-se desses espíritos ovoides para intensificar o processo obsessivo. No caso de Anacleto pode-se observar que ele recebeu amparo espiritual a tempo, por méritos que já havia adquirido, impedindo que o seu estado se agravasse irremediavelmente.

◆ ◆ ◆

Volto ao texto.

No silêncio em que a sala estava mergulhada, envolta em vibrações harmoniosas, Dr. Bezerra de Menezes orou rogando o auxílio de Jesus para as atividades que se estavam iniciando. Suave claridade se estendeu a todo o recinto.

Aproximando-se do enfermo encarnado, Dr. Bezerra de Menezes deu início ao processo de libertação das duas entidades deformadas, que se encontravam ligadas no centro genésico, aplicando especial energia em movimentos anti-horários, como se estivesse desparafusando o tentáculo de cada uma delas, que se fixavam, respectivamente, nas gônadas. O aspecto era o de uma espécie de ventosa comum aos polvos, firmemente fixada e com forte condição de absorção dos conteúdos em cuja parte exterior se prendia.

O processo libertador prosseguiu por alguns minutos até que finalmente as duas entidades foram desligadas de Anacleto. As formas ovoidais que flutuavam foram entregues aos cuidados de José Petitinga, sendo em seguida encaminhadas para a comunicação mediúnica por meio da

NAS FRONTEIRAS DA NOVA ERA

médium Celestina, ligando-se à sua aura, igualmente também a outro médium da Casa.

Ao serem ligados aos médiuns experientes e disciplinados, as entidades passaram a se movimentar, emitindo sons animalescos, extravasando intenso sofrimento.

Simultaneamente, recebiam energias calmantes transmitidas pelas mãos de Hermano, Petitinga e Jésus, ao tempo em que Dr. Bezerra de Menezes, com voz suave falou-lhes:

> *A libertação de que necessitam começa agora, embora se prolongue por algum tempo. É necessário recuperar a forma perdida, utilizando-se do invólucro espiritual desses que se lhes transformam em intermediário, de modo que, no futuro, em processo de reencarnação dolorosa, possam voltar ao estado anterior que usaram indevidamente (...).*
> *Têm sido longos os anos dessa radical transformação, mas soa o momento para a recuperação da vida normal. Todo o patrimônio armazenado através dos tempos e que hoje se encontra arquivado no cerne do ser, volverá lentamente e ser-lhes-á possível avançar pela estrada do progresso.*

♦ ♦ ♦

Oportuna uma pausa para ressaltar o esclarecimento do Dr. Bezerra Menezes quanto ao patrimônio existencial de cada um deles.

Bom lembrarmos que o Espiritismo nos ensina que nossas aquisições adquiridas através dos milênios de nossa existência, enquanto Espíritos imortais, jamais se perdem; pelo contrário, nossas vivências mais íntimas fazem parte da nossa história pessoal, esta que estamos escrevendo dia após dia. Representam nossa bagagem ou acervo, patrimônio perene que nos é intransferível. Mesmo no caso de Espíritos, cuja forma perispirítica se apresente deformada a tal ponto, esse patrimônio permanece preservado, indelevelmente.

A propósito, Hermínio Miranda em seu livro **Diálogo com as sombras**, (Feb, 1979, cap. 2), registra que tiveram, em certa ocasião, um caso de zoantropia na reunião mediúnica que dirigia, cujo espírito se apresentava com a aparência de um lobo muito feroz e que não conseguia falar, apenas rosnava, suscitando compaixão e afeto em todos os participantes. Hermínio Miranda, percebendo a gravidade da condição do comunicante, falou-lhe demoradamente, procurando libertá-lo do terrível condicionamento ao qual estava imantado, falando-lhe que era um ser humano e não um animal. Usou também do recurso da prece e dos passes que aos poucos o acalmaram. Com a intervenção dos mentores presentes e a vibração da equipe mediúnica, foi possível reverter o seu perispírito para a forma humana, após demorado atendimento.

Mas o que desejo destacar são os comentários do autor acerca da bagagem que o espírito era portador, como a seguir:

> *Não podíamos esquecer, por um minuto, que ele* ***não era um animal irracional*** *(grifos do Hermínio), mas uma criatura humana, que se tornou temporariamente irracional, em decorrência do seu terrível comprometimento ante as leis divinas. Tínhamos que falar a ele como a um irmão em*

NAS FRONTEIRAS DA NOVA ERA

crise, não a um lobo feroz. Aparentemente estava em estado de inconsciência total, mas no fundo do ser, ele preserva os valores imortais do espírito, com todas as aquisições feitas no rosário de vidas que já tinha vivido. É quase certo que tivesse uma bagagem respeitável de conhecimentos e recursos, pois na escalada espiritual nada se perde, em termos de aprendizado.

♦♦♦

Retomando o texto.

O mentor prosseguiu em sua orientação aos dois Espíritos que haviam sido desligados do enfermo encarnado, citando que ambos, embora sem condições de falar, sendo, todavia, capazes de pensar, deveriam voltar-se para Deus, suplicando-Lhe misericórdia, enfatizando que os dias de horror estavam prestes a terminar e que dariam lugar ao período de esperança e alegria de viver. Em simultâneo, transmitia energias saudáveis aos espíritos disformes. Em sequência, os comunicantes foram desvencilhados dos dois médiuns e levados para local próprio onde teriam assistência hospitalar de longo curso.

♦♦♦

Pausa necessária para algumas considerações.

Tive, na década de 70, uma experiência algo semelhante, inesquecível, pois atuei como médium, por duas vezes, a Espíritos com a forma perispirítica ovoide.

O fato ocorreu no ano de 1976, mais ou menos. Participava, por essa época, dos trabalhos no Centro Espírita Ivon Costa, notável Casa na cidade de Juiz de Fora (MG).

Fazia parte, então, de um grupo mediúnico que se reunia nas noites de quarta-feira, sob a segura direção de um querido amigo, Senhor Silvestre Santos, que durante anos esteve à frente da equipe, atualmente desencarnado há algum tempo. Esse grupo era realmente extraordinário, foi ali que tivemos as mais importantes tarefas de desobsessão com um rico aprendizado para todos. A equipe era muito homogênea e apresentava uma corrente vibratória bastante firme e equilibrada.

Certa noite, em que trabalhávamos na desobsessão de casos muito graves, eu percebi que os Benfeitores preparavam um trabalho muito especial. O mentor falou-me mentalmente que estavam trazendo uma entidade que se apresentava com a forma ovoidal e que eu me preparasse vibrando com muito amor, pois que ela seria ligada a mim. Enquanto escrevo uma grande emoção me invade, porque em minha tela mental revejo o nosso grupo e aquela noite memorável. Uma saudade suave desperta em mim a lembrança de cada um dos integrantes, alguns já desencarnados.

Dei a seguir a passividade ao irmão necessitado e extremamente sofredor, passando a sentir a terrível condição em que se encontrava; ele emitia sons muito baixos, como quem estivesse respirando estertoricamente, com dificuldade e ruídos estranhos. O comunicante não conseguia falar, mas eu senti que estava em desespero. O dirigente, mesmo não tendo noção do que acontecia, notou que havia alguma coisa diferente naquela comunicação e inspirado pelo mentor dos trabalhos, Ivon Costa e pelo meu mentor, Dr. Almada Horta, começou a falar de Jesus e do amor que Ele dedicava aos enfermos e sofredores, enquanto aplicava passes de reconforto, sobre minha cabeça, que

NAS FRONTEIRAS DA NOVA ERA

recaiam sobre a entidade, que foi aos poucos se acalmando, cuja respiração ofegante lentamente se modificou, trazendo um tanto de paz àquela alma aflita.

Por minutos, que não sei precisar, a ligação permaneceu entre nós, o Espírito e eu, sendo que ele foi posteriormente desligado e conduzido adormecido pelos Benfeitores.

Ao término dos trabalhos, no momento da avaliação, comentei a visão que havia tido do desventurado irmão, que apresentava o perispírito deformado parecendo um polvo; que a sensação que me passara foi de que ele havia colado às minhas costas, e que tive de reunir todas as minhas forças vibratórias, amorosas e maternais, para suportar a carga negativa que me transmitia. Era um ovoide, eu disse. Mas ao mesmo tempo os mentores sustentavam as minhas energias e me reabasteciam para que mantivesse o equilíbrio e a harmonia interior.

Os anos transcorreram. Décadas depois, em conversa com amigos, na Sociedade Espírita Joanna de Ângelis, sendo que um deles é filho do nosso antigo dirigente, no "Ivon Costa", Vitor Silvestre Ferraz Santos, atualmente o dirigente do nosso grupo mediúnico na SEJA, relatei as comunicações dos dois Espíritos que se apresentavam com a forma ovoidal, mencionando que sua aparência lembrava a de um polvo. Inclusive mencionei que nunca soubera de alguém que tivesse essa experiência.

Eis que passados mais alguns anos encontro nessa obra de nosso Manoel Philomeno de Miranda, que estou comentando, o relato desse atendimento a um dos diretores dessa Casa Espírita, padecendo uma subjugação dessa gravidade, com a presença dos sofridos irmãos com o perispírito na forma ovoide, tendo o autor espiritual descrito

Suely Caldas Schubert

que ambos lembravam a forma de um polvo. O que veio confirmar a minha experiência dos anos 70, no século XX.

O médium estudioso e vigilante deve sempre procurar a confirmação de alguma experiência diferente que tenha vivenciado, no âmbito da mediunidade, sem divulgá-la, para sua própria segurança e para que mantenha a fidelidade à Doutrina Espírita, enquanto não tenha conhecimento de outra circunstância semelhante, em fonte fidedigna. Esta a universalidade do ensino dos Espíritos, conforme preconiza o Codificador, Allan Kardec.

◆ ◆ ◆

Retomando a narrativa de Miranda, este informa que o generoso mentor se aproximou da maca em que Anacleto se encontrava, ainda adormecido, porém, inquieto e gemendo, repetindo a mesma providência com outros dois necessitados ovoidais, que se fixavam no sistema nervoso central, presos na base posterior do cérebro, no ponto inicial da medula, procedendo ao desligamento. As entidades pareciam perceber o que estava ocorrendo e se agitavam negativamente, como a insistir para permanecerem na mesma situação vampiresca.

Dr. Bezerra de Menezes, imperturbável, retirou-as e igualmente as encaminhou à comunicação mediúnica por meio de dois médiuns, profundamente concentrados, condição essencial para um bom resultado do trabalho, entretanto ao contato com a aura de cada um deles, mostravam-se mais agitadas e angustiadas.

O mentor, então, falou-lhes que a compaixão do Pai pelos filhos que se enganam sempre está presente e ultrapassa tudo quanto podemos conceber. Prosseguiu dizendo:

Nas fronteiras da nova era

Desse modo é chegado também o momento de ambos que, a partir de agora, enfrentarão as consequências da própria incúria, a fim de despertarem para realidades novas e inadiáveis.
Inutilmente o mal permanecerá na Terra e o seu curso, por mais longo se apresente, será sempre de breve duração, porque somente o bem possui caráter de permanência, por proceder de Deus.
A melhor conduta, neste instante, é o abandono da ideia de vingança, assim como do prazer criminoso que os transformou em degenerados diante das divinas leis.

Entretanto, embora as palavras amorosas do benfeitor, as duas entidades emitiam ondas de revolta, mostrando-se bem diferentes dos dois espíritos anteriormente atendidos, porém, foram adormecidos, a fim de serem levados para prosseguimento do tratamento espiritual que lhes era necessário. Antes de adormecerem o mentor concluiu:

Logo mais será novo dia e a oportunidade que surge é bênção incomum em favor da felicidade futura de suas vidas. Mantenham-se em paz, porquanto ninguém foge por tempo ilimitado em relação ao seu próprio destino, fruindo de plenitude que todos alcançaremos um dia.
Deus os abençoe, irmãos queridos!

Em seguida Dr. Bezerra de Menezes acercou-se de Anacleto e o despertou.

Assustado ele imaginou que estava sendo julgado, todavia, foi esclarecido quanto ao precioso momento que estava vivendo. Profundamente constrangido diante do amorável médico e observando o pequeno grupo de trabalhadores espirituais, ele tentou fazer-se de vítima nas mãos de perseguidores cruéis, no que foi obstado pelo mentor que, com voz enérgica, chamou-o à realidade de sua conduta dos últimos tempos, dizendo a certa altura:

> *Onde está a sua responsabilidade em relação ao trabalho de Jesus e à firmeza da fé, se logo se permite percorrer a senda de espinhos da insanidade, tornando-se instrumento de perturbação e de desastre para um trabalho que é piloti de sustentação na edificação do Espiritismo na Terra?*
> *Não se brinca com as questões do Espírito imortal, nem se podem abandonar graves responsabilidades sem sofrer-lhes as consequências do ato leviano. Portanto, mude o foco do seu pensamento e conversemos.*

Diante das severas palavras do Dr. Bezerra de Menezes, faço uma pausa para meditação a respeito.

Quão oportunas são as advertências feitas, que transcrevo apenas em parte, deixando ao leitor e à leitora que consultem a obra que estou analisando, para maior aprofundamento com o texto completo.

Todavia, temos acima material suficiente para pensarmos a respeito de nossas responsabilidades **enquanto trabalhadores, voluntários sim, na ótica do plano terreno, porém, comprometidos com o Cristo, que nos con-**

NAS FRONTEIRAS DA NOVA ERA

vocou à tarefa da divulgação da Doutrina dos Espíritos, diante da qual cabe a cada um servir incondicionalmente, entendendo que é um ensejo sagrado assumido antes de nossa atual reencarnação. (grifo nosso)

Não se brinca com as questões do Espírito imortal – diz o mentor – e podemos acrescentar: não se brinca com tão magno compromisso que aceitamos ou que pedimos e imploramos, ainda na Espiritualidade, na certeza de que somos necessitados desse abençoado campo, dessa vinha que pertence ao Senhor, a fim de emprestar-Lhe o nosso suor, o nosso esforço, se desejamos, é claro, contribuir com a regeneração do nosso planeta Terra, que se instalará a partir da contribuição de todos nós.

Sabemos nessa grande transição, ora em curso, da importância do Espiritismo, cuja mensagem está adiante do tempo, na vanguarda desse amanhecer que almejamos; portanto, trabalhamos – estejam certos – para o futuro da Humanidade, o que nos leva a inferir que se desviarmos do curso traçado pela grandiosa programação espiritual, graves serão os resultados de nossa incúria e desatino. Assim, o momento é este, não amanhã e nem depois, mas AGORA!

Ao compreendermos o alcance desse trabalho e de sua magnitude, estaremos com os olhos e com nossos melhores sentimentos e pensamentos no porvir infinito que nos acena e aguarda.

Pensemos nisso!

♦♦♦

Prosseguindo, Miranda comenta que Anacleto se conscientizou do quanto estava sendo beneficiado e, despertando emocional e psiquicamente, reconheceu a vivência desequilibrada que havia adotado. Então, chorou sinceramente arrependido, externando o desejo de retomar a caminhada da qual se desviara.

O médico espiritual recomendou-lhe a oração e a disciplina moral, explicando que ainda permaneciam alguns liames de sintonia com espíritos malfazejos; assim deveria manter-se vigilante em relação aos desejos do prazer doentio e prejudicial.

Amanhece-lhe a oportunidade nova que deverá ser aproveitada com sabedoria. Deus o abençoe! – Finalizou o mentor.

Anacleto foi reconduzido ao lar por Jésus Gonçalves.

CAPÍTULO 08
APROFUNDANDO OS CONHECIMENTOS

O CAPÍTULO SE inicia com as elucidações do Dr. Bezerra de Menezes quanto aos atendimentos atinentes à grave obsessão de Anacleto, um dos diretores da instituição, do qual foram desligadas quatro entidades de forma ovoidal. Entretanto restou uma delas, a que estava vinculada ao *chakra* coronário e o mentor explicou a razão desse procedimento.

Explicarei que se trata de medida saudável e preventiva em relação ao seu reequilíbrio.
Quando alguém sofre a indução malévola de espí-

Nas fronteiras da nova era

ritos desse teor, a sua organização psicofísica permanece intoxicada pelos fluídos venenosos aspirados, adaptando-se às circunstâncias doentias. Se, de repente, é liberada desse tônus enfermiço, sofre um colapso de interação mente-corpo e o paciente pode tombar na perda de memória, em alucinação, em distonia emocional.

Desse modo, o processo de recuperação deve ser realizado com certa morosidade, facultando ao corpo adaptar-se à nova ingestão de energias, ora saudáveis, que eliminarão as seqüelas deixadas pelos tóxicos destruidores.

Nosso irmão despertará com vagas lembranças do nosso encontro, nauseado, mais indisposto, no entanto, com real interesse pela mudança que se lhe deve operar no que diz respeito à conduta mental e moral.

♦♦♦

Pausa para uma reflexão acerca desse ponto citado pelo mentor.

Trata-se de uma obra de Manoel Philomeno de Miranda, **Loucura e obsessão** (Feb, 1990, cap 20), em que ele aborda o assunto. Vejamos seus comentários.

– À medida que a obsessão se faz mais profunda, o fenômeno da simbiose – interdependência entre o explorador psíquico e o explorado – se torna mais terrível. Chega o momento em que o perseguidor se enleia nos fluidos do perseguido de tal maneira que as duas personalidades se confundem... A ingerência do agente perturbador no cosmo orgânico

> *do paciente termina por jugulá-lo aos condimen-*
> *tos e emanações da sua presa tornando-se, igual-*
> *mente, vítima da situação, impossibilitando-se o*
> *afastamento. Por outro lado, a magnetização e in-*
> *toxicação fluídica do agressor sobre o* hospedeiro
> *transforma-se em alimento próprio para a orga-*
> *nização celular, que, se não a recebe, de repen-*
> *te, desajusta o seu equilíbrio. No princípio gera,*
> *distonia, desarticulação, para depois adaptar-se*
> *e aceitar a energia deletéria sem maiores choques*
> *nos elementos que constituem o universo celular...*

No texto transcrito a obsessão era realizada por um perseguidor apenas, estando ele e a vítima enleados em graves cometimentos, no passado, tornando-se esse processo simbiose bastante profunda e já antiga. Quanto a Anacleto, o processo de contaminação fluídica pelos espíritos ovoides estava no começo, o que possibilitou o desligamento dos mesmos sem maiores danos para ele.

Na sequência dos esclarecimentos do Dr. Bezerra de Menezes, ele discorre sobre um ponto muito importante que é imprescindível atentarmos.

> *O caminho do vício é tortuoso e ingente, causando*
> *muitos danos a todo aquele que o percorre irres-*
> *ponsavelmente, sedento de prazeres mórbidos.*
> *A verdadeira saúde inicia-se no pensamento digni-*
> *ficante que constrói vigorosos combatentes psíqui-*
> *cos sempre em vigilância e na posição de luta con-*
> *tra os vírus produzidos pelos adversários do bem,*
> *que invadem a organização celular das criaturas*

NAS FRONTEIRAS DA NOVA ERA

levianas, sustentando-as nas aspirações doentias a que se adaptam e nas quais se comprazem.
Utilizando-se o ser humano da oração e dos pensamentos edificantes, são criados antivírus específicos que o defendem da contaminação prejudicial.
É sempre de bom alvitre a manutenção do equilíbrio mental de onde procedem as energias compatíveis com a onda vibratória elegida para a vivência existencial.
— Estamos a serviço de Jesus, e é natural que todos aqueles que se Lhe transformam em adversários, por essa ou aquela razão, tenham-nos na condição de inimigos, porque lhes constituímos impedimento aos planos de expansão e de vitórias nos seus empreendimentos infelizes.

Importante alerta do Dr. Bezerra de Menezes quanto à saúde, que hoje sabemos, não apenas através do Espiritismo, mas igualmente pela ciência que avançou consideravelmente nesse campo da influência mental sobre o corpo físico, abrangendo as causas psicossomáticas em uma visão cada vez mais aprofundada e quero crer que, dentro em breve, estará aceitando, integralmente, a presença do Espírito com toda sua bagagem e conquistas, a comandar o cosmo celular.

A visão espírita, todavia, desde Allan Kardec, Léon Denis e outros clássicos, ampliou o entendimento acerca da mente, graças às orientações espirituais de benfeitores, tais quais André Luiz e Emmanuel que pontificam, vindo posteriormente pela sabedoria de Joanna de Ângelis, Manoel Philomeno de Miranda e outros, alargando os horizontes gradativamente, a fim de que o ser humano possa compreender a imensa riqueza que traz em seu mundo interior. Essa constatação resultará, no tempo próprio de cada um, a uma saúde mental e física compatível com o novo teor vibratório daquele que já estará vivendo os pródromos da regeneração.

Na esfera do cotidiano, porém, é que precisamos manter esse padrão, a partir dessa conscientização, pois é no dia a dia da luta profissional, nas dificuldades de relacionamento, na pressa e na violência tão comuns em nossos dias que há necessidade de vigilância e atenção redobrada para não cairmos nas surpresas e armadilhas que surgem aqui e ali.

Se nós somos portadores de vírus e suas viroses que atacam o corpo físico agora ficamos cientes de que existem os vírus provenientes de mentes que emitem ondas maléficas terrivelmente contaminadas por tais vibriões que estão apenas esperando que haja em alguém o campo vibratório descuidado, negativo, para se instalarem vorazmente, servindo-se da invigilância e queda moral da criatura.

Mas e as defesas? Estas nós as construímos, através da prece, do pensamento elevado, da conduta moral equilibrada, atuando no bem e em favor da paz.

O ocorrido com o diretor da Sociedade não é um caso raro. Vez que outra se ouve relatar situações semelhantes, especialmente pelo fato de ele ter sofrido pesada carga de assédios negativos de espíritos perversos e inferiores.

Narra o benfeitor que tais entidades estavam sob o comando do rabino Eliachim Bem Sadoc:

Ele próprio, desde que foi desmascarado em encontro passado com os mensageiros do Senhor, prometeu lutar contra os cristãos novos, conforme já vinha fazendo, porém, agora, investindo todas as forças de modo a impedir, na sua presunção, a conquista dos corações pela doutrina kardequiana... Assim, procurou várias instituições dedicadas à prática e à vivência do Espiritismo, elegendo esta, em razão do seu elevado programa cristão e sua vinculação ao Pobrezinho de Assis, para prosseguir na luta feroz, estigmatizando-a e levando-a à eclosão de escândalos prejudiciais ao pensamento doutrinário.

O plano nefasto foi percebido pelo mentor Hermano e pelos demais protetores espirituais que dirigem a Sociedade que, de imediato recorreram a São Francisco, que determinou as providências aplicadas sob a égide do amor. O início desse litígio está narrado na primeira parte, quando comento o livro **TRANSIÇÃO PLANETÁRIA.**

Bezerra de Menezes alerta que tão logo o irmão infeliz tomasse conhecimento do que estava acontecendo investiria com suas hostes contra a instituição, mormente contra o diretor que foi tratado na referida reunião espiritual.

Ele recomenda, então, vigilância e humildade, e confiança na proteção de Jesus, o Sublime Administrador da Seara, já que os médiuns, diretores e outros membros seriam assediados. Certamente seriam arquitetadas ciladas, agressões, perturbações que alcançariam os familiares e, inclusive, a área profissional de alguns.

Em suas exortações finais, Dr. Bezerra de Menezes afirmou:

> *Nestes dias da grande transição planetária ocorrem e sucederão muitos fenômenos aterradores, que são os frutos apodrecidos da conduta social das criaturas terrestres, cada vez mais degradada, chamando a atenção para a mudança que se dará, propiciando harmonia e legítima alegria de viver.*
> *Ninguém se escuse à cooperação em favor do mundo melhor, porque as leis cumprem-se com ou sem a anuência dos homens e até mesmo apesar da sua negada cooperação.*
> *A barca terrestre segue o seu curso no oceano sideral, sofrendo algumas injunções tempestuosas, mas Jesus está no leme, não nos esqueçamos.*

Às três horas da manhã foram encerrados os labores e os participantes encarnados foram conduzidos aos lares pelos trabalhadores espirituais da Casa.

Relata Miranda que no dia seguinte foram visitar Anacleto; este teve recordações fragmentadas de que havia sido socorrido durante o sono físico, guardando a impressão de um desdobramento no qual tinha sido beneficiado pelos mentores da Sociedade espírita, cujos compromissos voltaram à sua lembrança, conscientizando-se da conduta relapsa dos últimos tempos e, sinceramente, se arrependendo.

Nesse clima mental e vibratório sentiu necessidade de orar, suplicando a ajuda do Alto, entrando assim na sintonia com o mentor que o envolveu em amorosas vibrações,

Nas fronteiras da nova era

fato este que diminuiu a interferência da entidade ovoidal que se lhe conservava imantada ao centro coronário.

Sentindo-se renovado preparou-se durante todo o dia, a fim de que à noite viesse a reencontrar os amigos, pensando inclusive em se desculpar.

O autor espiritual, retornando ao centro de atividades, observou que em volta da instituição verdadeira tropa de assalto armava o cerco, como sucedera em outras ocasiões de lutas entre as forças do Cristo e os perversos adversários da luz.

Alguns espíritos, portadores de carantonhas terríveis, controlavam entidades deformadas pela zoantropia, acorrentadas, com aspectos de lobos e cães ferozes. O ambiente em torno tornou-se pestilento em razão da emanação vibratória inferior da tropa. Azagaias — espécie de flechas antigas — foram atiradas contra a Casa e contra aqueles que ali estavam, causando súbito mal-estar em alguns dos que vinham em busca de socorro para seus problemas físicos e espirituais, que logo se recuperavam ao adentrar ao salão de palestras e de passes coletivos, em razão da ambiência que apresentava defesas espirituais permanentes, beneficiando o público em geral.

Nessa altura dos acontecimentos, Dr. Bezerra de Menezes convocou o dirigente Hermano para uma reunião da qual participaram alguns espíritos encarregados de outros setores da Casa.

Após alguns minutos de silêncio, o benfeitor teceu algumas considerações a respeito da situação promovida pelos adversários do Bem, alertando que, diante do desafio, a única alternativa seria a compaixão, envolta no amor, na solidariedade como auxílios para conquistar aqueles que ainda se compraziam na violência para as fileiras da paz.

Aconselhou algumas providências, que transcrevemos a seguir:

> *Torna-se conveniente que, nas próximas exposições doutrinárias, sejam explicadas pelos divulgadores doutrinários as dificuldades que, periodicamente, surgem no caminho de todas as criaturas, o mesmo ocorrendo nas comunicações mediúnicas, de forma que se tome conhecimento desse período de lutas e, por extensão, sejam aplicados os recursos da oração e das boas ações como medidas acautelatórias e impeditivas da vigência do mal em nossa grei. Inspirados pelos mentores espirituais, igualmente intuídos quanto às responsabilidades que a todos dizem respeito, criar-se-á um clima emocional e fluídico de segurança e equilíbrio durante todo o período de combates que se avizinha.*
> *A batalha final será do amor, apagando as labaredas do ódio daqueles que as vitalizam com a sua ignorância e teimosia.*
> *Que o Senhor de bênçãos nos abençoe e nos guarde nos Seus desígnios de paz.*

As atividades prosseguiram durante todo o dia, mas à noite, antes do início dos passes que seriam aplicados às criaturas necessitadas ocorreu, de súbito, uma situação constrangedora.

Um homem, portador de distúrbios mentais profundos, conhecido no bairro, pela primeira vez, incorporado por um dos chefes sitiantes que o telementalizava, quis forçar a entrada na instituição. Pessoas encarregadas da vigilância, com gentileza tentaram convencê-lo do propósito, convidando-o a outra área, mas ele, cujo objetivo era o de perturbar a reunião, partiu para a agressão corporal, reclamando pela caridade e pelo amor que tanto eram ali apregoados.

Quatro trabalhadores tentavam impedi-lo, enquanto a malta ao redor gritava e zombava da situação, ao tempo que estimulavam os que dominavam o enfermo, estabelecendo assim pequena confusão que assustou os presentes, provocando pânico.

O guia Hermano veio atender ao problema à porta de entrada e orando sinceramente acercou-se do doente tocando-lhe a fronte, *descarregando nele energia especial, que desvencilhou os dois assaltantes ferozes, que se afastaram, após experimentarem um tipo de choque vibratório forte...*

Por seu lado o homem enfraquecido quase desmaiou, sendo levado cuidadosamente para uma sala ao lado, onde recebeu carinhoso atendimento.

O tema da reunião pública, apresentado após a prece inicial, referia-se ao tema *Fora da caridade não há salvação*, de **O Evangelho Segundo o Espiritismo**, gerando psicosfera de paz e reconforto espiritual.

Miranda informa que notou a presença de Martina, visivelmente modificada, discretamente vestida e maquiada.

Ao final os médiuns de cura postaram-se nos seus lugares habituais, transmitindo os passes de libertação de fluidos maléficos, a todos envolvendo em vibrações de paz e solidariedade.

SUELY CALDAS SCHUBERT

CAPÍTULO 09
O GRANDE DESAFIO

O AUTOR ESPIRITUAL abre o capítulo tecendo considerações a respeito da necessidade da modificação do ser humano para melhor. Refere-se aos momentos que vivemos, caracterizados pelo esforço autoiluminativo, resultante das múltiplas revelações que a Humanidade tem recebido através dos tempos.

Alude às lições de Jesus que há dois mil anos convocam-nos ao procedimento moral correto, à convivência pacífica e ao cumprimento dos deveres de solidariedade e de apoio aos que se encontram na retaguarda da ignorância ou passando por sofrimentos e testemunhos afligentes. Menciona que cada um deve preparar-se para acompanhar a marcha do progresso, *integrando a legião dos construtores do novo período da Humanidade.*

Interessante observação que Miranda apresenta, ao citar que esse procedimento vem sendo realizado em diversos segmentos da sociedade, mesmo desconhecendo a realidade espiritual, graças à lei de progresso que alavanca e impulsiona o desenvolvimento ético, moral.

Um destaque a seguir para o alerta do autor:

> *Entre os espiritistas, no entanto, deve ser maior a contribuição renovadora, porque estão informados das ocorrências impostas pela lei, que já não*

Nas fronteiras da nova era

podem ser postergadas. Anunciado por Jesus esse período de transição, tanto como referendado pelo Apocalipse, narrado por João evangelista e os profetas que se manifestaram a esse respeito ao longo da História, chega o momento de cumprir-se os divinos desígnios que reservam para a Terra generosa o destino regenerador, sem as marcas do sofrimento na sua feição pungitiva e desesperadora.

Fico pensando que diante de tantas informações que temos recebido, nós, os espíritas, jamais poderemos alegar um dia que não sabíamos e que nem tínhamos conhecimento dessas mensagens reveladoras. Por sabermos tanto, pelas bênçãos dessas informações que jorram do Alto, desse manancial de luz inesgotável, mais avulta a nossa responsabilidade.

Os benfeitores espirituais desejam sensibilizar a todos os que integram as fileiras espíritas, proporcionando a cada um a certeza de que a Doutrina Espírita está na vanguarda dos tempos, abrindo a mente humana, descerrando os panoramas infinitos da imortalidade e da presença de Deus em nossa vida. Essa a nova consciência, a nova mentalidade que irá preponderar no futuro, escoimada de quaisquer preconceitos e sectarismos e, sim, acolhendo todas as criaturas, abraçando-as como irmãos que somos, afinal de contas, filhos do mesmo Pai.

No texto de Miranda, ele acrescenta que as forças do mal tentam manter o quadro atual, que impera em todos os quadrantes do planeta, de violência, de abusos de toda ordem, cujo interesse é o de continuar explorando psiquicamente os que se lhes vinculam por meio de hábitos doentios em que se comprazem na ilusão da vida física.

SUELY CALDAS SCHUBERT

Refere-se ainda sobre a mediunidade a serviço de Jesus, como veículo de informações seguras a respeito da vida e da imortalidade que vertem da Espiritualidade superior, visando despertar os que dormem e prosseguem negando-se a despertar, temerosos diante da grande transição que está em curso na Terra.

Após essas reflexões, o autor espiritual passa a descrever os trabalhos da instituição, visto que estava ocorrendo uma palestra-aula, proferida por um dedicado trabalhador que se destacava por sua vivência consentânea com as diretrizes do Evangelho.

Todavia, quando o orador iniciava a sua exposição, ouviu-se o barulho de uma queda, e logo se percebeu que uma senhora tombara da cadeira e no chão gritava histericamente, influenciada por uma entidade perversa que lhe golpeava o útero, com uma carga de alto teor negativo produzindo-lhe grande desespero, ao tempo em que a dominava *num grosseiro fenômeno de incorporação.*

De imediato algumas pessoas tentaram acudi-la, de maneira gentil, sem conseguir êxito enquanto outras, temerosas, aguardavam que a situação fosse controlada, o que aconteceu, pois membros da Sociedade, adestrados para tais atendimentos acercaram-se da senhora em descontrole emocional, aplicando-lhe passes e falando suavemente ao perseguidor que, por sua vez, se encontrava sob o comando mental de um dos chefes do lado de fora.

Aquela era a primeira vez que a senhora visitava a sociedade espírita e, deseducada mediunicamente, não teve como controlar o impacto das vibrações inferiores do espírito malévolo. Ato contínuo, Dr. Bezerra de Menezes aproximou-se, orientou o perseguidor afastando-o da médium desequilibrada e enferma. Esta, recompondo-se e ampara-da pelos que a atenderam, voltou a se sentar, sentindo-se constrangida, sem saber ao certo o que havia ocorrido.

O fato exposto por Miranda merece ponderação a respeito.

Em uma Casa Espírita, onde quer que esteja loca-lizada, isso pode acontecer, ou seja, uma pessoa do públi-co ser tomada, repentinamente, por um espírito obsessor. Conheço vários casos relatados por pessoas que participam dos seminários que apresento, seja particularmente, nos in-tervalos, ou mesmo algumas que contam em público cir-cunstâncias semelhantes a esta. Às vezes, a situação difere um pouco, pois uma pessoa chegando de fora pode, subita-mente, invadir o salão de palestras, visivelmente dominada por um espírito malfazejo, para tumultuar o ambiente.

Eu mesma já assisti a episódios bem parecidos, en-tretanto nós, os encarnados, assim também o público, não temos noção do que possa estar acontecendo na esfera espi-ritual. Teoricamente, pode-se esclarecer o seguinte: quando acontece a comunicação mediúnica imprevista, em meio a qualquer trabalho na instituição espírita via de regra o mé-dium não é espírita, não conhece nada acerca da mediuni-dade, é sempre aquele médium espontâneo, desconhecedor de tudo o que se relaciona com o Espiritismo. Sendo assim, não se pode esperar que ele tenha controle e equilíbrio no trato das questões atinentes à mediunidade.

Diante da situação citada, deve-se fazer o atendi-mento, por pessoa capacitada para tal cometimento; me-lhor que sejam dois trabalhadores, pois enquanto um deles conversa com o obsessor o outro aplica o passe. Bom pro-cedimento é o atendente, dirigindo-se ao obsessor e em si-

SUELY CALDAS SCHUBERT

multâneo ao médium, pedir a este que procure se controlar, na certeza de que está sendo amparado pelos mentores da Casa que o estarão fortalecendo, e ao mesmo tempo falar ao espírito dizendo-lhe que ele será atendido pelos mentores ao seu lado. Em geral isto é o suficiente para que o comunicante se desligue, sendo que a parte mais importante é que se esteja falando ao médium, com carinho, para reagir e que Jesus o está amparando.

Atentemos, entretanto, para a peculiaridade que o livro, ora comentado, expõe, levando-se em conta que todo o enfrentamento se dá no plano espiritual concernente a um ataque das trevas contra uma instituição espírita modelar, por isso mesmo sendo alvo dos espíritos contrários ao Bem.

Em simultâneo ao fato a gritaria exterior aumentou e, repentinamente, ouviu-se um som estranho e diferente que Miranda não conhecia, produzindo certo mal-estar pela carga vibratória que exteriorizava. Ao seu lado Petitinga explicou:

> *É o som do* shofar, *um chifre de cordeiro soprado com vigor, utilizado pelos hebreus desde recuados períodos durante as batalhas, como também, nas cerimônias religiosas.*
> *Nos cultos é tocado após a leitura do* Torá *e é considerado um dos mais antigos instrumentos de sopro que se conhece. Possui vários tipos de comando ou toques com significados especiais. Este que ouvimos simboliza ameaça, momento de combate ao inimigo.* (grifos no original)

NAS FRONTEIRAS DA NOVA ERA

Com o acontecido, esperavam os verdugos da paz gerarem desarmonia e medo, favorecendo-lhes assim a entrada para provocar desordens e tumulto no ambiente. Certamente, que os encarnados não percebiam o que se desenrolava no plano espiritual, entretanto alguns eram tomados por sensações incômodas resultantes das vibrações dos infelizes perseguidores. Felizmente, as providências imediatas dos benfeitores que protegiam a instituição restabeleceram o equilíbrio e a harmonia ao tempo em que anulavam as possibilidades de invasão.

Dr. Bezerra de Menezes, prestamente, avisou a Hermano, o mentor da Casa:

— *Necessitamos reforçar as defesas. Concentremo-nos em Jesus, pedindo-Lhe que nos auxilie com a presença dos construtores de nossa Esfera.*

Enquanto isso a aula prosseguia e o auditório acompanhava atentamente.

Sob o comando do Dr. Bezerra de Menezes, todo o grupo do qual Miranda fazia parte e os demais trabalhadores espirituais da Casa permaneciam concentrados.

De um momento para outro uma luz poderosa vinda do alto tomou todo o ambiente, trazendo em seu meio alguns espíritos em trajes medievais de grande beleza e outros menos formais, que se apresentaram ao benfeitor como especialistas em edificações e defesas.

Tratava-se de um grupo de mentalizadores, hábeis em edificações — informou o chefe do grupo — alguns são servidores da antiga ordem dos cavaleiros templários que ainda se dedicam ao auxílio dos

> *que sofrem e são defensores de todos aqueles que se entregam a Jesus, assessorados por engenheiros modernos especializados em construções conforme as temos em nossas esferas espirituais.*

Logo deram início ao trabalho, sendo que alguns permaneciam concentrados, a fim de que o material surgisse do fluido cósmico e fosse aos poucos sendo aplicado na edificação, cuja base assentava-se na sala de palestras, envolvendo um grande espaço em forma quadrangular. Ao mesmo tempo passaram a ouvir vozes siderais cantando comovente melodia de exaltação ao Senhor da Vida.

Em pouco tempo – narra Miranda – a edificação foi-se levantando

> *(...) que fazia recordar as antigas torres de vigia dos castelos medievais. Em menos de uma hora foi concluída a obra que ultrapassava a altura do edifício material, na qual foram instalados instrumentos que faziam recordar canhões de reduzido calibre, capazes de emitir raios magnéticos que produziam choques desagradáveis naqueles que lhes constituíam alvos.*

Simultaneamente, quando o expositor preparava-se para a prece final, o comandante do grupo informou que estavam preparados para o enfrentamento.

O público retirou-se gradualmente, entretanto, a senhora enferma foi convidada a permanecer a fim de receber a orientação especializada para o seu problema.

NAS FRONTEIRAS DA NOVA ERA

O autor espiritual e seus companheiros subiram até a parte mais alta da edificação, de onde contemplaram a imensa turba de desencarnados asselvajados e, a um sinal do responsável pela defesa da Casa, foram disparados raios que os atingiram forçando-os a recuar em meio a infernal gritaria e blasfemando ameaçadoramente.

O encarregado da operação explicou que para aqueles que ali estavam com intenções de produzir gravíssimos prejuízos o recurso mais eficaz é o que os assusta e intimida, afirmando que posteriormente outras providências seriam tomadas especificamente para o atendimento grupal.

Notando a preocupação de Miranda quanto aos possíveis danos que os raios pudessem causar-lhes aos perispíritos, o encarregado da operação esclareceu ser aquele um aparato destinado a intimidá-los e que não causaria prejuízos reais.

Em seguida detalhou mais acerca da operação defensiva:

> *Os raios emitidos, em alcançando-os, produzem desagradável sensação de choques elétricos superficiais. Nada obstante, quando se trata de problemas mais complexos da perversidade ameaçadora das trevas, é-nos justificado aumentar a potência dos mesmos, que produzirão sensação mais afligente. O amor possui recursos de variada aplicação, sempre de acordo com a necessidade de quem se lhe candidata.*

Oportuno registrar nessa pausa a questão 257 de **O Livro dos Espíritos**, Feb, 2006, referente a um texto de Allan Kardec, com o título: "Ensaio teórico da sensação nos Espíritos". Destaco alguns parágrafos.

> *Sabemos que no Espírito há percepção, sensação, audição, visão; que essas faculdades são atributos de todo o ser, e não, como no homem, de uma parte do ser (...).*
>
> *Dizendo que os Espíritos são inacessíveis à impressão da nossa matéria, queremos falar dos Espíritos muito elevados, cujo envoltório etéreo não tem analogia na Terra, o que não acontece com os de perispírito mais denso (...).*
>
> *Os sofrimentos por que passa (o Espírito) são sempre a consequência da maneira pela qual viveu na Terra. Certamente não sofrerá de gota, nem de reumatismo, mas experimentará outros sofrimentos que não serão menores.*
>
> *(...) quanto mais desmaterializado se achar menos sensações dolorosas experimentará.*

Como sabemos, os espíritos que atacavam a instituição eram de ordem bem inferior, trazendo o perispírito extremamente denso, devido ao fato de que desejavam usufruir de todas as sensações e percepções que o corpo físico lhes proporcionava, embora dele desligados definitivamente.

Além disso, cultivavam o ódio, que os sustentavam vibratoriamente expressando, desse modo, a perversidade em que se compraziam ao atormentar as criaturas. Manter os encarnados em estágios inferiores era-lhes também

NAS FRONTEIRAS DA NOVA ERA

o objetivo, visto que desejavam locupletar-se das vibrações desequilibradas que exteriorizavam – portanto quanto mais ódio, melhor, quanto mais crimes e hediondez, melhor ainda.

Em algumas de nossas reuniões de desobsessão tivemos a comunicação de entidades muito perversas, perseguindo aqueles que se esforçavam por progredir moral e espiritualmente a fim de que lhes caíssem nas "garras" da revolta e do ódio. Entretanto, sempre tivemos a certeza de que eram seres extremamente sofridos, e que estão nesse estado de insanidade porque desejam ocultar isso.

Retomando o texto de Miranda, este registra que a turba se dispersou, mantendo-se, todavia, a distância.

O responsável pelo grupo socorrista declarou ao Dr. Bezerra de Menezes que permaneceriam em auxílio até a conclusão do programa de saneamento espiritual.

Finalizando o autor espiritual comenta: *Se as forças do mal arquitetam planos e os executam na sua perversidade e insânia, o amor dispõe de antídotos poderosos que são capazes de anular-lhes os efeitos doentios.*

CAPÍTULO 10
O ENFRENTAMENTO COM A TREVA

UMA REUNIÃO ESPECIAL estava sendo preparada, relata Miranda. Logo no início da madrugada trabalhadores da equipe do Dr. Bezerra de Menezes dirigiram-se a algumas residências a fim de reconduzirem os convidados para a reunião especial, conforme fora programado. Participariam os dois médiuns e os dialogadores que já haviam trabalhado nas reuniões anteriores desta vez, porém, estaria presente o irmão Anacleto, por meio do qual havia sido desencadeado o grave processo em curso.

Importa ressaltar que a reunião ocorreria no plano espiritual da sociedade que era a sede das atividades, também lembrando que os encarnados foram trazidos em desdobramento do sono físico.

Tudo estava preparado, conforme ocorre normalmente com uma reunião mediúnica. Dr. Bezerra de Menezes, dirigindo-se ao grupo, explicou que certamente teriam ali a presença do irmão Rabino Eliachim Bem Sadoc, que já estava informado acerca das providências defensivas da instituição, o que o levaria a se sentir agredido.

De imediato ouviu-se uma voz estridente, aumentada por aparelhagem especial, convocando o mentor a enfrentar *as forças de salvação da Humanidade,* como se denominavam. Em meio a isso a balbúrdia era ensurdecedora, misturando-se gritaria aos instrumentos tribais, qual acontecia nos combates de épocas recuadas, e também o som do shofar. Por momentos seguidos o chamamento prosseguiu, enquanto Dr. Bezerra e toda equipe mantinham-se concentrados em preces.

Diante dos desafios Dr. Bezerra de Menezes irradiava vibrações de compaixão mantendo-se impassível.

A voz anunciou a seguir que *se o cordeiro não enfrenta o desafio, o lobo entra para devorar o rebanho.*

Pedindo que todos se concentrassem profundamente, o mentor ampliou-lhes a capacidade de visão,

NAS FRONTEIRAS DA NOVA ERA

quando então notaram que se aproximava um verdadeiro exército de seres esquisitos, segundo Miranda. A um pedido do benfeitor, Hermano liberou as defesas possibilitando que entrasse no recinto a *tropa* ofensiva, sendo que atrás em um carro estranho, singular, estava o rabino cercado de seus comandados mais diretos.

Nesse momento, Dr. Bezerra de Menezes deu a ordem para que fosse fechado o acesso e novamente reforçadas as defesas, ao tempo em que os canhões da torre de vigia disparavam dardos em quantidade, impondo a todos os que estavam na parte externa, que recuassem.

Miranda destaca que o *importante era que o Rabino, desta vez, estava dentro das defesas da instituição, com seus melhores comandados.*

A sala, na dimensão espiritual, foi ampliada, transformando-se em um imenso recinto, agora repleto pelos invasores, enquanto que na parte oposta estavam os trabalhadores e servidores do Bem ainda em concentração e harmonia.

Em meio ao tumulto que produziam, visto que alguns comandantes gritavam ordens desconexas, um odor pestilento se fez sentir, pois exsudavam emanações morbosas tais quais cadáveres insepultos.

◆◆◆

Pausa para reflexão.

Algumas perguntas ficam no ar, ou melhor, na mente de quem lê. Como é possível uma invasão desse nível? Como explicar as armas, os carros, as vestes? Por que exalam odores fétidos?

É imprescindível citarmos, inicialmente, um autor oriental, Swami Sivananda, em seu livro, **Concentração e meditação**, que leciona acerca do poder do pensamento:

> *Cada mudança de pensamento é acompanhada pela vibração da matéria mental, necessária para o pensamento funcionar como força. Todo pensamento possui peso, forma, tamanho, estrutura, qualidade e poder. O poder do pensamento é maior que o da eletricidade. A todo pensamento corresponde uma imagem mental.*

Swami Sivananda (1887-1963), Médico. Nasceu em Pattamadai, sul da Índia.

Esta explicação acima está plenamente corroborada pelo Espiritismo, que evidencia o poder do pensamento elucidando, inclusive, que a sua velocidade supera a da luz (André Luiz, in **Ação e Reação**, Feb, cap.4).

Oportuno citar agora as instruções dos Espíritos, em **O Livro dos Médiuns**, (Feb, 1980, cap. 8), "O laboratório do mundo invisível" (item 129), no qual encontramos as explicações necessárias ao bom entendimento das coisas do mundo espiritual.

> *(...) o Espírito atua sobre a matéria; da matéria cósmica universal tira os elementos de que necessite para formar, a seu bel-prazer, objetos que tenham a aparência dos diversos corpos existentes na Terra. Pode igualmente, pela ação da sua vontade, operar na matéria elementar uma transformação íntima, que lhe confira determinadas propriedades. Esta*

NAS FRONTEIRAS DA NOVA ERA

faculdade é inerente à natureza do Espírito, que muitas vezes a exerce de modo instintivo, quando necessário, sem disso se aperceber. Os objetos que o Espírito forma, têm existência temporária, subordinada à sua vontade, ou a uma necessidade que ele experimenta. Pode fazê-los e desfazê-los livremente. Em certos casos, esses objetos, aos olhos de pessoas vivas, podem apresentar todas as aparências da realidade, isto é, tornarem-se momentaneamente visíveis e até mesmo tangíveis. Há formação; porém não criação, atento que do nada o Espírito nada pode tirar.

Com relação às armas e vestes, também recorro a Kardec em **O Livro dos Médiuns**, Feb, 1980, cap. 6, it.100, q.12:

Pergunta o Codificador:

Os Espíritos que aparecem com asas têm-nas realmente, ou essas asas são apenas uma aparência simbólica?
Os Espíritos não têm asas, nem de tal coisa precisam, visto que podem ir a toda parte como Espíritos. Aparecem da maneira por que precisam impressionar a pessoa a quem se mostram. Assim é que uns aparecerão em trajes comuns, outros envoltos em amplas roupagens, alguns com asas, como a tributo da categoria espiritual a que pertencem.

Quanto aos odores fétidos, pode-se entender o seguinte:

Os pensamentos de ordem superior, de bondade, compaixão, amor, próprios de entidades sublimadas, cujos perispíritos são quase diáfanos, produzem vibrações de tonalidades belas e exteriorizam perfume, igualmente os ambientes dos Espíritos elevados são engalanados de flores, de luzes cambiantes e o ambiente rescende a perfumes suaves.

Os pensamentos de teor inferior, de baixeza, crueldade, perversidade, destilando ódio, produzidos por Espíritos bastante atrasados, cujos perispíritos são densos, escuros, podendo apresentar deformidades diversas, de acordo com o tônus vibratório em que estagiam, exalam odores desagradáveis, produtos de mentes que se deleitam em permanecer na obscuridade, nas regiões pantanosas do Umbral.

Assim, quanto mais inferiorizados são esses Espíritos, maior a densidade do perispírito, assemelhando-se ao corpo físico, condição em que, diga-se de passagem, desejam permanecer, a fim de usufruírem o que imaginam ser os únicos prazeres possíveis no mundo terráqueo.

Interessante explicação está em André Luiz, no livro **Nos domínios da mediunidade**, (Feb, 1979) na palavra abalizada do instrutor espiritual Áulus:

> — *O pensamento espalha nossas próprias emanações em toda parte a que se projeta. Deixamos vestígios espirituais, onde arremessamos os raios de nossa mente, assim como o animal deixa no próprio rastro o odor que lhe é característico, tornando-se, por esse motivo, facilmente abordável pela sensibilidade olfativa do cão.* (capítulo 26)

Nas fronteiras da nova era

❖ ❖ ❖

Voltando ao relato, o autor espiritual menciona que o chefe, percebendo a situação, gritou para os seus comandados que haviam caído em uma armadilha, ordenando: *Tentemos o recuo apressadamente.*

Houve uma debandada geral em todas as direções, sem qualquer possibilidade de fuga, em razão das defesas terem sido reforçadas,

> *(...) não apenas pelas energias defensivas, como também por uma expressiva quantidade de cavaleiros da ordem dos templários, vestidos à maneira dos dias do passado, em atitude guardiã em torno do imenso recinto.*
> *Emitindo vibrações de amor, ergueram as mãos e, num hino de louvor a Jesus Cristo, começaram a cantar uma exoração feita de compaixão e de misericórdia. Imediatamente, começou a chover gotas luminosas de fluidos superiores que caíam sobre os rebeldes e os acalmavam pouco a pouco.*
> *A balbúrdia foi diminuindo, e como que anestesiados pelas energias sublimes, derrearam no solo, libertando-se das grotescas armas primitivas que carregavam. Alguns passaram à emoção de paz, e choro convulsivo os tomou, enquanto outros permaneceram em silêncio, hebetados, quase insensíveis, mas calmos...*

Restava apenas o estranho veículo no qual estava o chefe, que se sentia traído e sitiado.

SUELY CALDAS SCHUBERT

Foi então, que Dr. Bezerra de Menezes se aproximou, aureolado de suave luz e o convidou a um diálogo fraternal. Demonstrando a fúria que o acometia diante da situação, respondeu que estava diante dos próprios inimigos e que seu desejo era extinguir aqueles que eram *destruidores da fé judaica, arvorados em possuidores da verdade, tendo como Messias um vagabundo que, ameaçando a hegemonia do império romano e a doutrina de Moisés, foi, com justiça, crucificado como bandido que o era.*

Enquanto falava, Miranda notou que ele apresentava deformações perispirituais, exteriorizando forte energia negativa, escura, que em contato com os fluidos luminosos que repletavam o ambiente eram naturalmente diluídas.

Dr. Bezerra, na sequência, esclareceu que reconhecia a própria pequenez e sendo aquele momento da maior importância, outra voz com maior autoridade viria falar-lhes em nome d'Aquele que o irmão rejeitava e repelia.

No mesmo instante a claridade do ambiente tornou-se mais intensa quando todos viram surgir, vindo do mais alto, o Espírito elevado de Francisco de Assis, vestido à maneira dos hábitos medievais, irradiando especial luminosidade, acompanhado de um pequeno grupo de seres superiores que o amor de Jesus enviava àquele local, em favor dos desventurados irmãos sofredores.

Grande emoção envolveu o grupo de trabalhadores.

Alguns acompanhantes do Rabino recuaram assustados, enquanto ele se mantinha irredutível no seu lugar, em uma verdadeira arena que se transformara o espaço entre ele e a equipe do mentor.

NAS FRONTEIRAS DA NOVA ERA

O visitante sublime, preservando a distância que fora vibratoriamente estabelecida, dirigiu-lhe a palavra, que transcrevemos por sua rara elevação:

> — *Louvado seja o Senhor por todas as coisas, inclusive pelo sofrimento e pelo desespero dos que se apresentam como infelizes e especialmente pelo daqueles que O renegam!...*
> *A doutrina que os homens têm seguido não é a dEle, mas a das paixões humanas. Ele, que abençoou a cruz de vergonha, tornando-a asas angélicas de libertação, jamais concordaria com qualquer atitude que ferisse os seus postulados de amor indiscriminado, especialmente aos gentios, que somos todos nós, porque os Seus não o quiseram, não O receberam, não O aceitaram... Demonstrando a Sua misericórdia, ofereceu as mãos socorristas à mulher equivocada, à adúltera condenada pela lei, aos leprosos do corpo e da alma, sem olvidar de atender os representantes do Sinédrio que O buscaram no silêncio da noite, assim como aos poderosos do mundo que Dele necessitavam.*
> *Sem nenhuma jactância transformou-se em caminho de redenção para todos que estejam saturados do mundo e cansados das suas ilusões, amparando-os com ternura e afeição.*
> *Também ao irmão Rabino Ele oferece as mãos marcadas pelos cravos da cruz aplicados pelo Sinédrio que o impôs ao governante romano, rogando perdão para aqueles que o martirizaram nos dias da ignorância que já vão longe...*

Não medindo distâncias nem temendo a reação enganosa dos dominadores terrestres, Ele permanece acima de todas as governanças e presunçosas autoridades, pedindo que todos avancemos na Sua direção, porque Ele nos espera com um fardo leve e um jugo suave...

Este é o momento de libertação que soa para o querido irmão enganado pela soberba humana e pela equivocada postura de dominador, que é incapaz de dominar as próprias paixões.

Adiar esta oportunidade é escrever um doloroso capítulo na sua experiência infeliz por longos séculos.

Mesmo o irmão lobo, assim como as irmãs aves submeteram-se à Sua voz, quando tivemos oportunidade de os encontrar. Não será, portanto, o irmão Rabino, conhecedor das leis espirituais, que pensa e que ama, quem se escusará a recebê-lO neste momento...

— Posso compreender a sua dor porque também nós, um dia vimo-nos diante dessa alternativa: Deus ou o mundo! Nosso próprio genitor denunciou-nos ao bispo da cidade como dementado, filho rebelde e extravagante que somente lhe proporcionava prejuízos, porque optara pelos infelizes... Naquele momento decisivo, como num relâmpago, pudemos ver Jesus perguntando: — Quem é meu pai, minha mãe, quem são meus irmãos, sendo aqueles que fazem a vontade de Deus, e decidimos ser seu irmão menor...

Renunciamos ao fausto, ao apoio paterno e despimo-nos de tudo que a ele pertencia, envolvendo-nos em um manto retirado de uma lata de lixo...

NAS FRONTEIRAS DA NOVA ERA

Tudo quanto é do mundo, no mundo fica, somente nos acompanhando o que é de Deus e dEle procede.
Não recalcitre, pois, contra o aguilhão, aferrando-se às atitudes perversas daqueles que o maltratam, iludidos pelo mundo mentiroso, falsamente representantes de Jesus.

O ouvinte explodiu em urro de desespero e ódio, retorcendo-se, vitimado pelas dores morais e evocativas da fogueira que lhe consumira o corpo, no já distante século XV...

— Nunca me esquecerei — trovejou, espumando de ira — jamais perdoarei, mesmo que me venha consumir nas chamas eternas do Inferno. Odeio esse desordeiro Jesus e os Seus asseclas, havendo-me prometido no longo exílio espontâneo no Hades, onde me organizo com as forças da vingança, a permanecer contra aqueles que O pretendem trazer de volta, pois que preferimos o mundo como é, com as suas malícias e crueldades, desassossegos e paixões pelo prazer.
Não me venha, pois, com as suas lamúrias, falando-me de humildade e de desprendimento, que não entendo o que significam. O tempo tem-me sido o grande amigo, permitindo-me trabalhar na manipulação das mentes de que me nutro e a muitos dos nossos companheiros sustentam, e que também se comprazem na inspiração que lhes transmitimos, ajudando-os a sair da penúria, do sofrimento e da desgraça que os desnorteiam...

O Deus de Israel, poderoso e vingador, é o que tenho como modelo e que me determinou o comportamento que venho assumindo, a fim de submeter pela chibata e ferocidade os gentios miseráveis que, desde a Criação, estão apartados da Sua eleição...

Tomado de grande ternura, o nobre Francisco interviu:

— Que engano cruel de raciocínio serve-lhe de apoio ao pensamento enfermo! Como pode a Terra, tão rica de concessões e beleza, neste Universo de harmonia, haver sido criada para a desgraça do ser mais elevado que a habita, que é o de natureza humana?! Como pode a Paternidade divina ser destrutiva, desde que é a Causa de tudo quanto existe?! Será crível, que a perfeição produza a degeneração e o desar, que eleja pequeno grupo como Sua prole e descarte toda a humanidade que O não conhece e não tem culpa da própria ignorância?!

O Pai, que Jesus nos trouxe, é todo amor e misericórdia, sendo que a rebeldia que procede da inteligência humana ainda em fase de desenvolvimento, tem sido a geratriz do sofrimento que a fará entender o significado da vida e dos códigos soberanos do equilíbrio e da ordem.

Apesar de opiniões diferentes, somos irmãos, procedemos do mesmo Útero Divino e avançamos para o encontro com a verdade, que nos tornará felizes.

— Tudo são palavras sem significado. Aqui estou sitiado, traído mais uma vez, havendo tombado na armadilha soez que me prepararam. Vim para a luta e não para ser aprisionado e, assim, mudar de

NAS FRONTEIRAS DA NOVA ERA

opinião, sob a injunção das suas forças de opressão. Exijo que me sejam franqueadas as portas de saída, para que retorne ao campo de ação com os meus seguidores!

Serenamente, o Sol de Assis, repassando pela memória o que faria Jesus em circunstância idêntica, esclareceu:

— Na situação em que o irmão se encontra, não há como impor condições. Ninguém o traiu ou sequer programou-lhe armadilha, desde que foi você quem veio com as suas tropas ameaçadoras, sitiando a Casa do Senhor e ameaçando as vidas que aqui se reúnem para o festival do amor. Adentrou-se, espontaneamente, havendo mandado o grupo de frente para preparar o campo onde a sua altivez devesse imperar.
Também conheci de perto a guerra, nos dias em que estive na Terra, e como a minha é a batalha contra os inimigos internos e não os de fora, caí nas mãos daqueles que eu supunha meus adversários, e fui encarcerado, experimentando o opróbrio que me preparou para o chamado do Senhor... Posteriormente, para que eu pudesse amar os irmãos da cidade onde fui reduzido ao que realmente sou: nada!
Foi ali, no entanto, que o meu Senhor me libertou e me concedeu a honra de servi-lO.
Não lhe parece que ocorre o mesmo em relação ao amigo, que não é combatente, embora cultive a guerra, mas necessitando de luz e de compreensão?
— As portas do Lar de Jesus estão abertas de par em

par e as defesas diante estarão diminuídas, permitindo que o irmão recue, que volva à sua região de domínio, fortalecendo-se no mal de que se nutre, assim prosseguindo até o momento em que o renascimento no corpo físico o arrebate ao proscênio terrestre, sem apoio, sem lucidez, na loucura ou na hebetação, na paralisia ou na mutilação...
'Abram-se as portas de acesso a este recinto' – determinou com a mesma meiguice de voz.

Houve um momento de grande surpresa ante a atitude inesperada, mas logo se abriram as defesas fluídicas que guardavam a instituição.

Do lado de fora se fez uma gritaria infernal, em meio a apupos e agressões de toda ordem.

O invasor, olhando com fúria o Mensageiro do amor, caminhou ostensivamente, como vitorioso que julgava ser.

Antes, porém, de transpor a porta, surgiu um cone de luz que descia do Infinito, envolvendo o infeliz irmão, que se estremeceu, ao tempo em que uma voz de incomparável beleza lhe disse: – *Para onde segues, meu filho?! Que te fizeste a ti mesmo?! Só há um caminho a seguir, que é o do amor.*

Simultaneamente condensou-se em forma humana belo Espírito, que se aproximou dele, distendendo-lhe os braços, enquanto lhe falava:

– Eliachim, meu filho! Há quanto tempo nos separamos um do outro? Venho buscar-te, porque não

NAS FRONTEIRAS DA NOVA ERA

há céu para mãe alguma cujo filho padeça nas la-
baredas da infelicidade. Não compliques mais o
teu destino. Sou eu, tua mãe Sara, que também foi
martirizada contigo, mas perdoou aqueles que nos
tentaram aniquilar sem o conseguir.

O desditoso Rabino deteve-se sob o impacto da voz materna e de sua vibração plena de amor, e sem forças para resistir caiu de joelhos, urrando de uma dor que lhe destroçava interiormente.

– Senhora! Eu sou um desgraçado, que Elohim
esqueceu – conseguiu informar em angústia ine-
narrável – Ninguém me ama, e eu, senhora, fiz do
ódio o meu licor de preferência, embriagando-me
cada vez mais e esperando a consumpção.
– Meu filho, querido.

Miranda descreve a comovente cena, de forma muito bela:

A nobre senhora aproximou-se do doente e o envolveu
com ternura indescritível, abraçando-o, ajoelhada ao seu lado,
como somente as mães o sabem fazer. (grifo nosso)

Francisco de Assis aproximou-se, comovido e com lágrimas que lhe escorriam pela face, falou suavemente ao rabino: *a resposta de Jesus aos teus clamores, demonstrando-te quanto te ama...*

Por outro lado, informa Miranda, alguns dos que o acompanhavam vendo a cena de grande impacto emocional, igualmente se renderam, suplicando apoio, imediatamente passando a serem atendidos pelos cavaleiros templários, que como todos nós, também tinham lágrimas de emoção e gratidão a Deus.

Logo depois, Eliachim Bem Sadoc foi levado, adormecido nos braços maternos, para um local especial, no recinto da reunião mediúnica. A veneranda senhora agradeceu ao *Anjo de Assis* e a todos nós, e antes de retornar à região que habitava, orou:

> *– Senhor de Israel e de todas as nações!*
> *Sede louvado sempre pela grandeza do vosso amor, pela misericórdia do vosso perdão, pela compaixão para com os vossos filhos transviados.*
> *Vossa grandeza não pode ser mensurada, nem compreendida integralmente vossas leis de justiça. Submetemo-nos sempre em confiança absoluta aos vossos desígnios que nos conduz à plenitude. Recebei, por misericórdia e compaixão, o filho pródigo de retorno ao vosso seio.*
> *A todos nós, que vos amamos, a perene gratidão.*
> (grifo no original)

Entrando no tubo de luz diluiu-se diante de todos que, emocionados, acompanharam esse momento sublime.

Também Francisco de Assis e seu grupo despediram-se e retornaram à Esfera de onde procederam, deixando um clima de paz e felicidade nos que ficaram.

O diretor Hermano agradeceu em prece e encerrou a memorável reunião. O relógio marcava 03h30min do dia que amanhecia.

Capítulo 11
As atividades prosseguem luminosas

Ainda sob as impressões emocionantes do resgate do irmão rabino, Miranda comenta que não se lembrava de um momento de igual beleza em sua jornada terrena, o mesmo acontecendo com os demais amigos que estavam bastante comovidos.

Entretanto muitos companheiros, assistindo à rendição do chefe, gritavam, solicitando que os libertassem; sendo atendidos, debandaram em fuga, enquanto outros eram socorridos na instituição.

Um pouco mais adiante, Miranda procurou o mentor desejoso de ouvi-lo a respeito da decisão de Francisco de Assis de franquear a porta de saída para o revoltado irmão. Dr. Bezerra de Menezes esclarece que ele sabia que a senhora, mãe do enfermo espiritual acercava-se para sensibilizá-lo com seu amor. Realmente, prosseguiu, o ódio, cultivado durante quase cinco séculos, condensa-se no íntimo do espírito de tal forma, que as palavras não conseguem fazê-lo diluir, é imprescindível a força incoercível do amor em plenitude para *alterar a consolidação energética*.

Naquele momento – continuou Dr. Bezerra de Menezes – *mais do que explicações e debates, tornava-se indispensável algo que o abalasse pela*

*surpresa e encantamento de tal forma que perdesse
o controle da razão e dos propósitos infames aca-
lentados por tanto tempo.*

As palavras do Imitador de Jesus *envoltas na sua
vibração de amor universal, tinham como objetivo
criar o campo emocional para o reencontro ditoso.
Nenhum de nós possui esse poder sublime que ele
alcançou pela abnegação e perfeita imitação de Jesus. Somente quem é capaz de amar sem qualquer
discriminação consegue alterar o roteiro desditoso
daquele que se entrega à loucura e à dissipação.
Ele sabia que o revel não teria como retornar ao
lado externo do edifício, desde que, a partir do
momento em que se adentrou na sala, passou a beneficiar-se da psicosfera ambiente, desimpregnan-
do-se, a pouco e pouco, das camadas constritoras e
doentias que o asfixiavam e às quais se adaptara.
Após a bênção da luz, o ser humano jamais opta
pela escuridão.*

◆◆◆

Comentando a partir desse belo trecho.

Desejo relatar algumas peculiaridades das reuniões
mediúnicas, guardadas as devidas proporções em relação a
um trabalho como este, de alta complexidade e magnitude,
para atendimento ao rabino e sua corte.

Em nossas reuniões mediúnicas de desobsessão,
destinadas ao tratamento das obsessões espirituais, ao longo dessas mais de cinco décadas de trabalhos consecutivos,
recebemos a visita de muitos irmãos obsessores, alguns
terrivelmente cristalizados no ódio, na vingança que per-
petravam com violência sobre suas vítimas; outros, além

Nas fronteiras da nova era

disso, executando o vampirismo cruel que mais atormentava aqueles contra os quais investiam, afetando as famílias, ensandecidos pelos sofrimentos que tentavam esconder.

Os obsessores eram, então, trazidos às comunicações, em geral por meu intermédio, começando pelos comandados até chegarmos aos chefes, em sucessivas reuniões, se o caso fosse de mais gravidade.

Ocorrendo a comunicação de um chefe, de um comandante, este era, quase sempre, irredutível. Muitos, pela carga vibratória negativa de que eram portadores, segundo soubemos, eram "preparados" – digamos assim – pelos mentores que atenuavam os efeitos da comunicação, para que suportássemos o envolvimento fluídico.

O doutrinador, nosso inesquecível irmão Senhor Silvestre Santos, nos primeiros tempos de nossas tarefas mais especializadas no campo da desobsessão, no Centro Espírita Ivon Costa, era muito preparado para essa importante e essencial tarefa, sobretudo pelo sentimento de amor que externava nos atendimentos. Os argumentos eram, prioritariamente, de cunho evangélico.

Um fato, todavia, acontecia quando o comunicante se mostrava refratário a qualquer argumento: ele acabava pressentindo ou vendo a seu lado a sua mãe ou um filho, um ente querido, que o sensibilizava; mas outra situação também acontecia: muitas vezes ele pressentia ou via a certa distância, ou ouvia a voz, de um vulto do qual era devoto ou tinha sido seguidor, séculos e séculos atrás. Assim os que foram da igreja católica e que eram seguidores de Francisco de Assis, por exemplo, não o viam, é óbvio, mas de repente sentiam-se como naqueles tempos em que cultivavam o ideal do Poverello, prometendo segui-lo; porém, desviaram-se do curso e se entregaram ao crime, à devassidão. Nesse precioso instante, no entanto, se sentiam envergonhados e choravam ou se retiravam sem forças para qualquer reação, encaminhados pela equipe espiritual da Casa. O mesmo ocorre nas sessões mediúnicas na Sociedade Espírita Joanna de Ângelis, onde trabalho atualmente.

É bom deixar bem claro que o obsidiado não deve comparecer às reuniões mediúnicas, visto serem estas especificamente destinadas a atender aos espíritos obsessores, sendo desnecessária a presença daqueles que padecem a perseguição. Os enfermos encarnados devem ser tratados na Casa Espírita em suas diversas áreas de trabalhos e, sobretudo de estudos.

Segue a narrativa do autor espiritual.

Miranda procurou saber o que aconteceria ao rabino, sendo informado pelo mentor de que ele ficaria aos cuidados de psicoterapeutas espirituais, por um longo tempo, devido à sua tremenda rebeldia e ainda em razão dos problemas que havia causado a encarnados e desencarnados. Mais adiante, estando melhor, iria trabalhar para libertar as centenas de comparsas sobre os quais exercera sua influência maléfica, enganando-os e fixando-os na região infernal onde exercia o seu comando. Tais espíritos certamente sintonizavam em mesma faixa da insânia que dominava o líder.

Um importante desdobramento do caso foi a informação, pelo Dr. Bezerra de Menezes, do passado do infeliz irmão, pois lhe seria demonstrado que a perseguição e a morte infames de que foi vítima, *têm suas raízes nos longínquos dias em que, ao lado de Elias, às margens do córrego Quisom, passou a fio de espada os adoradores de Baal, com ímpar crueldade e raiva...*

NAS FRONTEIRAS DA NOVA ERA

Elucidou, então, que muitos dos que foram vítimas da Inquisição, traziam no passado as marcas daquele antigo massacre, que exerceram com crueldade, pelo fato de serem aquelas criaturas adoradoras de deus pagão. Terminando acrescenta o benfeitor que, *toda vítima é, em si mesma, um algoz em recuperação, ante os Divinos Códigos.*

Vale lembrar, novamente, o "Código penal da vida futura", inserto no quarto livro da Codificação, **O Céu e o Inferno** (Feb, 1982, cap. 07), conforme as notáveis considerações de Allan Kardec. Traremos apenas dois dos trinta e três itens desse Código Penal:

19º- Como o Espírito tem sempre o livre-arbítrio, o progresso por vezes se lhe torna lento, e tenaz a sua obstinação no mal. Nesse estado pode persistir anos e séculos, vindo por fim um momento em que a sua contumácia se modifica pelo sofrimento, e, a despeito da sua jactância, reconhece o poder superior que o domina.

Então, desde que se manifestam os primeiros vislumbres de arrependimento, Deus lhe faz entrever a esperança. Nem há Espírito incapaz de nunca progredir, votado a eterna inferioridade, o que seria a negação da lei de progresso, que providencialmente rege todas as criaturas.

20º - Quaisquer que sejam a inferioridade e perversidade dos Espíritos, Deus jamais os abandona. Todos têm seu anjo de guarda (guia) que por eles vela, na persuasão de suscitar-lhes bons pensamentos, desejos de progredir e, bem assim, de espreitar-lhes os movimentos da alma, com o que se esforçam por reparar em uma nova existência

> *o mal que praticaram. Contudo, essa interferên-*
> *cia do guia faz-se quase sempre ocultamente e de*
> *modo a não haver pressão, pois que o Espírito deve*
> *progredir por* impulso da própria vontade, *nun-*
> *ca por qualquer sujeição. O bem e o mal são pra-*
> *ticados em virtude do livre-arbítrio, e, conseguin-*
> *temente, sem que o Espírito seja* fatalmente *pra*
> *um ou outro sentido. Persistindo no mal, sofrerá*
> *as consequências por tanto tempo quanto durar a*
> *persistência, do mesmo modo que, dando um passo*
> *para o bem, sente imediatamente benéficos efeitos.*
> (grifos no original)

O autor espiritual menciona que todas as explicações do Dr. Bezerra de Menezes, concernentes ao inditoso
chefe foram acompanhadas por José Petitinga e Jésus Gonçalves, tendo eles cooperado na remoção dos espíritos que
integravam o grupo invasor.

Um momento interessante é que Jésus, bastante
sensibilizado e, por isso, motivado, passou a narrar a sua
própria história, dizendo trazer em seu íntimo as chagas

> *(...) do verdugo criminoso dos séculos, IV e V,*
> *quando, na volúpia da loucura do poder, a ser-*
> *viço de Roma, dizimei vilas, aldeias, cidades in-*
> *teiras, em selvageria incomum, culminando com*
> *o tremendo saque da mesma cidade em 410, um*
> *pouco antes de desencarnar. Mais tarde, ainda,*
> *fascinado pelas glórias mentirosas do mundo, co-*
> *meti hediondos crimes através de intrigas na corte*
> *francesa, assassinando huguenotes de início, depois*

Nas fronteiras da nova era

*católicos rebeldes e as vítimas que ainda gritam
por socorro em La Rochelle...*
*A hanseníase que me tomou na última jornada
carnal foi-me o medicamento próprio para a enfermidade de longo porte que o espírito conduzia
e que somente o tempo e o trabalho podem servir
de terapêutica definitiva para a libertação total.
Posso, portanto, imaginar o que está reservado ao
irmão infeliz que agora começa outro capítulo da
vida... Vendo-o, revejo-me e dobro-me ante o sublime fardo do sofrimento depurador, agradecen-
do-lhe a presença...*

Oportunos os comentários da amorável mentora
Joanna de Ângelis quando afirma:

*Em alguns casos o sofrimento, em si mesmo, ain-
da é a melhor terapia para o progresso humano.
Enquanto sofre, o homem menos se compromete,
demorando-se em reflexão, de onde partem as operações de reequilíbrio. É comum a mudança de
comportamento para pior, quando diminuem os
fatores afligentes. Uma sede de comprometimento parece assaltar o indivíduo imaturo, que parte
para futuras situações penosas, complicando os par-
cos recursos de que dispõe. Desse modo, a duração
do sofrimento muito contribui para a correta avaliação dos atos a que ele se deve entregar. Porque
se origina no primitivismo pessoal, pensamentos e
ações reprocháveis induzem-no a uma existência
infeliz, da qual se liberta somente quando se resolve por escalar a montanha do esforço direcionado*

para a evolução, a serenidade, a harmonia, traba-
lhando os metais grosseiros da individualidade e
moldando-os no calor do sacrifício.
Sem esse, não há elevação moral, nem compreen-
são das finalidades da existência terrena.
Insculpidas na consciência, as divinas leis prope-
lem a realização do bem que jaz em germe. (**Ple-**
nitude, Ed. Arte e Cultura, 1991, cap.IV).

Ouvindo o amigo falar do passado, Petitinga con-
cordando, passou a relembrar a própria experiência na última reencarnação:

— Também conheço de perto a perseguição e a di-
ficuldade por haver abraçado na Terra a conso-
ladora doutrina de Jesus desvelada pelo Espiritis-
mo. Naqueles dias heróicos do começo do primeiro
quartel do século XX, a intolerância clerical de
ambos os lados da vida era pertinaz e poderosa.
Ante os sofrimentos que se iniciaram nos primór-
dios da adesão à fé grandiosa, o vinagre do sofri-
mento vertendo em quantidade do coração ralado
pela dor, fez que procurasse auscultar o mundo
íntimo e lá descobrir as causas desencadeadoras do
processo iluminativo.
Hoje bendigo todo e qualquer testemunho, procu-
rando no trabalho da caridade o amparo e apoio
para a renovação interna, ao tempo que compar-
tilho com o meu próximo tudo quanto os Céus me
têm ofertado em rica messe de paz e alegria.

Nas fronteiras da nova era

José Petitinga, que fundou a União Espírita Baiana, depois a Federação Espírita da Bahia, naturalmente estava se referindo ao período em que presidiu a instituição e as dificuldades daí advindas.

Para maior elucidação apraz-me trazer a palavra abalizada e instrutiva do nobre Codificador Allan Kardec, ao relatar as lutas sofridas que enfrentou:

> *Andei em luta com o ódio de inimigos encarniçados, com a injúria, a calúnia, a inveja e o ciúme; libelos infames se publicaram contra mim; as minhas melhores instruções foram falseadas; traíram-me aqueles em que eu mais confiança depositava; pagaram-me com a ingratidão aqueles a quem prestei serviços. A Sociedade de Paris se constituiu foco de contínuas intrigas urdidas contra mim por aqueles mesmos que se declaravam a meu favor e que, de boa fisionomia na minha presença, pelas costas me golpeavam. Disseram que os que se me conservavam fiéis estavam à minha soldada e que eu lhes pagava com o dinheiro que ganhava do Espiritismo. Nunca mais me foi dado saber o que é o repouso; mais de uma vez sucumbi ao excesso de trabalho, tive abalada a saúde e comprometida a existência (...).*
> *Mas, também, a par dessas vicissitudes, que de satisfações experimentei, vendo a obra crescer de maneira tão prodigiosa! Com que compensações deliciosas foram pagas as minhas tribulações! Que de bênçãos e de provas de real simpatia recebi da parte de muitos aflitos a quem a Doutrina consolou!* (**Obras póstumas**, Feb, 1995).

Pode se entender tais lutas, perseguições e sofrimentos, enfrentados por Kardec, ao romper com as arcaicas estruturas religiosas vigentes, a fim de abrir as comportas do raciocínio humano, alargando os horizontes até então restritos para as maravilhas do infinito!

As pessoas, do ontem longínquo aos dias de hoje, aproximam-se do Espiritismo e se deslumbram com as perspectivas ilimitadas que ele apresenta, porém, quando percebem o significado da mudança, quando se conscientizam que é imprescindível se abrir para novas conquistas e que isto exige sacrifício, esforço, perseverança e que importa em mudança estrutural de mentalidade, recuam amedrontadas, umas, irritadas outras, desanimadas muitas; grande número parte para a agressiva atitude de perseguições morais e espirituais.

Ainda é assim e será por muito tempo.

Retomando a narrativa, Miranda esclarece que muitos dos espíritos que estavam com o chefe e que iam chegando ao exterior davam notícias da rendição do comandante, o que provocou pânico e desordem entre aqueles que se lhe submetiam. Muitos retornaram às furnas de onde provinham. Possivelmente realizariam a eleição de novo chefe. Miranda comenta que *sempre há disputas ferrenhas entre os maus, que se agridem na infelicidade que os vergasta, iludidos pela prepotência e suas façanhas macabras.*

Todavia ficaram na instituição alguns dementados e vítimas de zoantropia que foram recolhidos pelos trabalhadores da Sociedade em dependência especial, onde seriam atendidos recebendo terapias apropriadas, que os libertariam da hipnose deformadora.

NAS FRONTEIRAS DA NOVA ERA

Em razão das emanações desses membros das hostes do mal, formou-se uma psicosfera doentia podendo ser notadas formas-pensamento que pairavam na região. Logo acorreram especialistas espirituais que providenciaram o saneamento ambiental utilizando-se de aparelhos próprios que diluíam todas as exteriorizações negativas não apenas no ar e também no solo empestado de fixações ideoplásmicas altamente prejudiciais.

Nessa linha de raciocínio, o autor espiritual adverte quanto à importância da preservação do ambiente para as atividades espirituais, que requerem cuidados, especialmente para que

> *(...) as reuniões mediúnicas de cura, de atendimento fraternal e de socorro tenham lugar em recintos reservados para esses misteres em razão de serem providenciadas defesas e assepsiadas com frequência, liberando-as dos miasmas psíquicos dos enfermos de ambos os planos que para ali acorrem em busca de auxílio.*

No dia seguinte, relata Miranda, ainda pela manhã, Anacleto procurou a sociedade e o seu presidente, no propósito de manter uma conversa particular com ele. Iniciando o assunto, Anacleto passou a explicar ao companheiro que nas últimas noites tivera sonhos estranhos, sentindo que estava participando, com alguns membros da Casa, de reuniões de socorro a ele próprio e a outros, porém compreendendo que estava sendo tratado nas inquietações e distúrbios obsessivos que apresentava. Mencionou, com franqueza, que após a desencarnação da esposa, que

379

era seu sustentáculo e segurança moral, mudou sua conduta, faltando ao compromisso com o Evangelho de Jesus, culminando nos últimos tempos com ações ultrajantes.

Referiu-se à loucura que o dominava, levando-o a furtar valores da instituição, tornando-se então a *brecha moral* para a entrada do mal. Ressaltou que iria reparar o erro na primeira oportunidade e acrescentou:

> *Conto com a sua benevolência e compaixão, porquanto necessito de amparo e oportunidade para recuperar-me.*
> *Venho colocar o cargo à disposição da diretoria, a fim de que a minha mazela não mais dificulte o trabalho do bem que é a característica da nossa instituição.*

Diante da nova posição de Anacleto, o presidente segurou-lhe a mão, em um gesto fraterno, respondendo-lhe com amabilidade:

> *Nunca o irmão foi mais digno de continuar no seu posto do que hoje. Todos nos enganamos e temos o direito de refazer o caminho, de encontrar a melhor maneira para o reequilíbrio. Peço-lhe que permaneça ao nosso lado, ajudando-nos e ajudando-se.*

Digna de menção a atitude humilde de Anacleto, porém, de valor ainda maior, a postura do presidente da instituição ao demonstrar a sua superioridade moral aco-

Nas fronteiras da nova era

lhendo o diretor com generosidade, demonstrando profunda empatia diante das fraquezas humanas, dando-lhe a mão, não apenas no gesto físico e sim, espiritualmente considerado.

Afirmou o presidente que iria transmitir aos demais companheiros preocupados com a conduta que ele apresentava o encontro que tiveram, sem maiores detalhes e todos lhe dariam um voto de confiança que se fizera merecedor. Aconselhou-o a receber passes, para seu fortalecimento espiritual.

Miranda e os demais da equipe espiritual do Dr. Bezerra de Menezes observaram que o mentor da Casa estava ao lado de Anacleto, estimulando-o a falar abertamente com o presidente, fazendo assim uma catarse que muito o beneficiava.

Mas, fica uma pergunta: e o Espírito com a forma ovoidal ainda estava ligado a Anacleto, o que aconteceu a partir da atitude sincera dele?

Philomeno de Miranda prossegue explicando que algo extraordinário havia acontecido, pois, durante a exposição sincera e humilde do angustiado diretor, o efeito de sua mudança provocou no espírito ovoide, que se lhe imantava no chacra coronário, uma agitação que traduzia revolta e agressividade, visto que a vibração de sua vítima naquele momento em outra frequência, totalmente voltada para o bem, provocou o natural desligamento da espécie de ventosa fazendo com que ele tombasse ao solo.

Prestamente, Dr. Bezerra de Menezes, com a doçura que lhe é peculiar, recolheu-o em suas mãos, falando-lhe suavemente:

– Agora durma, meu irmão,e repouse. Você está cansado e muito sofrido para continuar essa luta inglória. São novos os dias da esperança e você necessita da harmonia interior para eleger o caminho a seguir logo mais quando se libertar dessa injunção penosa.

Nunca duvide do amor de nosso Pai, que jamais nos deixa ao abandono (...).

Irmãos devotados irão recolhê-lo a um hospital para a recuperação da forma alterada e a futura reencarnação completar-lhe-á o trabalho de renovação e de paz.

Deus o guarde em bênçãos de harmonia!

O mentor explica que Anacleto, ao realizar a mudança de comportamento, alterou as faixas de sintonia e campos de vibração mental possibilitando a libertação do vingador que o mantinha com ideias extravagantes em intercâmbio hipnótico demorado. Finalizando assevera que os processos obsessivos se diluem quando o enfermo resolve mudar suas paisagens mentais que antes favoreciam aos *parasitas espirituais*, dando-lhes sustentação energética; por esse motivo não o liberaram do último a fim de ele tivesse a liberdade de escolha, o que seria como verdadeira psicoterapêutica derivada de sua própria vontade.

O autor espiritual encerra o capítulo registrando a presença da jovem Martina, tendo Philippe ao seu lado, na reunião de estudo de **O Evangelho Segundo o Espiritismo** e depois recebendo os passes. Estava agora decidida a levar adiante a gravidez, trazendo incalculável benefício para sua mãe que retornava.

O benfeitor observando o excelente resultado concluiu: — *A vitória do bem é sempre resultado final de qualquer cometimento. Mais vidas sempre são resgatadas pelo amor. Prossigamos em nosso trabalho de libertação de consciências e de iluminação de vidas.*

CAPÍTULO 12
AS LUTAS RECRUDESCEM

NOVAMENTE PARTICIPANDO DA reunião na noite seguinte, Miranda informa que foram chegando à instituição pessoas atormentadas de vários tipos, desde a depressão resultante de obsessão como alguns portadores de esquizofrenia e muitos com problemas existenciais variados. Mas sempre trazendo a esperança de cura, como se fosse num passe de mágica, fruto do desconhecimento acerca da Doutrina Espírita.

Philomeno de Miranda, nessa linha de raciocínio, passa a discorrer sobre o Espiritismo enfatizando que este trouxe para os seres humanos uma diretriz de segurança para que adquiram nova consciência levando-os a compreender que os resultados das ações negativas sempre ocorrem, mas que podem ser diluídos pelas ações no bem.

> *Desse modo* — prossegue — *a missão do Espiritismo é iluminar a consciência humana, ensinar o indivíduo a encontrar a própria paz sob a inspiração do Excelso Bem, conduzir com segurança aquele que o busca, propiciando-lhe harmonia interior e alegria de viver.*

SUELY CALDAS SCHUBERT

Naquele momento iniciou-se a reunião pública, após a qual seriam aplicados passes coletivos e especiais nos mais necessitados que solicitavam antecipadamente. A palestra versava sobre o capítulo V de **O Evangelho Segundo o Espiritismo**, Feb, 2004, "Causas atuais e causas anteriores das aflições", tema este bastante atual, e a expositora ressaltou com muita propriedade a justiça das reencarnações e do que é imprescindível para se alcançar uma caminhada de equilíbrio e saúde.

♦ ♦ ♦

Interrompo aqui a narrativa para comentar, novamente, a importância da transmissão dos princípios da Doutrina Espírita para o público, visto que muitos expositores os estão deixando de lado para falar quase, exclusivamente, de comentários relacionados com os modismos atuais sem fazer a necessária comparação com a visão espírita.

Estou comentando no campo das ideias, e não criticando esses companheiros, que são irmãos muitas vezes dedicados ao bem, embora trazendo essas novidades, algumas atendendo ao anseio popular ávido de coisas diferentes, porém pouco ou nada apresentando da palavra da Doutrina dos Espíritos, que tanto enriquece a Humanidade, motivando as criaturas à transformação moral, a uma vivência pacífica, voltada para as ações altruísticas, como ensina o Mestre Amado.

O Espiritismo é tão belo, tão profundo, que entendo que a sua mensagem é de tal modo avançada que prepara no momento o homem e a mulher do futuro, nessa visão ampla e infinita da regeneração que se instalará aqui nesse planeta, com uma nova civilização.

Ouçamos o que diz Vianna de Carvalho sobre o assunto:

A Lei do Progresso cumpre-se de forma inexorável. Todos avançamos para a Grande Luz de onde se deriva todo o conhecimento. Quando um ideal de grande envergadura, qual ocorre com o Espiritismo, cresce em superfície, perde um pouco em profundidade. Não sendo o Espiritismo uma Doutrina dogmática, não se pode exigir que os seus adeptos se submetam às suas diretrizes sob penalidades de quaisquer natureza (...).

A conquista da consciência espírita ocorre quando o profitente da Causa pode discernir o comportamento que deve ser aplicado ao seu cotidiano, portanto, quando se encontra esclarecido a respeito das responsabilidades que lhe dizem respeito. Os espíritas sinceros têm-se dedicado com afinco à Doutrina, buscando equacionar as dificuldades que repontam nas diferentes áreas de ação humana. Programas didáticos bem elaborados, cursos de divulgação e trabalhos de fácil aplicação multiplicam-se sob cuidados especiais. Necessário que se mantenham a constância no trabalho, o estudo sistematizado da Doutrina, a tolerância que não conive com o erro, porém compreende as dificuldades naturais que ocorrem, para um correto crescimento do Movimento e a vivência de cada espírita de forma coerente com o que lhe ensina o Espi-

ritismo. (**Atualidade do pensamento espírita**, Leal, 1998. It. 194).

No transcurso dos atendimentos especiais que se seguiram à palestra, Miranda narra que Dr. Bezerra de Menezes havia sido procurado por uma senhora idosa e já desencarnada que pedia socorro especial para o neto, sendo naquele momento orientado pelo atendente fraterno. De imediato a equipe foi mentalmente convocada pelo mentor, passando a acompanhar o depoimento de um jovem muito deprimido que estava subjugado por um obsessor insensível e vingativo. Este tinha um aspecto repelente e podia-se perceber que se encontrava em fase de deformação de seu perispírito, que já se assemelhava a um lobo. O perseguidor, acoplado ao jovem, perispírito a perispírito, absorvia suas energias através dos *chacras genésico e cerebral,* induzindo-o ao suicídio.

O jovem, com dificuldade de concatenar as ideias, apresentando lentidão de pensamento, dizia ser muito infeliz, sem rumo, fazendo tratamento psiquiátrico e que as drogas que lhe foram receitadas eram muito fortes, porém não conseguiam tirá-lo da depressão. Assim estava resolvido a parar com o tratamento, confessando que sentia ímpetos de jogar-se pela janela do décimo andar, pois pensava na morte como solução do sofrimento.

Citou que a alguns dias havia sonhado com a avó, que o estava amparando e que isto lhe trouxera um pouco de paz, entretanto logo voltaram os tormentos habituais. Por outro lado era muito martirizado pelo pai que o acusava de ser louco e preguiçoso, terminando por confessar: *Não fosse o apoio de minha mãe e já teria resolvido essa dificuldade...* E dominado pela emoção, chorou.

NAS FRONTEIRAS DA NOVA ERA

Oh! As mães! Quantos e quantos relatos eu ouço, por anos e anos e, quase em sua totalidade, as mães estão se esforçando para amenizar as dores de seus amados filhos e filhas. Infelizmente, é desconfortante constatar isso, pois quanto seria excelente se os pais estivessem lado a lado com elas, dando-lhes o apoio imprescindível nas horas amargas dos sofrimentos.

As mães chegam ao atendimento, inúmeras sem os filhos, que não aceitam, recusam-se a comparecer, mas elas vêm assim mesmo, para contar as desditas dos filhos e as suas próprias, para fazer a catarse do sofrimento que carregam e necessitam se agarrar em algo, em alguma esperança. Enquanto escrevo vejo muitas em minha tela mental, que atendi nos últimos anos; algumas passaram a frequentar assiduamente a Casa Espírita para levar-lhes, no retorno ao lar, os benefícios de vibrações amorosas que receberam e que, de certa forma, procuram transmitir aos seus afetos do coração.

E quantas avós fazem o mesmo, pois são mães duas vezes, aquelas avós que ajudam a criar os netos e que, superando as dificuldades próprias da idade, repetem com eles a trajetória que vivenciaram com os filhos, porém agora mais amadurecidas, corrigindo em sua vivência atual alguns equívocos que cometeram então.

E ali estava o jovem sofredor, com menos de 25 anos, tendo a avozinha desencarnada ao seu lado.

O atendente inspirado pelo seu guia espiritual passou a esclarecê-lo. Relembrou as palavras da expositora, mencionando as causas anteriores das aflições, que cada ser humano carrega em sua bagagem do pretérito e que hoje ressumam para o resgate necessário. Elucidou quanto à depressão, ao assédio daquele que está cobrando as ações anteriores a esta vida e o animou a fazer o tratamento espiritual através dos passes. Citou a questão de por termo à própria vida, aduzindo:

> *Não desanime, porquanto agora começa uma fase nova e feliz na sua atual existência. Mediante a terapia pelos passes, as instruções que absorverá nas palestras públicas e o seu esforço mental, você conseguirá libertar-se da constrição afligente do perseguidor e dos impulsos que o empurram para o suicídio... Se resolvesse o problema, o suicídio seria uma forma de libertar-se do mesmo. No entanto, porque a vida prossegue, aquele que foge das aflições dessa forma, as reencontrará no Além-túmulo ampliadas, somando-se às dores impostas pelo gesto de covardia. Recorra à oração, a leituras edificantes, de forma que o seu pensamento abandone o pessimismo e passe a cultivar a esperança e a alegria existencial, assim contribuindo para a normalização das neurocomunicações que irão cooperar em favor do seu reequilíbrio.*

O jovem foi encaminhado para os passes, ao tempo em que Dr. Bezerra de Menezes afirmou à avozinha que ainda naquela noite o neto receberia um tratamento espiritual específico.

O enfermo regressou ao lar bastante renovado, com esperança de conseguir a cura.

Às primeiras horas da madrugada estavam reunidos os mesmos integrantes que tinham participado do so-

NAS FRONTEIRAS DA NOVA ERA

corro ao rabino judeu. Dois cooperadores desencarnados da Casa foram designados para buscar o jovem Raimundo em parcial desprendimento pelo sono, para que se realizasse o prosseguimento de seu tratamento espiritual. Em poucos minutos ele ali estava, adormecido, conduzido pelos amigos dedicados; porém a ele se encontrava ligado o obsessor, consciente da situação, que blasfemava colérico. Ligação esta, que sendo sempre na área do perispírito, havendo o desprendimento parcial do espírito pelo sono do corpo, o vínculo permanece, o que equivale dizer que o perseguidor é arrastado junto.

O mentor despertou Raimundo que logo identificou a avozinha e buscou o reconforto de sua presença. Esta lhe explicou que aquele momento seria de grande significação para sua existência, que ele deveria ficar em paz e com muita confiança.

O dirigente espiritual Hermano proferiu a prece inicial, enquanto dona Celestina concentrou-se profundamente preparando-se para a passividade mediúnica. Dr. Bezerra de Menezes, através de passes dispersivos aplicados no paciente e no adversário, desligou o vingador que logo foi acoplado à médium em transe.

De imediato, o comunicante, rugindo de cólera, foi logo perguntando a razão daquele tribunal ao qual foi obrigado a comparecer.

O mentor, com amorosa paciência, informou que estavam a serviço de Jesus para libertá-lo do sofrimento que se prolongava somente por sua teimosia. Destacou que a perversa perseguição ao jovem Raimundo não se justificava, que todos renascem para progredir.

SUELY CALDAS SCHUBERT

O vingador logo indagou o motivo da falsa preocupação que desejavam demonstrar em relação a ele, que foi a vítima. Em seguida passou a relatar o seu drama.

Farei uma síntese do trabalho em benefício de Raimundo, para não repetir os textos do livro que estou comentando.

Relembrou então o passado, e que eram dois irmãos consanguíneos, mas que ele era um verdadeiro Abel enquanto que o outro era um tremendo Caim. Com a morte do pai ele deveria assumir os bens e protegê-lo por ser o mais novo e inexperiente. Mas o irmão apoderou-se de tudo, por meios ilegais e o deixou na miséria, atirando-o na rua. Enlouquecido pela atitude daquele em quem confiava, adoeceu e veio a desencarnar entre os miseráveis mendigos de rua. No plano espiritual foi vampirizado por espíritos malévolos, isto em razão de ter jurado vingança e carregar um ódio imenso no coração. Quando se viu livre dos vampiros, havia transcorridos decênios em que esteve sob as garras infernais do mal. Por fim sentiu-se atraído para certo local encontrando o irmão em novo corpo agora sofrendo os reflexos do que fizera no passado. Era este o jovem ali presente. E arrematou sua exposição dizendo: *Não há dor mais doída do que aquela que é fruto da traição de um irmão ambicioso e frio!*

Dr. Bezerra de Menezes falou-lhe paternalmente que todos nós, na fieira das reencarnações, passamos por situações de certa forma semelhantes e que compreendia a dor que ele sentia. Mencionou a lição que Jesus nos ensinou, após ser traído por Judas, ser negado por Pedro e por seus amigos, e do perdão a todos eles e àqueles que o crucificaram. O comunicante, entretanto, reagiu dizendo que não tinha forças para perdoar.

NAS FRONTEIRAS DA NOVA ERA

O mentor prosseguiu, dizendo entender que, no momento, ele não tinha condições para perdoar, porém, argumentou que ele deveria pensar na própria felicidade, libertando-se do irmão a quem estava jungido desde há muito tempo. Pediu-lhe que observasse o aspecto que apresentava, destacando que estava perdendo a forma humana em decorrência da fixação a que se entregara. É oportuno dar a palavra agora ao Dr. Bezerra de Menezes:

> *Você é filho de Deus, que o ama e sabe do seu sofrimento. Ele, porém, é Pai de ambos, sabendo aplicar o corretivo no ingrato e convidando o que foi vitimado à evolução. No mito bíblico, Abel foi substituído por Seth, graças ao amor de Deus. De igual maneira, deixe morrer a lembrança tormentosa e renasça na forma do outro irmão que veio depois...*

O comunicante retrucou, perguntando:

"– Mas como fica a justiça? Ele caminhará feliz enquanto eu permanecerei na sombra do desespero indefinidamente?".

◆ ◆ ◆

Pausa para algumas considerações.

A argumentação do querido Dr. Bezerra de Menezes, guardadas as devidas proporções é, na essência, a mesma que os nossos dialogadores usam para atenderem espíritos que são os vingadores, estratificados em seus pontos de vista.

Quando abordo, em meus seminários, o tema do diálogo com os espíritos eu menciono que nessas situações, diante de um vingador ferrenho e odiento, o último argumento que se deve adotar é o de pedir a ele que perdoe o seu desafeto.

Para ilustrar a questão relato um fato que aconteceu certa ocasião, em nossa sessão mediúnica, em que eu dei passividade a um espírito que exercia uma vingança cruel sobre uma pessoa, igualmente desejoso de levá-la ao suicídio. O doutrinador, ao tomar a palavra, depois de lhe ouvir a exposição de seu ódio, logo se reportou à questão que ele deveria perdoar a sua vítima; o comunicante interrompeu o doutrinador e respondeu com emoção na voz, desatando um processo ao qual estava preso há séculos:

"– Como perdoar, você sabe o que ele fez? Matou a minha mulher, estuprou a minha filha na minha frente e a matou e por fim a mim também. Depois pôs fogo na minha casa, eu queria ver se você perdoaria. O que faria no meu lugar?".

O doutrinador, humildemente e sinceramente compungido com o drama do irmão vingador, respondeu:

"– É meu irmão, eu não sei o que faria se estivesse no seu lugar. Nenhum de nós sabe como vai reagir diante de uma situação-limite". Inspirado pelo mentor da reunião, ele passou a falar, muito comovido:

"– Mas todos necessitamos aprender as lições que Jesus deixou para nós. Sei que não é esse o momento do perdão, mas pelo menos pense na sua felicidade. Você foi vítima, não se transforme em algoz. A justiça divina alcança o infrator onde quer que se encontre, não manche as suas mãos de sangue. Onde estão a sua mulher e sua filha?

NAS FRONTEIRAS DA NOVA ERA

Estão ao seu lado, acompanham os seus passos, você não as vê porque só vê e pensa no seu algoz de outrora. Você poderia estar junto delas, mas você, em vez de escolher o amor escolheu o ódio, a vingança. Você está vivendo sob o domínio do ódio, quando poderia viver sob o domínio do amor. Faça essa escolha e terá a felicidade em seu íntimo. Deixe essa criatura viver o que Deus lhe destinou".

Ele se emocionou, naquele instante mais suavemente, dizendo que nunca havia pensado desse jeito. Chorou e disse que gostaria de ver as queridas do seu coração. Ainda falou por certo tempo da dificuldade em se libertar do jugo do ódio, mas já estava descobrindo o amor, que estava congelado no coração. Depois viu as duas que se apresentavam radiantes e o receberam.

Esta é a linda história de um espírito vingador, que teve esse desfecho feliz. Isso ocorreu há muitos anos.

◆◆◆

Retomando o texto.

Dr. Bezerra de Menezes explicou ao comunicante, que o algoz do passado renasceu marcado com a memória da culpa, pelo crime hediondo cometido, trazendo a depressão depuradora; por outro lado, enfatizou que ele traz graves bloqueios no aparelho genésico que muito o angustiam, situação esta que resulta no transtorno psicológico que o perseguidor intensifica.

Ao tempo em que o mentor esclarecia os fatos, Petitinga e Jésus transmitiam energias saudáveis ao *vampiro* atormentado, as quais iriam reverter a forma degenerativa de seu perispírito, além de diminuir o impacto do ressentimento e do anseio de vingança. Exatamente nessa altura, a avó de Raimundo aproximou-se do comunicante, chamando-o de Melquíades, conforme a seguir:

> *— Não me reconheces Melquíades? Fui mãe de ambos, naqueles dias tormentosos... Retornei ao mundo da verdade antes que o teu pai e, desde então, tenho buscado o consolo da perda do filho querido, como Eva, na Bíblia, rogando a Deus que mo devolvesse...*
> *Desse modo, reencontrei o nosso infeliz Caim, mas também o sofrido Abel, que necessita transformar-se no complacente Seth para a felicidade de todos.*

Esclareceu então, que o pai havia retornado com ele ao plano físico e cobrava-lhe os desmandos, detestando-o, com revolta que inconscientemente aflora no convívio diário. E acrescentou:

> *— Até quando ele resistirá sem que ambos, tu e teu pai, sejais responsabilizados? Haverá, somente uma mudança de postura, na qual o perseguido de hoje, tornando-se vítima daqueles a quem feriu ontem, reclamará também por justiça. Torna-se uma roda de sofrimentos sem-fim, que necessita ser interrompida pelo amor.*

O infeliz ouvia a avozinha deslumbrado, quase sem poder falar, chorando, tal a surpresa daquele instante. Por fim deu um grito suplicando:

NAS FRONTEIRAS DA NOVA ERA

— Tem piedade de mim, que sofro o desvario que nunca termina de consumir-me, e faze-me esquecer, somente esquecer, pois não aguento mais este fardo insuportável, esta pressão que me trucida interiormente.

— Aqui estou, filho do coração, sempre como tua mãe que muito te ama e também sofre com a tua dor. Sois meus filhos, tu e ele, necessitados ambos de carinho e de oportunidade.

Dorme na graça do Pai, que nunca nos pune, que jamais deseja a infelicidade de quem quer que seja e aguarda o amanhã que surgirá risonho para ti, para todos nós.

Repousa, filho do coração e no teu sono refaze as paisagens sombrias do teu pensamento. Juntos, depois, trabalharemos pela redenção do ingrato, amparando o teu pai que derrapa também pela senda da animosidade da qual desconhece a causa.

Com imensa ternura tomou-o nos braços e o retirou dos fluidos da médium, que passou a se recuperar das descargas doentias transmitidas pelo enfermo espiritual.

Entregando o filho adormecido aos enfermeiros, a dama feliz agradeceu ao mentor, igualmente comovido, e se retirou.

Raimundo acompanhou todo o acontecimento. Dr. Bezerra de Menezes, segurando-lhe as mãos explicou que estava nascendo para ele um novo amanhecer: *— Toda dor, por mais se prolongue, alcança o momento de cessar... Isso porque o amor é a lei que vige soberana em todo o Universo.*

Recomeça o caminho e ama, procurando reabilitar-se dos gravames do passado que te seguem como torpe sombra.

E depois de outras considerações, encerrou:

Que o Senhor de bênçãos te favoreça com a Sua misericórdia e paz!

Miranda aduz, finalizando o capítulo, que o sono físico é excelente ensejo de convivência com o mundo espiritual, cada um sendo levado ao campo vibratório com o qual se afina.

Capítulo 13
Atendimento coletivo

No dia seguinte, Philomeno de Miranda traz a notícia de que o mentor, Dr. Bezerra de Menezes, pretendia convocar os espíritos recolhidos pelos cavaleiros templários, a fim de ajudá-los conforme as necessidades de cada um. Todavia, aqueles que apresentassem os lamentáveis processos de zoantropia receberiam auxílio na comunidade espiritual do Mais Além, por estar mais bem equipada para esse tipo de atendimento.

A instituição que era a sede dos trabalhos da equipe do Dr. Bezerra de Menezes, verdadeira oficina de amor, mantendo as portas abertas aos sofrimentos de ambos os planos da vida, era procurada por encarnados e desencarnados em busca do socorro espiritual.

Como verdadeiro centro de benefícios espirituais, muitos benfeitores acorriam à sua sede para a realização

NAS FRONTEIRAS DA NOVA ERA

de atendimentos a entes queridos encarnados, tanto quanto àqueles que já haviam deixado o plano terreno e careciam de amparo por se terem extraviado encontrando-se em regiões de dores e tormentos, ou mesmo por necessidade pessoal de aprendizagem e treinamento. Nesse aspecto, muitos cursos eram ministrados pelos mensageiros da luz, para aprendizes desencarnados a fim de prepará-los para as várias áreas de trabalho na vinha do Senhor.

Interessante trabalho era o atendimento às pessoas que deixavam nomes e endereços pedindo amparo e, muitas vezes, socorro espiritual, pois havia um grupo de atendentes desencarnados que se encarregava das visitas solicitadas. Esses pedidos ficavam em lugar especial e eram anotados por tarefeiros, que por sua vez estavam sob a segura orientação de visitadores especializados que seguiam aos lares solicitantes, tomando conhecimento dos problemas que apresentavam e trabalhando as providências benéficas em favor dos mesmos.

As visitas eram feitas sempre que os solicitantes estivessem presentes no lar, preferivelmente nas madrugadas, quando adormecidos, recebendo, então, o benefício da orientação, dos passes, da inspiração que os guiaria na vivência cotidiana.

♦♦♦

Pausa para alguns comentários.

A questão das pessoas trazerem os pedidos por escrito, deixando-os na Casa Espírita sempre foi muito debatida, visto que se questionava a validade dessa medida ou até mesmo se cogitava se inúmeras pessoas repetiam os mesmos pedidos semanalmente. Várias instituições estabeleceram locais próprios para que os papéis escritos não ficassem desorganizados, inclusive colocando à disposição do público uma caixa de madeira para que ficassem resguardados. Em nossa Casa Espírita adotamos o critério da tal caixa, fornecendo papéis e canetas para que os nomes sejam anotados.

Observei um fato muito interessante e esclarecedor quanto a esse tipo de trabalho espiritual, visto que diversas pessoas que fizeram os pedidos por escrito relataram que tinham sido atendidas de uma maneira ou de outra, inclusive citando que também oravam – o que é fundamental – solicitando ajuda espiritual dos mentores da nossa Casa. Certa ocasião meu mentor espiritual esclareceu que havia uma equipe de atendentes espirituais de prontidão, no constante amparo aos necessitados de auxílio.

Outro aspecto, por ele esclarecido, refere-se às reuniões de desobsessão e os inúmeros pedidos que chegam sejam por telefone, por e-mail, por carta, a maioria desconhecidos da equipe mediúnica encarnada. Acontece que os trabalhos são feitos e com relação aos vários espíritos que se comunicam, não sabemos a sua procedência e nem a quem eles se referem ao falar de vinganças, sofrimentos, ódios, traições, enfim toda a gama de situações que relatam.

O extraordinário, todavia, é que algumas pessoas citadas nos pedidos telefonam, mandam recados, falam pessoalmente, muitas residentes até no exterior, expondo as curas ou melhoras que obtiveram, agradecendo e satisfeitas com os resultados. Assim, diz o benfeitor, a equipe espiritual que atua nas reuniões mediúnicas trabalha da mesma forma, indo ao encontro dos que solicitam amparo e efetuando as providências cabíveis para cada caso.

Nas fronteiras da nova era

Diante disso é óbvio que nós, os encarnados, jamais deveremos nos envaidecer dos benefícios que o público comenta como decorrente desse ou daquele passe que aplicamos, de atendimentos que fizemos, e de reuniões das quais participamos, visto que nossa contribuição, a dos encarnados, é mínima; na verdade, quem faz a maior parte são os benfeitores, é a equipe espiritual das Casas Espíritas em geral.

Toda instituição espírita mantém esse tipo de trabalho, que é aquela caridade que ninguém sabe, anônima, realizada pelos benfeitores espirituais, pois estão sempre atentos, são amorosos, solícitos e amparam em nome de Jesus a todos os pedidos.

◆ ◆ ◆

Seguindo em seus comentários, o autor espiritual menciona que, conforme ficara estabelecido, na hora aprazada, como nas vezes anteriores, o grupo mediúnico já estava presente e em concentração, quando Dr. Bezerra de Menezes começou a expor:

> *Os danos causados pelas incursões contínuas, há algum tempo, de perseguição às hostes espíritas no Brasil e em toda parte, especialmente na* Terra do Cruzeiro, *pelos asseclas do rabino, são expressivos. Desde quanto pôde compreender que o Espiritismo também é o cumprimento da promessa de Jesus, informando que retornaria através de o* Paracleto, *esse adversário soez passou a infiltrar-se nas atividades do movimento humano, gerando mal-estares, dissídios, competições infelizes, lutas internas,*

perturbações por desvio de conduta moral, disseminando a maledicência e todos os seus prejuízos... Sociedades respeitáveis passaram a receber a visita de militantes do mal, acompanhados por outros que se comprazem em molestar e gerar embaraços ao progresso, estimulando lutas inditosas, disputas clamorosas, em total olvido das lições do Evangelho, muito bem difundidas e pouco vivenciadas. Mensageiros da Luz preocupados com a insurgência que se vem apresentando em diversos lugares onde deveriam reinar a concórdia e a fraternidade têm chamado a atenção dos trabalhadores imprevidentes, que sempre se supõem impolutos, afirmando que o erro é sempre praticado pelos outros, sem que consigam o real despertar para o trabalho de autoburilamento e de vigilância. Insidiosamente, os perturbadores prosseguem penetrando nas hostes do bem, ameaçando a unidade do trabalho e afastando almas comprometidas, mas frágeis, que tombam no desânimo e na descrença. (grifo no original)

Oportuna uma reflexão sobre o início da advertência do Dr. Bezerra de Menezes.

Essa preocupação dos Mensageiros da Luz nos remete à certeza de uma programação espiritual de grande alcance, abrangendo todo o movimento espírita, não apenas no Brasil, mas no exterior igualmente.

De certa forma, tomar conhecimento disso nos conforta se por acaso tivéssemos alguma dúvida.

Estamos diante, portanto, a partir dessas revelações, de uma análise criteriosa e abrangente de todos os

NAS FRONTEIRAS DA NOVA ERA

núcleos e instituições espíritas, levando os benfeitores espirituais a concluir pela necessidade imprescindível de nos alertar, enquanto movimento, acerca das investidas maléficas que estão acontecendo de maneira geral.

As estratégias do mal são inúmeras e constantemente reinventadas para mais bem atingirem os objetivos que desejam alcançar.

Um desses espíritos das falanges do mal comunicou-se em nossa reunião e disse o seguinte:

> *– Hoje nem precisamos investir contra vocês com atuações nas quais sobressaia o ódio, ou a frieza, porque nossa técnica é outra atualmente. Nós agora usamos a técnica dos três Ds (des), já ouviram falar? São eles, **desânimo, decepção e desalento**. É só incutir um desses Ds na mente da criatura para ela desanimar de prosseguir, ou porque teve uma decepção com algum espírita ou com a doutrina e por consequência vir o desalento. E acrescentou, (para o doutrinador) você mesmo vai lembrar de outros Ds, que também dão um bom resultado, como, por exemplo, a depressão...* (grifo nosso)

Na sequência, prossegue o mentor.

> *Têm escasseado a abnegação e a renúncia, a humildade e o sacrifício, a benefício do egoísmo, da soberba e da presunção, geradores dos combates insanos e destrutivos, que afastam aqueles que buscam a paz e o bem...*

É certo que, não apenas os sandeus estão vinculados ao nosso irmão rabino, mas também grande número deles pertencentes a diversas raças e religiões, porque a perversidade não é patrimônio de um povo ou de outro, de uma ou de outra crença, mas do ser humano em si mesmo, ainda primitivo e vaidoso...

Aproveitando-se das brechas morais abertas nos servidores invigilantes pelos técnicos em obsessão, todos esses adversários da Luz invadem recintos antes fortalecidos pelo amor e semeiam a discórdia, geram enfrentamentos por questões banais, inspiram divisões nos conceitos doutrinários, perturbam e destroem...

— Os apelos dos mentores de diversos núcleos espíritas alcançaram o Senhor da Seara, que tomou providências através do Irmão caridade, *iniciando-se em toda parte em que Sua doutrina é apresentada, um programa de restabelecimento dos ideais conforme as bases kardequianas, que permanecem inquebrantáveis.*

Importante referência ao retorno às fontes da Doutrina Espírita. Penso que isso nem deveria ser tão necessário, pois imagino que seria o natural e o óbvio; penso que todos os expositores espíritas teriam suas palestras calcadas nessas bases; creio que esse seria o cuidado de todos os que se dizem divulgadores do Espiritismo — mas não é o que acontece, infelizmente.

Quantos falam em nome do Espiritismo, mas se ocupam de todos os assuntos sem sequer mencionar algumas de suas diretrizes. Pode-se e deve-se falar de assuntos

Nas fronteiras da nova era

do momento, claro, mas enfocando-os sob a ótica espírita, para que o público se beneficie com esse tesouro que Deus legou à Humanidade.

O Espiritismo é de uma riqueza inigualável. Quanto mais me aprofundo nos seus conceitos, estudando-os, mais me encanto descobrindo, com o tempo, filões ricos de ensinamentos que somente poderiam ser vertidos dos altos planos superiores, através do Espírito de Verdade. Allan Kardec foi de uma felicidade ímpar ao codificar, com brilhantismo, o Consolador prometido por Jesus, como também ao escrever suas próprias notas, que o evidenciam como missionário da Terceira Revelação.

Voltando à palavra ao mentor:

> *Várias providências vêm sendo tomadas em caráter de urgência, incluindo o nosso pequeno grupo, encarregado de demover o organizador das fileiras agressivas, que agora dorme em necessário refazimento, para um despertar angustiante e necessário, referente ao longo período de alucinação e de despautério.*
>
> *Logo mais, estaremos atendendo àqueles que se encontram recolhidos em nossa Casa, e o mesmo vem acontecendo nos grupos sérios, nos quais a mediunidade é respeitada e trabalhada com honradez e abnegação, quando são orientados os adversários trazidos à comunicação dolorosa para eles e, ao mesmo tempo, libertadora.*
>
> *Não se trata de uma fácil tarefa, como nada é tão simples como, às vezes, pode parecer, porquanto, o seu objetivo não é apenas o de afastar o mal e*

*os maus desencarnados, mas o **de despertar os trabalhadores** para que retornem às origens do dever e da caridade, vivendo conforme o preceituam para os demais.*

*Este momento severo **de identificação de responsabilidades** é também o de preparação para que se possam criar as condições hábeis para as ocorrências da felicidade que um dia pairará no planeta terrestre. Aos que se encontram vinculados a Jesus cabe a indeclinável tarefa de preparar o advento dos dias melhores, sem jactância nem precipitação, igualmente não complicando as possibilidades de realização.*

A fatalidade do bem alcançará a meta destinada, mas todo aquele que se fizer impedimento, consciente ou inconscientemente, será afastado, sofrendo as consequências da sua insubordinação, porquanto, quase todos, hoje, estamos cientificados do que está acontecendo, assim como do que virá a suceder...

O nosso labor na esfera espiritual será complementado pelos espíritas conscientes, e, sem dúvida, por todos os cidadãos afeiçoados ao dever e à prática dos compromissos assumidos com honradez.

A fé esclarecedora facilita a realização do programa, mas serão os sentimentos dignos que se encontram em todas as criaturas, que se encarregarão de tornar realidade os projetos em desenvolvimento.
(grifos nossos)

A Espiritualidade superior propicia-nos importantíssimas orientações para as quais deveremos ficar bem

NAS FRONTEIRAS DA NOVA ERA

atentos. Os grifos que coloquei são aspectos que desejo destacar.

Vejamos: **despertar trabalhadores** e, depois, Dr. Bezerra de Menezes menciona **identificação de responsabilidades** – pontos imprescindíveis para nossa reflexão.

Divaldo Franco tem falado frequentemente acerca do "sono da alma" e da necessidade desse despertar para o autoconhecimento e o real sentido da vida, que tem sido também objeto de estudos em várias obras, especialmente das que abordam a psicologia transpessoal. Entretanto, com alguma constância, aqueles que despertam e passam a enxergar a si mesmos, em profundidade, e se tornam atentos para com a vida, estes, entretanto, podem voltar a adormecer, caso venham a sentir pressões e sofrimentos próprios do processo de crescimento, levando-os a desinteressar-se do que, em certo período, parecia ser essencial e importante.

O mesmo acontece em relação à prática espírita, ou seja, a vivência das diretrizes espíritas; quando o trabalhador se deixa levar, automaticamente, como quem cumpre uma obrigação, desinteressando-se de realizar a transformação moral. Decorre disso muitas das dificuldades que existem em nosso movimento.

Emmanuel discorre, com acuidade e beleza, que lhe são peculiares em vários capítulos da coleção **Fonte Viva**, essa questão do despertar da alma, conforme o trecho que escolhi para fundamentar, ainda mais, o assunto enfocado por Dr. Bezerra de Menezes.

Em **Pão Nosso**, (Feb, 2007 cap. 68), intitulado "Necessário acordar", Emmanuel leciona, citando aqueles que têm dificuldades na compreensão e aplicação dos ensinamentos de Jesus.

Esses amigos, entretanto, não percebem que isto ocorre, porque permanecem dormindo, vítimas de paralisia das faculdades superiores (...). O coração não adere, dormitando amortecido, incapaz de analisar e compreender. A criatura necessita indagar de si mesma o que faz, o que deseja, a que propósitos atende e a que finalidade se destina. Faz-se indispensável examinar-se, emergir da animalidade e erguer-se para senhorear o próprio caminho.

Finalizando sua orientação o mentor assinala:

Divulgar, portanto, a lição da verdadeira fraternidade, vivenciando-a, esclarecer as massas pelo exemplo, despertar as consciências adormecidas mediante as clarinadas de ações benéficas, superar os apelos das paixões primitivas em favor da autorrealização constituem compromissos de todos os seres humanos convidados para a terra da esperança...
– Honrados pela oportunidade de servir, espalhemos o reino de Deus em toda parte, cantando hosanas ao Senhor que nos ama e segue à frente.
Agora, oremos e deixemos que a celeste inspiração nos alcance.

Em seguida, os cavaleiros templários, que demonstravam compreensível alegria por estar em serviço ao próximo como no passado, nos lamentáveis dias das Cruza-

Nas fronteiras da nova era

das, conduziram pequenos e sucessivos grupos de irmãos atormentados, sendo acomodados na sala ampliada em sua dimensão espiritual. A presença de todos os enfermos, que lotaram o salão, aos poucos alterou a psicosfera do ambiente, em razão de que exsudavam emanações doentias decorrentes do estado emocional e espiritual de que eram portadores.

Muitos estavam inquietos, alguns hebetados, outros sem noção do que estava acontecendo.

Esses irmãos são os que deveriam ser ligados ao perispírito dos trabalhadores invigilantes, esclarece Miranda, atuando como verdadeiros parasitas espirituais. Havia ainda expressivo número de turbulentos e zombeteiros, cuja proximidade poderia levar as suas vítimas aos desvios de conduta.

Em meio a esse atormentado grupo de irmãos, Hermano proferiu a prece inicial, dando ensejo a que uma jovem desencarnada aos 20 anos de idade, vestida com longa túnica branca, começasse a cantar belíssima e comovente música, composta no século XVIII por John Francis Wade, o *Adeste Fidelis,* cuja letra concita a permanente atitude de vigilância para o serviço do bem em homenagem a Jesus.

As harmoniosas vibrações do hino expandiram-se por todo o recinto, modificando a pesada atmosfera, diluindo as ideoplastias viciosas e facultando que todos absorvessem as energias dulcificantes.

Foi nesse ambiente, agora pacificado, que o Dr. Bezerra de Menezes fez uma exortação aos enfermos espirituais.

– Seja conosco a paz do Senhor!

Por mais terrível seja a noite tempestuosa, o dia brilhante chega sem alarde, para a renovação dos desastres ocorridos.

Todas as aflições, mesmo aquelas que decorrem da teimosia dos sofredores, encontram a alternativa da esperança e da tranquilidade. Nenhum mal, portanto, pode permanecer prolongado em demasia. Após atender à finalidade para a qual se destina, cede lugar à renovação, ao equilíbrio, à esperança de novos cometimentos menos perturbadores...

Iludidos pela inferioridade, muitos de nós temos caminhado à margem do dever, tombando na loucura do prazer pessoal e dos desejos de dominação. Vítimas uns, algozes outros, constituímos a imensa legião dos filhos do Calvário, a que se reportou Jesus, informando que fora para tais que Ele viera.

Eis, pois, chegado o momento de O encontrarmos, alterando a conduta mental e emocional a que nos temos entregado ao longo dos tempos de alucinação e perversidade, de caprichosa teimosia no erro e na desídia.

Sempre soa a trombeta da renovação espiritual, anunciando novos tempos, que não mais se harmonizam com o crime nem com a prepotência de alguns sobre os demais. Todos nascemos livres, sendo dependentes dos nossos atos, quando bons experimentando júbilos e quando maus padecendo a escravidão em relação aos mesmos.

Elegestes, até agora, o caminho sombreado pelo crime e pela insensatez. Adotastes conduta de rebeldia, quais se fôsseis novos soberbos Lucíferes,

NAS FRONTEIRAS DA NOVA ERA

atrevendo-vos a enfrentar as Leis Divinas. Em consequência da aberração, tombastes nas malhas do (Inferno) sofrimento que espalhastes em muitos lugares, e que agora passais a recolher como cardos ferintes. Não recalcitreis ante a necessidade de recomeçardes com lágrimas as experiências desditosas que vivestes com sorrisos, enquanto outros choravam...

O Senhor não deseja que permaneçais nos cipoais da ignorância, e, por isso, enseja-vos a ocasião libertadora que agora vos chega em hinos de esperança. Libertai-vos da servidão dos instintos agressivos e vis, ampliando os sentimentos de amor e de compaixão em vossas vidas.

Como o passado não pode ser anulado, as conseqüências dos vossos atos encontram-se à vossa frente, aguardando a solução que tereis de adotar espontaneamente, a fim de logrardes a paz que ainda não conheceis.

Em vossas aflições perguntar-me-eis de que forma será possível essa renovação, esse trabalho de reconstrução das vossas vidas.

Àqueles que estão vinculados ao Judaísmo, responderemos que nos vossos livros sagrados, como no Sefer-Há-Bahir ou Livro da Iluminação e no Zôhar ou Livro da Esperança a transmigração das almas através dos corpos é conhecida como Guilgul Neshamot e os hassidistas e cabalistas sabem que a reencarnação é o caminho, único, aliás, para facultar a regeneração do ser humano e a reparação dos males praticados através dos tempos. Aqueloutros que se encontravam matriculados no Cristianismo, também não ignoram o diálogo de Jesus com o doutor Nicodemos, quando lhe asseverou que é necessário nascer de novo para entrar no reino dos Céus... nascer da água (corpo) e do espírito (personalidade nova)...

A reencarnação é a escola bendita que faculta o desenvolvimento dos valores intelectuais e morais do espírito no seu crescimento na busca da perfeição que lhe está destinada.

— Seguistes o chamado da desordem e da destruição, porque participáveis da loucura proporcionada pela ignorância das Leis de Deus... Hipnotizados pelo terror e castigados pelas Fúrias, fizestes o que vos era imposto sem dar-vos conta da sua gravidade. Agora despertais para a realidade nova que vos impõe responsabilidade pelos atos e compromissos impostergáveis.

Vosso antigo chefe, mais infeliz do que vós todos, encontra-se adormecido, a fim de ter diminuídas as lembranças desditosas, de poder recomeçar do ponto em que parou dominado pela ira fugaz e pelo ódio abrasador... Também ele e outros tantos que se lhe submetiam, avançarão pelos mesmos caminhos eivados de desares que os chamarão ao refazimento. Ninguém está incólume aos desígnios divinos, fazendo o que lhe apraz sem experimentar os efeitos dos atos de qualquer natureza.

O amor, porém, do Mestre Jesus por todas as Suas criaturas, excede tudo quanto podemos imaginar dentro dos nossos limites egoísticos.

Hoje começa a vossa restauração. Acalmai os anseios do coração e os tormentos da mente, a fim de poderdes crescer interiormente, alcançando o patamar sublime da paz.

NAS FRONTEIRAS DA NOVA ERA

Que o Senhor a todos nos abençoe e nos ilumine.

A elevada palavra do mentor proporcionou a que as sombras que ainda pairavam no ar fossem sendo diluídas. De imediato os cavaleiros templários iniciaram a atividade socorrista, distribuindo energias calmantes sobre as cabeças dos sofredores, enquanto alguns se mostravam dominados pelo pranto do arrependimento, outros despertavam da hebetação e vários expressavam surpresa.

As mãos dos passistas tornaram-se luminosas em decorrência do sentimento que externavam e, nesse momento, cita Miranda, todos nós e os demais trabalhadores presentes, nos levantamos e igualmente distendemos as mãos em direção aos enfermos, que já apresentavam os benefícios das energias que iam absorvendo pouco a pouco.

Para encerrar a proveitosa reunião, Dr. Bezerra de Menezes proferiu a oração final, que transcrevemos, para que sintonizemos com essa faixa vibratória.

Sublime Dispensador de bênçãos:

Quando a madrugada rompe a treva da ignorância anunciando o dia de júbilos, aqueles que Te servimos, saudamos-Te na condição de Sol de Primeira Grandeza, suplicando que a Tua luz dilua toda a nossa maldade, abrindo espaços para a instalação do reino do amor em nossas vidas.
Somos os Teus discípulos equivocados, que estamos de volta ao rebanho, em face da Tua misericórdia, após o abandono que nos impusemos ao longo da trilha evolutiva.
Recebe-nos como somos, a fim de que aprendamos

> *a ser como desejas que o consigamos.*
>
> *Nossa oferta ao Teu magnânimo coração já não é a taça de fel da ingratidão ou do abandono, mas o compromisso de ser-Te fiéis em quaisquer circunstâncias que enfrentemos amanhã, compreendendo que, mesmo o sofrimento, é dádiva celeste para a nossa purificação.*
>
> *Como recebeste Pedro arrependido e lhe confiaste a direção do grupo estarrecido e foste buscar Judas nas regiões infernais, concedendo-lhe a oportunidade dos renascimentos purificadores, concede-nos, também, a todos nós, os discípulos ingratos, a misericórdia do Teu perdão em forma de renovação íntima pelos incontáveis processos das reencarnações lenificadoras.*
>
> *Permite que os Teus mensageiros abnegados permaneçam conosco em Teu nome, auxiliando-nos no processo de iluminação, de forma que toda a treva que deixamos pela senda faça-se claridade e decidamo-nos por seguir adiante seja qual for o preço a resgatar.*
>
> *Jesus!*
>
> *Concede-nos a Tua dúlcida paz, a fim de que sejamos dignos de Ti, hoje, amanhã e sempre.*

Com muito cuidado os cavaleiros templários e outros trabalhadores da Casa conduziram os grupos socorridos para outro local, sendo removidos para uma Colônia Espiritual, onde seriam preparados para futuras reencarnações.

Capítulo 14
Elucidações preciosas e indispensáveis

No dia imediato, escreve Miranda, o Dr. Bezerra de Menezes propôs à equipe espiritual um encontro na sala mediúnica, convidando também o diretor Hermano e alguns de seus auxiliares, a fim de ouvirem alguns importantes esclarecimentos que ele iria transmitir.

Depois de uma sentida oração, o benfeitor elucidou:

– Por ocasião dos preparativos para a nossa excursão objetivando atender as necessidades de urgência no movimento espírita, especialmente em nossa Casa, evitamos detalhar situações, de modo que fossem menores as suas preocupações. Nada obstante, desde os primeiros momentos do nosso encontro, já nos encontrávamos informados de que o fermento do mal havia-se espalhado por diversos núcleos no Brasil, assim como em outras nações que vêm recebendo as bênçãos do Consolador. Naturalmente, outros grupos estão recebendo a competente ajuda, conforme a superior planificação que nos convocou para a tarefa especial de que nos estamos desincumbindo sob o auxílio dos Céus. Apesar disso, temos conhecimento de que houve perigosas infiltrações dos acólitos do rabino Sadoch em diversas searas, que prosseguem sob a injunção da perversa interferência...

Concomitantemente, considerando-se a transição moral e física a operar-se no planeta, hordas de desvairados espirituais que se homiziam em furnas infernais, investem contra as atividades da Era Nova e procuram disseminar o morbo pestilento das dúvidas, das divisões, das intrigas destrutivas, conseguindo resultados de efeito grave e danoso como já referido antes...

Não podemos ignorar a situação moral, espiritual, refletindo-se na política e na economia ora predominantes no mundo, que passa por momento de alta gravidade, quando desmoronam poderosas civilizações aos camartelos da lei do progresso e outras aparecem como emergentes, buscando substituí-las, mesmo que, para algumas, o trabalho escravo e o desrespeito à cidadania e à liberdade das pessoas sejam a pauta predominante. Em razão dos interesses que administram as nações em geral, procura-se ignorar a hediondez desses regimes autoritários, de forma a conseguir-se lucros e parcerias com as suas economias poderosas, nascidas na crueldade para com os povos que lhes padecem as imposições destrutivas...

– Ainda ontem, em dias próximos do passado, o Islamismo passou a ser considerado a doutrina religiosa que mais crescia no planeta terrestre. Os exemplos de terrorismo e de impiedade de alguns dos seus membros, ao invés de encontrarem a repulsa da civilização, recebiam apoio de mentes encarnadas em desvarios e de psicopatas que fracassaram na conquista de projeção, refugiando-se nos antros do ódio, aderindo-lhes aos programas nefastos de crimes de morte e de destruição

Nas fronteiras da nova era

da cultura tanto ocidental quanto oriental, em suas respectivas nações, desde que voltados contra os interesses de outra etnia ou facção da mesma doutrina religiosa... Os seus aiatolás, ressalvadas algumas poucas exceções, ao invés de invectivarem contra a desoladora situação, que não encontra respaldo no Corão, seu livro sagrado, estimulavam a desordem, objetivando dominar o mundo com as propostas de violência de um lado e doutro à submissão aos seus caprichos mórbidos.

Estatísticas cuidadosas, baseadas nas leis da genética, estabelecem que a cultura e a civilização de uma época, para sobreviver no tempo, necessitam da reprodução humana em níveis básicos para atender ao desenvolvimento econômico e social, o que não vem ocorrendo na Europa e em outros países norte-americanos... Esse risco de desagregação civilizatória tem sido compensado pela volumosa imigração muçulmana, que a cada decênio atinge níveis surpreendentes de população nos países que a hospedam. É natural que, também, aumente o número de adeptos da sua crença e desenvolva-se o fanatismo, porque esses imigrantes, raramente portadores de idealismo e de cultura, lavradores e necessitados economicamente, mantêm as raízes da sua origem, não assimilando os conhecimentos, nem o idioma das nações que adotaram para viver, preservando os seus hábitos e mantendo os descendentes limitados pelos muros da ignorância escravagista. Parecia inevitável que esses povos, dentro de algumas poucas dezenas de anos, tornassem-se muçulmanos, o que não seria uma lástima, porém, recusando Jesus, constituiria um perigo às liberdades humanas e um retrocesso de largo porte no desenvolvimento do planeta, obstaculizando a sua renovação para mundo de regeneração.

♦ ♦ ♦

Pausa para reflexão apropriada.

Em **O Livro dos Espíritos** Allan Kardec aborda a "Lei do Progresso", no capítulo VIII da terceira parte, questão 783, que elucida aspectos dos mecanismos dessa lei:

O aperfeiçoamento da Humanidade segue sempre uma marcha progressiva e lenta?
Há o progresso regular e lento que resulta da força das coisas. Quando, porém, um povo não progride tão depressa quanto deveria, Deus o sujeita, de tempos em tempos, a um abalo físico ou moral que o transforma.
Nota de Kardec: O homem não pode manter-se perpetuamente na ignorância, porque deve atingir o objetivo que a Providência lhe assinalou; ele se esclarece pela força das coisas. As revoluções morais, como as revoluções sociais, se infiltram nas idéias pouco a pouco; germinam durante séculos e depois irrompem subitamente, fazendo desabar o carcomido edifício do passado, que deixou de se harmonizar com as necessidades novas e com as novas aspirações. O homem geralmente não percebe, nessas comoções, senão a desordem e a confusão momentânea que o ferem nos seus interesses materiais. Aquele que eleva o pensamento acima da

NAS FRONTEIRAS DA NOVA ERA

sua própria personalidade admira os desígnios da Providência, que do mal faz sair o bem. É a tempestade, é o furacão que saneia a atmosfera, depois de ter agido com violência.

♦ ♦ ♦

Retornando à palavra do Dr. Bezerra de Menezes:

Como ninguém, força alguma, pode-se erguer em forma de impedimento aos desígnios divinos, vêm reencarnando espíritos livres nesses países, adotando os recursos da comunicação virtual que facilitam o contato com todo o mundo, mesmo sob a adaga das duras leis que ameaçam os que as infringirem, tomando contato com o ocidente... De um para outro momento, essas redes de comunicação social através da Internet, *passaram a ser instrumento de relacionamentos e de advertências para os males que se prolongavam nessas pátrias sofridas nas mãos de ditadores insanos, havendo surgido o levante do sofrimento e surgido a denominada* Primavera árabe. *Caíram alguns tronos e os que neles sentavam-se foram vítimas da mesma crueldade utilizada contra os seus reais ou supostos inimigos, ceifando-lhes as vidas hediondas. Homens temerários e poderosos fugiram para ocultar-se em covas no seio da Terra, ocultando a covardia, sendo encontrados como animais perseguidos e duramente aprisionados ou assassinados com a mesma fúria de que esses* revolucionários *haviam sido vítimas... E prossegue a* primavera, *mudando a geopolítica, na qual se envolve o ocidente ávido de beneficiar-se das riquezas minerais daqueles solos desérticos e mortos...*

O grave problema que ainda não tem sido considerado, diz respeito aos revolucionários que retiram do poder os tiranos, usando os mesmos métodos que condenavam nesses réus dos crimes contra a Humanidade, e ademais, se tomarem gosto e ambição pelo poder, que deveria transitar pelas suas mãos, passem a coagir os que anseiam pela liberdade, cerceando-a, a pouco e pouco, ficando na governança e postergando sempre o cumprimento das promessas que precederam à luta...

Anotemos nesse intervalo, as ponderações de Joanna de Ângelis, ao dissertar sobre a guerra em **Após a tempestade** (Leal, 1974):

A guerra, conforme demonstra a História, não tem ensinado as lições que seriam de esperar-se, exceto a demonstração imediata da transitoriedade dos triunfos e das desgraças terrenos...

Desde todos os tempos, civilizações se têm erguido sobre os escombros das que sucumbiram ao guante das suas impetuosidades... Os vencidos de ontem rebelam-se e se erguem logo surge o ensejo, expulsando o espoliador sanguinário, não raro cometendo os mais hediondos revides, que no agressor condenava, nos quais se revelam as paixões subalternas que sufocavam (...).

Embora necessário como aguilhão do homem, o mal é herança que um dia desaparecerá da Terra sob a inspiração e superior comando do bem. (cap.19)

Nas fronteiras da nova era

Na sequência prossegue o mentor.

Ao mesmo tempo, em razão de serem países formados por etnias, não poucas vezes, de cultura e formação religiosa diferentes das bases primitivas do Corão, que deram lugar a várias interpretações, criando facções que se odeiam, umas às outras, está presente o risco de novas lutas intestinas com prejuízos incalculáveis para os ideais que, por um momento, tremularam nas flâmulas erguidas nas batalhas ferozes.
Infelizmente, já vem ocorrendo esse inditoso comportamento em algumas das nações que seriam transformadas e as promessas dos novos conquistadores ainda não foram cumpridas...
Todos esses sicários da Humanidade faziam-se, e alguns ainda se fazem, protegidos pela religião dominante, qual ocorreu no ocidente no passado, em que a mesma determinava quem devia governar, viver, possuir bens ou morrer, seguir para o exílio, para o cárcere, quando a Revolução Francesa enfrentou a torva tradição, pondo-lhe fim. O mesmo agora se passa na região atingida pela onda de busca de liberdade e de justiça... Em consequência, há ânsia de separação entre o estado e a religião, diminuindo ou fazendo desaparecer o poder infeliz e supremo dos seus aiatolás ou sacerdotes famintos de represálias.
Em consequência, a possibilidade expansionista de a fé muçulmana dominar a Europa e a Nova América, no porvir próximo, recua, senão, desapa-

SUELY CALDAS SCHUBERT

*rece, enquanto a doçura e a compaixão, a miseri-
córdia, o amor e a caridade do Messias divino irão
invadindo, sob outras condições, essas exaustas nações, nas quais naufragara anteriormente a Sua
doutrina, que foi vítima dos sacerdotes e pastores
desavisados e ambiciosos...*

*O maior número de guerras na Humanidade, de
alguma forma, sempre teve a religião deste ou daquele teor como responsável, o que a torna abomi-
nável. Cabe ao Espiritismo a missão de modificar
esse conceito através das suas propostas fundamentadas na certeza da imortalidade, na Justiça Divina através das reencarnações, conscientizando a
todos, que sempre se recebe conforme se distribui.*

Recordo, nesta pausa, a questão 798 de **O Livro
dos Espíritos**, (Feb, 2006), em que Allan Kardec, ao expor
o item que menciona a influência do Espiritismo no progresso, indaga ao Espírito de Verdade:

*O Espiritismo se tornará crença comum, ou con-
tinuará sendo professado apenas por algumas pessoas?*

*Certamente ele se tornará crença comum e marca-
rá uma Nova Era na História da Humanidade,
porque está na Natureza e chegou o tempo em que
ocupará lugar entre os conhecimentos humanos.
Entretanto, terá que sustentar grandes lutas, mais
contra os interesses, do que contra a convicção, pois
não se pode dissimular a existência de pessoas interessadas em combatê-lo, umas por amor-próprio,
outras por causas inteiramente materiais. Porém,*

NAS FRONTEIRAS DA NOVA ERA

como seus contraditores se tornarão cada vez mais isolados, serão forçados a pensar como os demais, sob pena de se tornarem ridículos.

Evidentemente que as ideias que formam a sustentação e que são as bases inamovíveis da Doutrina Espírita, tais a existência de Deus, como inteligência suprema e causa primeira de todas as coisas, a imortalidade da alma, a reencarnação, a vida no mundo espiritual, a comunicabilidade dos espíritos, a pluralidade dos mundos habitados – gradualmente vão sendo aceitas, em parte ou no todo. Mas, muito tempo ainda passará até que se aceite Jesus e o Seu Evangelho de amor e perdão, pois, como sabemos, o Mestre suplanta quaisquer outros vultos que são apontados como orientadores da Humanidade, o que vai ser de difícil aceitação por parte dos seus profitentes.

Prossegue Dr. Bezerra de Menezes:

– Já, desde há poucos anos, também nesses países onde predominam a intolerância e o ódio por outras nações, como nestas últimas, estão reencarnando-se os promotores dos novos dias, a fim de que se abram as cortinas que vedam a verdade e se possa conhecê-la, sem nenhuma restrição. Ao mesmo tempo, as comunicações espirituais vão rompendo as barreiras impostas pelo fanatismo em relação ao texto da religião esposada, ensejando a compreensão mais ampla da vida além do túmulo, deixando de lado as fantasias do Inferno dantesco e do Céu enriquecido de prazeres sensuais, eróticos

SUELY CALDAS SCHUBERT

e embriagadores dos sentidos físicos, que não mais terão vigência nessa oportunidade...

Poetas, pensadores, artistas de várias áreas da beleza, cientistas do passado e do presente, neles estarão retornando para despertar o pensamento, auxiliando-o na evolução da fraternidade entre todos os povos — uma só e única família, distinta de raças, de sangue, de paixões — na qual todos fruirão das bênçãos da harmonia.

De igual maneira, os cantores da verdade dos tempos idos estão retornando pela reencarnação, a fim de auxiliarem na grande arrancada do progresso libertador.

Judeus, muçulmanos, budistas, hinduístas, esoteristas, religiosos de outras designações, espiritualistas em geral ou não, pensadores e cientistas que se encorajem consultar a Bíblia ou os livros sagrados em que se fundamentam suas crenças, constatarão que a reencarnação é o cadinho purificador das impurezas humanas e facilitador do progresso infinito do espírito.

Leiamos, em Êxodo, capítulo 20, versículos 5 e 6, o que está exarado por Moisés: Não te prostrarás diante delas e não as servirás porque Eu, Iahvéh, teu Deus, sou Deus zeloso, que visito a culpa dos pais sobre os filhos, na terceira e quarta geração dos que odeiam, mas que também ajo com benevolência ou misericórdia por milhares de gerações (renascimentos), sobre os que me amam e guardam os meus mandamentos.

Repetidas vezes encontramos no Velho como no Novo Testamento a presença das reencarnações demonstrando o amor e a sabedoria de Deus, no que

NAS FRONTEIRAS DA NOVA ERA

tange ao progresso do espírito e à sua ânsia de perfeição. A doutrina que se reporta a uma existência exclusiva é incapaz de explicar todos os aparentes paradoxos existentes na Terra, no que se refere à criatura humana, às diferenças existentes, às ocorrências que as assinalam, aos comportamentos e condições de humanidade, assim como das raças e das nações...

Observe-se que o Senhor se refere a Moisés, no que diz respeito à Sua severidade na terceira e quarta gerações, quando o espírito malfeitor já pode estar reencarnado na condição de neto ou bisneto dele mesmo, o que não ocorre na segunda, por que, nessa, encontra-se outro espírito que lhe vem na condição de filho.

Será, portanto, através da reencarnação que o ser irá depurando-se, até libertar a essência divina que nele jaz, de toda impureza defluente do processo evolutivo, quando transitando nas faixas primárias do seu desenvolvimento.

Incapaz de gerenciar o amor que soluciona todos os problemas existenciais, experimenta o sofrimento que lhe retira as arestas maléficas, preparando-o para as grandes conquistas a caminho da plenitude.

Assim considerando, estamos sendo convidados a auxiliar os irmãos infelizes que igualmente estão no propósito de impedir ou criar embaraços à transição gloriosa, gerando dificuldades ao renascimento dos convidados espirituais de outra dimensão.

Mais tarde, após visitarmos algumas dessas sociedades espíritas que vêm sofrendo impedimentos, vítimas da invasão dos irmãos perniciosos, que tentaremos trazer à comunicação, também conviveremos um pouco com alguns dos imigrantes de Alcíone que se encontram na psicosfera da nossa Terra amada, adaptando-se-lhe aos fluidos e aos condicionamentos, tendo em vista que procedem de regiões já felizes, onde não mais experimentam as dores nem as constrições próprias do nosso planeta.

Fitando o futuro através da imaginação iluminada pelas Bem-aventuranças propostas pelo Profeta nazareno, descortinamos o nosso mundo sem sombras, atendendo ao programa da evolução paulatina da luz vencendo todo tipo de treva, sem as amarguras do sofrimento nem as violências da insanidade, em razão de predominarem o amor, a justiça, a liberdade em hinos de ventura e de paz. Que o Senhor seja louvado e atendido nos Seus anseios entre nós!

O autor espiritual, Miranda, afirma, depois de ouvir as luminosas considerações do benfeitor espiritual, que nunca lhe ocorreram os aspectos por ele trazidos à reflexão dos que fizeram parte do significativo encontro. Ele tocou em situações de âmbito mundial, deveras preocupantes, esclarecendo fatos dentro de um contexto e uma visão espiritual abrangente.

Para encerrar creio ser oportuno registrar aqui um trecho da resposta de S. Luis à questão 1019, na qual Allan Kardec pergunta se algum dia o reinado do bem poderá implantar-se na Terra, conforme registra **O Livro dos Espíritos,** (Feb, 2006):

Nas fronteiras da nova era

Aproximai-vos do momento em que se dará a transformação da Humanidade, transformação que foi predita e cuja chegada é acelerada por todos os homens que auxiliam o progresso. Ela se verificará por meio da encarnação de Espíritos melhores, que constituirão na Terra uma geração nova. Então, os Espíritos dos maus, que a morte vai ceifando dia a dia, e todos os que tentam deter a marcha das coisas serão daí excluídos, pois que viriam a estar deslocados entre os homens de bem cuja felicidade perturbariam. Irão para mundos novos, menos adiantados, desempenhar missões penosas, onde poderão trabalhar pelo seu próprio adiantamento e, ao mesmo tempo, pelo progresso de seus irmãos mais atrasados.

Miranda, finalizando o capítulo, comenta que, após ouvir a abalizada palavra de Bezerra de Menezes, passou a meditar acerca dos conceitos por ele exarados, sobretudo porque estes nunca lhe haviam ocorrido.

Na fieira dos pensamentos, ele indaga a si mesmo: seria o Espiritismo a religião do porvir? Todavia, diante do que fora exposto, poder-se-ia dizer que seria o porvir das religiões, que aceitariam alguns dos seus paradigmas, conforme gradualmente vem ocorrendo.

Capítulo 15
Intervenção oportuna

Conforme a programação traçada, naquela mesma noite encontravam-se reunidos os trabalhadores dos dois planos, aguardando que os obreiros de outras sociedades atingidas pelo ódio dos asseclas do Rabino Sadoch trouxessem alguns deles à reunião mediúnica, que mais uma vez ocorreria no plano espiritual da sociedade.

Em poucos minutos já estavam no recinto cinco entidades rancorosas, de aspecto grosseiro, semiadormecidas, e um grupo de outras igualmente portadoras de expressão atormentada.

Aberta a reunião pelo diretor Hermano os médiuns Celestina e Marcos, em transe, (que ali estavam em desdobramento através do sono físico) atraindo à comunicação dois dos enfermos, que ao se fixarem aos seus perispíritos em expansão, despertaram, ocorrendo simultaneamente a psicofonia torturada e agressiva. Dr. Bezerra de Menezes e Marcelo passaram a atender aos comunicantes, sendo um deles o rabino Melquisedec, por meio de D. Celestina.

Miranda comenta que as defesas fluídicas da sala formavam um campo vibratório no qual estavam sendo beneficiados todos os enfermos espirituais trazidos pelos cavaleiros templários.

O rabino, a exemplo de seu chefe, iniciou a comunicação dizendo que:

NAS FRONTEIRAS DA NOVA ERA

— Somente através da traição é que os covardes discípulos do Cordeiro, conseguem alcançar-nos, ignorando, propositalmente, que também temos direitos diante das leis que vigem no Universo.

— Sem dúvida — respondeu Dr. Bezerra — o mesmo direito que têm concedido àqueles que lhes caíram nas malhas perversas... Direitos que se atribuem de ferir e atormentar, de gerar embaraços à obra do bem, de infelicitar... O irmão encoraja-se a chamar-nos traidores, nós que usamos os recursos da oração e da misericórdia, comparados com os seus mecanismos de injúria, crueza e ódios com os quais intoxicam os incautos e os arrastam aos seus presídios hediondos, em processos obsessivos pungentes...

O diálogo prosseguia, com os argumentos que transmitiam vibrações de compaixão do benfeitor amigo.

Ante a fala do irmão enfermo de que o chefe fora atraído para uma armadilha, o mentor aduziu:

— O amigo encontra-se equivocado. O senhor rabino Sadoch veio espontaneamente e adentrou-se em nosso reduto guiado pelo instinto de destruição, sendo vítima da própria presunção... Ele deveria saber que esta Casa tem orientação e obedece a um programa elaborado pelo Senhor da Vida, e que sua tentativa de invasão resultaria infrutífera, correndo o risco de tombar nas próprias malhas do atrevimento (...).

— Afinal que esperam de nós outros, que nada temos com esta sua Casa?

427

O mentor, continuando, referiu-se que embora os comunicantes não tivessem nada contra a Casa, na realidade estavam perseguindo os servidores de Jesus, armando ciladas, agredindo, até mesmo seduzindo-os maldosamente, para submetê-los ao seu domínio.

Interrompendo, o Rabino passou a afirmar que a promessa do Crucificado era falsa e hedionda e gerou na História perseguições cruéis *contra a raça eleita por Jeová, sendo um falso profeta que foi justiçado conforme merecia...É natural, portanto, que nos levantemos em todos os tempos contra Ele, através de seus infelizes herdeiros e divulgadores da grande mentira (…).*

Dr. Bezerra de Menezes, esclarecendo respondeu:

– Jesus é o Messias de Deus, não somente para Israel, mas para toda a Humanidade. Ninguém como Ele viveu tão integralmente a verdade, nem mesmo qualquer profeta que O antecedeu ou sucedeu, porquanto todos aqueles que vieram anunciá-lO estavam aquém da Sua grandeza. Foi Ele quem se levantou para atender o poviléu desprezado pelos preconceitos mentirosos das classes sociais cultivadas pela tradição e preservadas nas sinagogas. A Sua capacidade de amar e de perdoar jamais se apresentou em alguém que se Lhe equipare.
As perseguições a que se refere, não foram de Jesus, mas dos exploradores que se apossaram dos Seus ensinamentos e os converteram em força e poder

NAS FRONTEIRAS DA NOVA ERA

*temporais, distantes dEle, que foi muito claro,
quanto aos compromissos para com Deus e os outros para com Mamom. Optaram, enlouquecidos
pelo mundo, fugindo dEle e desprezando-O...*

A sólida e, ao mesmo tempo, bondosa e paciente
exposição do benfeitor, aos poucos fizeram o comunicante
começar a refletir de outra forma. Já mais adiante, expôs:

*Vejamos, quando o amigo desencarnou, quando
morreram as suas carnes e a vida orgânica cessou
no túmulo... para onde seguiu? Qual o paraíso
que o recebeu, embora se considere um bom pastor
que deveria ter sido para o seu povo? O ódio inclemente devorou-o, não deixando qualquer vestígio
do conhecimento espiritual, empurrando-o para o
abismo em que se encontra até hoje, vários séculos transcorridos. Que doutrina é essa, incapaz de
ajudar o seu fiel no momento mais grave de sua
existência de ser imortal?*

*Aproveite este instante para refletir e reconsiderar
as atitudes cruentas que vem mantendo e os propósitos infelizes contra Jesus, representado nos seus
humildes seguidores sedentos de amor e de piedade. A reencarnação, conforme exarada no texto
do Gênesis, a todos se nos impõe e ninguém se lhe
furtará, por seu uma lei universal. De um para
outro momento o Senhor dos mundos convoca-nos
para o retorno ao corpo, e como renascerá o amigo
e irmão? Como poderá fugir à Lei divina?*

◆◆◆

Suely Caldas Schubert

Pausa para algumas considerações.

Em presença de espíritos perseguidores do Espiritismo, alguns até mesmo contra Jesus, a citação relacionada com a reencarnação, como lei universal, é de grande valia para que o comunicante reflita mais profundamente a respeito da situação em que se encontra. Entretanto, não apenas contra o Mestre, mas igualmente contra Paulo de Tarso, contra Francisco de Assis, porquanto já se manifestaram em nossos trabalhos mediúnicos, em diferentes épocas, irmãos que traziam do passado algum tipo de ligação do pretérito longínquo em relação a estes citados.

Observamos, todavia, que tais entidades que anteriormente eram seus seguidores, porém, em dado momento de suas vidas desviaram-se do curso, por interesses escusos, desvirtuando os propósitos elevados que adotavam até então. Muitos séculos transcorreram em reencarnações sucessivas, todavia, após muitos sofrimentos, chegaram ao confronto com os seguidores da Doutrina Espírita. Via de regra estes espíritos cristalizaram-se em seus pontos de vista, razão pela qual estão mantendo a postura de perseguidores do bem.

Interessante explicar que tanto aquele que se ligava ao apóstolo Paulo quanto ao que era seguidor de Francisco de Assis não mencionaram isso ao se comunicarem. Em princípio eram obsessores interessados em criar obstáculos à divulgação do Espiritismo e as comunicações ocorreram com intervalos de alguns anos entre uma e outra.

As circunstâncias, portanto, foram bem diferentes. Em relação a Francisco, já tivemos mais de uma manifestação de espíritos ligados a ele. A experiência e sensibilidade do doutrinador são importantes sob todos os aspectos.

Nas fronteiras da nova era

Assim, o espírito que se comunicou falava de seu rancor contra as ideias espíritas, que estava furioso por ter sido obrigado a entrar ali (referia-se à nossa Casa, a SEJA), dizia que queria se retirar. Fez várias acusações, até que o esclarecedor teve a inspiração de dizer-lhe que toda aquela revolta ocultava uma dor, um sofrimento antigo, desde os tempos de Assis.

Ao mencionar a cidade da Itália, famosa porque ali nascera o seu filho mais ilustre, o comunicante deu um grito, dizendo: – Não pronuncie este nome! Foi o bastante para que todo o passado viesse à tona. Chorando relembrou o passado. Ele teria sido um franciscano, porém, não conseguiu manter o ideal de pobreza e começou a pedir dinheiro (Francisco já havia falecido) em nome da igreja. Foi expulso da ordem depois de muitos desatinos. Em consequência procurou vingar-se e acabou cometendo uma série de crimes, ao longo de mais algumas reencarnações. O doutrinador e todo o grupo mediúnico, sensibilizado, vibrou com muito amor em benefício desse irmão que a misericórdia divina alcançou.

◆ ◆ ◆

Retornando ao momento final do diálogo do benfeitor.

Simultaneamente, o dialogador Marcelo esclarecia o outro vingador, com argumentos equivalentes. Nessa altura, Dr. Bezerra de Menezes falava não apenas ao Rabino, mas a todos os presentes, trazidos para essa ocasião culminante: *Esta é a sua, é a oportunidade de todos aqueles que se encontram nesta guerra sem vencedores, do mal contra o bem, da violência contra a pacificação, do ódio contra o amor. Até quando se prolongará a grande noite que os envolve?*

Ouviram-se de imediato, choro e súplicas de amparo, e todos os que desejavam foram recolhidos pelos cavaleiros templários e outros trabalhadores espirituais, com carinho, procurando minorar as suas dores.

Dr. Bezerra de Menezes, tocando a fronte da médium com infinita bondade, concluiu:

> *– Somente através da coragem de rever a própria situação, é que o ser encontra-se consigo mesmo, para depois encontrar-se com Deus. O irmão não está sendo julgado, nem censurado, antes estamos convidando-o à mudança de atitude, ao encontro com a felicidade que a todos nos aguarda.*

Miranda descreve que a mão do mentor, que tocava o *chacra cerebral* do enfermo através da médium sonambúlica, iluminou-se e os raios penetravam a organização perispiritual do comunicante, levando-o a explodir em crise de choro e lamentações.

– Socorro, Senhor Deus de Israel!

Passou então a recitar o salmo 106, repetindo várias vezes o versículo: *Louvai ao Senhor!* Enquanto dizia ser muito infeliz e desgraçado.

O mentor, compassivo, esclareceu que o Senhor é benigno e misericordioso e que ele não se martirizasse, continuando a louvar o Senhor.

Em suas palavras finais, dominado pela emoção, o Rabino Melquisedec murmurou:

Que o Senhor faça-o deitar em verdes pastos... E perdoe-me!... Por misericórdia!...

Nas fronteiras da nova era

Petitinga e Jésus o acolheram e se encarregaram de adormecê-lo e levá-lo. Após todos os demais terem sido recolhidos, a sala foi preparada para a continuação das atividades programadas, conforme narra o autor espiritual.

Suave luz violácea invadiu lentamente todo o recinto que se transformara em um anfiteatro grego, a céu aberto, cercado de rosas, mirtos e angélicas em flor, produzindo uma brisa perfumada que alegrava a todos. O cenário lembrava algumas das construções da Esfera onde Miranda e outros residiam.

A torre de vigia permanecia guardada cuidadosamente pelos membros da ordem religiosa do passado.

Na parte central do anfiteatro havia uma mesa e uma tribuna adornada com folhas de louro, representando a vitória do bem sobre o mal. Hermano, o diretor espiritual da Casa em companhia do Dr. Bezerra de Menezes se posicionaram ao centro, acompanhados de equipe da qual Miranda fazia parte e dos trabalhadores de diversas Casas Espíritas presentes. Em seguida foram chegando mais de mil espíritos, que lotaram as galerias, podendo notar-se, dentre eles, muitos reencarnados em desdobramento parcial pelo sono fisiológico, com seus guias espirituais.

Sons de alaúdes dominaram o recinto e logo surgiu a mesma jovem que anteriormente se apresentou, novamente agora em um solo especial exaltando a grandeza de Jesus, emocionando a plateia atenta. Nessa ambiência elevada o mentor exorou a divina proteção para o trabalho daquela madrugada. Ao concluir, vimos descer as escadarias do anfiteatro algumas dezenas de espíritos de alta estirpe, que deslizavam todos com estatura maior que a de quantos ali estavam circundando a arena e irradiando claridade de grande beleza.

Imediatamente, um tubo de luz foi projetado do Alto e no centro dele condensou-se a figura do *santo de Assis* assessorado por alguns dos seus discípulos mais próximos, evocando os gloriosos dias do passado. Era um momento sublime.

Com a expressão iluminada pela paz profunda que lhe era própria, São Francisco acercou-se da tribuna que recebeu um foco de luz, enunciando a seguir o texto que transcrevo integralmente, para que você que está lendo, possa usufruir dessa fantástica mensagem:

> *– Irmãos de todos os quadrantes da Terra e almas grandiosas de Alcíone:*
> *Seja com todos nós a paz irretocável do Senhor Jesus!*
> *Vivemos o grande momento da luta sem quartel, na qual os exércitos do Senhor e Mestre estarão equipados com os instrumentos do amor e da misericórdia, a fim de ser restaurado na Terra, o reino da mansidão e da caridade para com tudo e com todos.*
> *Tem sido um grande desafio existencial a preservação do bem no ádito dos corações, especialmente quando surgem os primeiros raios de luz significando esperança de paz e de progresso real para a Humanidade.*
> *As incomparáveis conquistas do conhecimento científico, embora a contribuição indiscutível em favor do processo evolutivo, não conseguiram realmente atender às íntimas necessidades do ser humano que busca a paz. Essa resulta, exclusivamente, do amor nas suas mais variadas expressões,*

NAS FRONTEIRAS DA NOVA ERA

desde aquelas que dizem respeito à própria iluminação, quanto a que se exterioriza em favor do próximo. Isso significa renúncia, abnegação, devotamento e, sobretudo, vivência da caridade.

Há sede de harmonia no mundo individual, apesar de algumas criaturas estarem cercadas de excessos de toda ordem, vivenciando, porém, a perda de sentido espiritual, e, por consequência, da paz que somente Jesus pode oferecer.

Assim considerando, torna-se inevitável que se organizem cruzadas de amor em favor de todos os seres em sofrimento na Terra, ao mesmo tempo trabalhando-se pela instauração da legítima fraternidade, sem a qual será impossível a presença do equilíbrio entre as pessoas e as nações.

Jesus acena-nos com a Sua misericórdia, convidando-nos à luta na Sua seara de sacrifícios. Ninguém espere gratificações pelo trabalho a executar ou regime de exceção no programa depurativo por que passa o planeta.

A contribuição pessoal é valiosa em forma de dedicação ao dever e renúncia ao egoísmo destruidor, que tem sido a causa da ruína de todos aqueles que avançam inadvertidos desse perigo iminente.

Enquanto luz a oportunidade de servir, que não seja postergado a ação socorrista, porquanto será sempre benéfica para aquele que a executa.

Somos as filhas e os filhos do Calvário em caminhada redentora, superando as imperfeições morais que devem ser diluídas pelo esforço de autoiluminação, perseverando nas refregas contra o mal que teima em predominar em a nossa natureza espiritual.

Toda e qualquer expressão de amor oferecida aos irmãos viventes torna-se gota de luz em nosso caminho penumbroso, que ficará assinalado pelas nossas pegadas que rumam na direção do Grande Foco, que é o Mestre dos desvalidos e desafortunados, sempre aguardando-nos...

Não recalcitremos em relação aos testemunhos. Uma existência sem sacrifício e sem abnegação é uma viagem sem gratulação íntima ao país da fantasia, que a realidade demonstra a falta de significação... É nas altas temperaturas que os metais fazem-se maleáveis a formas novas, assim como na lapidação as gemas grosseiras transformam-se em estrelas. De igual maneira, será sempre no combate que o espírito aprimora-se, aformoseando-se e desenvolvendo a luz divina que nele jaz.

Fostes, como nós outros, convidados para trabalhar na Sua vinha neste momento difícil, porque estais habilitados para o melhor combate, assessorados pela convicção da vossa imortalidade.

Muito vos será pedido, porque haveis recebido muito socorro dos Céus. Iluminai, portanto, a Terra em desfalecimento, em angústia e treva... É após o máximo da tormenta que surgem as primeiras manifestações da bonança.

Vós, amados visitantes, que já desfrutais dos júbilos conseguidos a duras penas, defrontareis com as mais covardes ciladas, a que já não estais acostumados, experimentando grande surpresa ao verificardes os métodos primitivos que são usados pelos adversários da verdade, desejando impor as suas mentiras e ilusões... As vossas palavras e sentimentos serão transformados em armas com que

Nas fronteiras da nova era

vos tentarão atingir, diminuindo-vos o ardor das refregas. Compreendei que se trata de combatentes perversos e inescrupulosos, que não têm qualquer contato com a ética nem com a dignidade. Importa-lhes vencer a qualquer preço e não superar-se internamente, a fim de conquistarem os outros corações... O seu objetivo é destrutivo, enquanto estais acostumados somente com a edificação.

Vinde de outra dimensão do amor de Nosso Pai. Ouvistes considerar a miséria moral do grão de areia cósmico, que é o planeta terrestre e, compadecidos da nossa inferioridade, de nós todos, os seus habitantes e filhos temporários, oferecestes-vos para contribuir com vosso sacrifício em favor da sua ascensão na escala evolutiva dos mundos.

Sede bem-vindos, irmãos da misericórdia e da solidariedade! Nós vos saudamos e agradecemos ao Excelso Criador a imerecida caridade para conosco. Erguei-nos do caos moral em que ainda nos encontramos às cumeadas da verdadeira plenitude.

Auguramos-vos todo o êxito sob as bênçãos de Jesus, o Incomparável Construtor da escola terrestre. Que a serena paz defluente da justiça e do amor sem jaça, permaneça com todos nós.

Com especial ternura e afeto, o vosso irmão Francisco.

Ao silenciar, diz Miranda, podíamos ouvir o pulsar da Natureza em festa e a sinfonia emocionante da gratidão que vibrava em todos nós, os espíritos terrestres e os abençoados visitantes de Alcíone.

Dr. Bezerra encerrou a reunião com vibrante oração, que nos conduziu à perfeita comunhão com o

pensamento de Jesus.
O Anjo de Assis e seus acompanhantes retornaram
ao tubo de luz, volvendo à Esfera superior na qual
habitam.

Logo mais, finaliza o autor espiritual, seriam iniciados novos labores.

CAPÍTULO 16
DURANTE A GRANDE TRANSIÇÃO PLANETÁRIA

NO DIA SEGUINTE, o grupo espiritual do qual Philomeno de Miranda fazia parte reuniu-se, na paisagem terrestre, à sombra de belo carvalho no parque da cidade, observando as pessoas que, apressadamente, se dirigiam aos seus deveres habituais. Era uma bela manhã ensolarada.

Ainda impregnados pelas vibrações de amor de São Francisco mantinham-se silenciosos, sem disposição para quebrar a harmonia interior que a todos dominava. Nesse ambiente de beleza e paz, Dr. Bezerra de Menezes passou a tecer algumas considerações, para as quais peço a atenção redobrada do leitor e da leitora, pela sua importância:

— A população terrestre alcança a passos largos o expressivo número de sete bilhões de seres reencarnados simultaneamente, disputando a oportunidade da evolução...

NAS FRONTEIRAS DA NOVA ERA

Embora as grandes aquisições do conhecimento tecnológico e dos avanços da ciência na sua multiplicidade de áreas, nestes dias conturbados os valores transcendentes não têm recebido a necessária consideração dos estudiosos que se dedicam à análise e à promoção dos recursos humanos, vivendo mais preocupados com as técnicas do que com o comportamento moral, que é de suma importância. Por isso, a herança que se transfere para as gerações novas que ora habitam o planeta diz mais respeito à ganância, ao prazer dos sentidos físicos, à conquista de espaço de qualquer maneira, dando lugar à violência e à desordem...

O desprezo de muitos líderes e de incontáveis multiplicadores de opinião pelas religiões do passado e o fanatismo que vem sendo desenvolvido em torno do espiritualismo de ocasião, encarregado de amealhar recursos monetários para a existência e de favorecer com saúde aqueles que mais facilmente a possam comprar a soldo dos poderes endinheirados, têm dado lugar ao materialismo e ao utilitarismo em que as pessoas comprazem-se, distantes da solidariedade, da compaixão e do espírito fraternal, ante a dificuldade da real vivência do amor, conforme ensinado e vivido por Jesus.

Podemos dizer que se vive o período da extravagância e do gozo imediato, sem que sejam mensuradas as consequências perniciosas dessa conduta decorrentes.

◆◆◆

Suely Caldas Schubert

Interrompemos para algumas considerações.

Quão distantes estamos hoje dos ensinamentos de Jesus e de tudo o que Ele legou e exemplificou ao observar as extravagâncias de toda ordem que imperam em quase todos os segmentos da sociedade. Não se pode mais evitar dizer e esclarecer quanto à conduta licenciosa e degradante que se espalha por todo canto, levando, inclusive, as crianças a se acostumarem, desde cedo, aos modismos das danças, das roupas, dos costumes, incentivadas pelas mães e pais que não pensam nos resultados que por certo virão, como adolescentes grávidas, ou nas drogas ou na vida infeliz de relacionamentos sexuais diversos, na busca incessante de uma felicidade falsa e jamais alcançada dessa maneira.

Quem se dispuser a ligar a TV aberta, aos domingos, por exemplo, em meio à tarde, e for passando os canais, terá o desprazer de se deparar com programas de auditório simplesmente degradantes, em que a mulher é aviltada – e se permite isso – enquanto as mais estranhas competições ocorrem, para que o público ache graça e ria de todo aquele circo armado para exaltar a vida física, passageira e fugaz.

Isso sem falar nos BBBs da vida...

Esse o entretenimento do Brasil? É o que oferecemos aos nossos jovens e às nossas crianças? Com raras exceções, o pacote de diversão que é oferecido ao povo brasileiro é este.

♦ ♦ ♦

NAS FRONTEIRAS DA NOVA ERA

Retornando ao esclarecimento do mentor.

> *Os indivíduos parecem anestesiados em relação aos tesouros da alma, com as exceções compreensíveis, e mesmo entre alguns daqueles que abraçam a revelação espírita, os conflitos de vária ordem permanecem na condição de mecanismos de defesa contra a abnegação e a entrega total ao Messias de Nazaré.*
>
> *Alguns indivíduos, que se consideram ousados e cépticos, não levam em consideração os acontecimentos que assolam o planeta, seja no que diz respeito às convulsões sísmicas, cada vez mais vigorosas e trágicas, seja no tocante às de natureza sociológica, econômico-financeira, psicológica, ético-moral aterrorizantes. Outros, mais tímidos, deixam-se seduzir por informações religiosas ortodoxas, amedrontados e inquietos ante a perspectiva do* fim do mundo.
>
> *Estabelecem-se datas compulsórias com certa leviandade, como se um cataclismo cósmico devesse ocorrer, com um caráter punitivo à sociedade que se tem distanciado de Deus, numa espécie de absurda vingança... Ignorando a extensão do amor de Nosso Pai, esperam o desencadear da Sua ira em processo de punição extrema, como se a vida ficasse encerrada no fenômeno da morte física.*

Dr. Bezerra de Menezes adverte, com muita propriedade, que quaisquer cataclismos que venham a ocorrer não expressam um castigo divino sobre a raça humana, pois muitos entendem dessa forma. Imaginam que Deus, em sua ira contra os descalabros das criaturas, abaterá implacavelmente os pecadores, os ímpios, os que não seguem esta ou aquela religião que uns e outros adotam – esta a visão dos que dizem ser "tementes a Deus"...

Prossegue Dr. Bezerra de Menezes em sua importante preleção.

> *Felizmente, o* fim do mundo *de que falam as profecias refere-se àquele de natureza moral, sem dúvida, com a ocorrência inevitável de sucessos trágicos, que arrebatarão comunidades, facultando a renovação social, que a ausência do amor não consegue lograr como seria de desejar... Esses fenômenos não se encontram programados para tal ou qual período, num fatalismo aterrador, mas para um largo período de transformações, adaptações, acontecimentos favoráveis à vigência da ordem e da solidariedade entre todos os seres.*

Pausa para lembrar o trecho de **O Evangelho Segundo o Espiritismo**, Feb, 2004, cap. XX, it.4:

> *Não escutais já o ruído da tempestade que há de arrebatar o velho mundo e abismar no nada o conjunto das iniquidades terrenas? Ah! bendizei o Senhor, vós que haveis posto a vossa fé na sua soberana justiça e que, novos apóstolos da crença revelada pelas proféticas vozes superiores, ides pregar o novo dogma da reencarnação e da elevação*

NAS FRONTEIRAS DA NOVA ERA

dos Espíritos, conforme tenham cumprido, bem ou mal, suas missões e suportado suas provas terrestres.

Prosseguindo com Dr. Bezerra de Menezes.

É compreensível, portanto, que a ocorrência mais grave esteja, de certo modo, a depender do livre-arbítrio das próprias criaturas humanas, cuja conduta poderá apressar ou retardar, ou mesmo modificar, a sua constituição, suavizando-a ou agravando-a...

Com muita justeza alguém definiu o Universo como um grande pensamento, *pois que tudo quanto nele existe vibra, reflete-se na sua estrutura, contribui para a sua preservação ou desordem. Qualquer definição de período torna-se temerária, em razão dos acontecimentos de cada dia, responsáveis pelas funestas ocorrências.*

Se as mentes humanas, ao invés do cultivo do egoísmo, da insensatez, da perversidade, emitirem ondas de bondade e de compaixão, de amor e de misericórdia, certamente alterar-se-ão os fenômenos programados para a grande mudança que já se vem operando. (grifo nosso)

Reflexão oportuna sobre os parágrafos acima.

Wallace Lima, em seu livro **Princípios quânticos no cotidiano** (Ufde, 2009), reporta-se ao filme "Quem somos nós", que

(...) relata a experiência em Washington D.C., considerada a capital mundial do crime, no verão de 1998, quando um grupo de 4 000 pessoas de diversas partes do mundo se reuniram e meditaram juntas com a intenção de diminuir a criminalidade em 25%.

O comissário da cidade comentou que seria mais fácil chover no verão. No entanto, com a ajuda do FBI, e baseado em diversos eventos realizados anteriormente que comprovaram a eficácia de tal prática, a criminalidade veio a cair dentro do esperado, comprovando o enorme potencial disponível que a humanidade dispõe para a sua transformação. Experimentos têm demonstrado o comportamento quântico do cérebro e a capacidade de nos conectarmos instantaneamente com qualquer parte do universo. (pág. 165)

Com relação à referência acima, do mentor Dr. Bezerra de Menezes de que *alguém definiu o Universo como um grande pensamento* – Wallace Lima menciona que os trabalhos dos biólogos James Lovelock e Lynn Margulis sobre *a teoria de Gaia apontam o comportamento do planeta Terra como um grande ser vivo auto-organizável, portanto agindo como uma grande mente. Alguns físicos têm também chegado à conclusão que o Universo se apresenta mais como uma grande mente, **a mente cósmica.*** (grifo nosso)

São importantes essas novas ideias e constatações dos físicos quânticos, pois se aproximam, significativamente, do que o Espiritismo esclarece de acordo como O que podemos ver em André Luiz, quando afirma na obra

Nas fronteiras da nova era

Mecanismos da mediunidade (Feb, 1960): *Nos fundamentos da Criação vibra o pensamento imensurável do Criador e sobre esse plasma divino vibra o pensamento mensurável da criatura, a constituir-se no vasto oceano de força mental em que os poderes do Espírito se manifestam.*

Continua o mentor:

> *As mais vigorosas convulsões planetárias tornam-se necessárias para que haja alteração para melhor no clima, na estabilidade relativa das grandes placas tectônicas, nas organizações sociais e comunitárias, com os recursos agrários e alimentícios naturais para manter no futuro as populações não mais esfaimadas nem miseráveis, como ocorre na atualidade...*
>
> *Compreendendo-se a transitoriedade da experiência física, a psicosfera do planeta será muito diferente, porque as emissões do pensamento alterarão as faixas vibratórias atuais que contribuirão para a harmonia de todos, para o aproveitamento do tempo disponível, em preparação jubilosa para o enfrentamento da mudança que terá lugar para muitos mediante a desencarnação que os levará para outro campo da realidade.*
>
> *O amor de Nosso Pai e a ternura de Jesus para com o Seu rebanho diminuirão a gravidade dos acontecimentos, mediante também a compaixão e a misericórdia, embora a severidade da lei de progresso. Todos nos encontramos, desencarnados e encarnados, comprometidos com o programa da transição planetária para melhor. Por essa razão, todos devemos empenhar-nos no trabalho de transformação*

moral interior, envolvendo-nos em luz, de modo que nenhuma treva possa causar-nos transtorno ou levar-nos a dificultar a marcha da evolução. Certamente, os espíritos ainda fixados nas paixões degradantes, em razão do seu primitivismo, sintonizarão com outras ondas vibratórias próprias a mundos inferiores, para eles transferindo-se por sintonia, onde se tornarão trabalhadores positivos pelos recursos que já possuem em relação a essas regiões mais atrasadas nas quais aprenderão as lições da humildade e do bem proceder. Tudo se encadeia nas leis divinas, nunca faltando recursos superiores para o desenvolvimento moral do espírito. Nesse imenso processo de transformação molecular até o instante da angelitude, há meios propiciatórios para o crescimento intelecto-moral, sem as graves injunções punitivas, nem os lamentáveis privilégios para alguns em detrimento de outros.

Nesse sentido, as comunicações espirituais através da mediunidade representam uma valiosa contribuição aos viajantes carnais, por demonstrar-lhes a imortalidade, a justiça divina, os mecanismos de valorização da experiência na reencarnação e o imenso significado de cada momento existencial. Ser-nos-á mais fácil estimulá-los ao aprendizado pelo amor do que através dos impositivos do sofrimento, convidando-os à reflexão e ao labor da caridade fraternal com que se enriquecerão, preparando-se para a libertação inevitável pela desencarnação, quando ocorrer.

— Louvar e agradecer ao Senhor do Universo pela glória da vida que nos é concedida e suplicar-Lhe auxílio para sermos fiéis aos postulados do pensa-

Nas fronteiras da nova era

mento de Jesus, nosso Mestre e Guia, constituem deveres nossos em todos os momentos.

Desse modo, os médiuns devotados, os divulgadores do bem em todas as esferas sociais, experimentarão o aguilhão da dificuldade, sofrerão o apodo e a incompreensão desenfreada que têm sido preservados pela invigilância.

Não seja de surpreender que os melhores sentimentos de todos aqueles que porfiam com Jesus sejam deturpados e transformados em instrumento de aflição para eles próprios.

O amor, quando autêntico, dá testemunho da sua fidelidade. Nos dias atuais, os cristãos legítimos ainda constituem reduzido grupo, fazendo lembrar o período das rudes provações durante os três primeiros séculos de divulgação da mensagem de Jesus no Império Romano.

Todos serão chamados ao sacrifício, de alguma forma, a fim de demonstrarem a excelência dos conteúdos evangélicos, considerando-se, por um lado, as injunções pessoais que exigem reparação e a fidelidade que pede confirmação pelo exemplo. Que se não estranhem as dificuldades que se apresentam inesperadamente, causando, não poucas vezes, surpresa e angústia.

Toda adesão ao bem produz uma reação equivalente, que se faz superada pelo espírito de abnegação.

Todos admiramos e emocionamo-nos quando tomamos conhecimento da grandeza dos mártires do passado, nada obstante, quando convocados ao prosseguimento do testemunho, nem sempre nos comportamos como seria de desejar. Por isso, o re-

fúgio da oração apresenta-se como o lugar seguro para reabastecer as forças e prosseguir com alegria.

Palavras sábias estas do generoso benfeitor, que nos alerta para os testemunhos que surgem no caminho dos que se candidatam a servir na seara do Mestre. O sacrifício existe, aquele que advém como ele mesmo diz, da **fidelidade que pede confirmação pelo exemplo.** Não serão raros ou poucos os testemunhos, ao longo da vida, no carreiro dos anos que se vão passando, as cobranças do mundo, as traições, as perseguições do plano espiritual inferior, as dores morais; tudo convida o espírita a desistir, a desanimar, a pensar que não vale a pena os sacrifícios de cada dia; mas aqueles que perseverarem, para os que arrostarem as adversidades com coragem e fé, para estes as bênçãos divinas serão pródigas e compensadoras, porque as alegrias que acalentam a alma também surgirão, na certeza de que esse é o caminho ensinado por Jesus.

Joanna de Ângelis, a benfeitora de todos nós, no final do capítulo 24 de seu livro **Após a tempestade** (Leal, 1974), leciona:

> *As muitas aflições chamarão em breve o homem para as realidades nobres da vida. Não nos permitamos dúvidas, face à vitória da dissolução dos costumes ou diante da licenciosidade enlouquecedora.*
>
> *Quem fizesse o confronto entre Cristo e César, naquela tarde inesquecível, veria no último o triunfador, no entanto, era Jesus, o Rei que retornava à glória solar, enquanto o outro, logo mais desceria*

NAS FRONTEIRAS DA NOVA ERA

ao túmulo, confundindo-se na perturbação.
Os valores que passam, apenas transitam... Não
nos fascinemos com eles nem os persigamos.
Nossas são a taça de fel, a pedrada, a difamação,
quiçá a cruz (...).
Não será fácil. Nada é fácil. O fácil de hoje foi
o difícil de ontem, será o complexo de amanhã.
Quanto adiemos agora, aparecerá, depois, compli-
cado, sob o acúmulo de juros *que se capitalizam*
ao valor *não resgatado.*
Aclimatados à atmosfera do Evangelho, respiremos
o ideal da crença...
E unidos uns aos outros, entre os encarnados e com
os desencarnados, sigamos.
Jesus espera: avancemos!

Prossegue o mentor.

As entidades que se comprazem na volúpia da
vampirização das energias dos encarnados distra-
ídos e insensatos, voltam-se, naturalmente, contra
os emissários de Jesus onde se encontrem, gerando
conflitos em sua volta e agredindo-os com ferocida-
de. Ao invés da tristeza e do desencanto que sempre
tomam o lutador, ele deve voltar-se para a alegria
do serviço, agradecendo aos Céus a oportunidade
autoiluminativa, sem que nisso ocorra qualquer
expressão de masoquismo.
Sem dúvida, numa fase de grandes mudanças,
conforme vem sucedendo, as dores sempre se apre-
sentam mais expressivas e volumosas, porque os
velhos hábitos devem ceder lugar às novas injun-

ções do progresso. É natural, portanto, que as forças geradoras da anarquia e do desar, sentindo-se combatidas em todas as fronteiras, invistam com os mecanismos de que dispõem, buscando manter as condições em que se expressam. É compreensível, portanto, que todos aqueles que se devotam aos valores humanos que dignificam, sejam considerados inimigos que devem ser combatidos.

Desse modo, constitui-nos uma honra qualquer sofrimento por amor ao ideal da verdade, à construção do mundo novo.

Que o discernimento superior possa assinalar-nos a todos, e que os mais valiosos recursos que se possuam, sejam colocados à disposição do Senhor da Vinha que segue à frente.

— Novas atividades aguardam-nos. Sigamos!

Em seguida à palavra esclarecedora, informa Miranda, o benfeitor conduziu a pequena equipe para uma região de especial beleza. A regular distância eles viram uma bela e colossal construção fluídica, quase uma cidade espiritual, com expressiva movimentação de entidades laboriosas. As edificações exteriorizavam luminosidade, enquanto todo o entorno da belíssima construção estava envolto em especial claridade, indicando que eram defesas contra qualquer tipo de invasão por seres inferiores.

Miranda confessa que jamais imaginou a existência dessas nobres Comunidades Espirituais que se encontram espalhadas pelo nosso mundo.

Ante a surpresa geral, ele explica tratar-se de uma comunidade reservada à preparação dos irmãos de Alcíone, que se candidataram à reencarnação na Terra, denominada

NAS FRONTEIRAS DA NOVA ERA

Santuário da Esperança. Devido ao estágio vibratório da Esfera de onde procedem, necessitam eles de algumas adaptações perispirituais compatíveis com as condições terrestres, assim também de se adaptar, igualmente, à psicosfera do nosso planeta.

Além disso, submetem-se a procedimentos especiais, de modo que a sua adaptação ao novo corpo que deverão modelar seja menos penosa, compreendendo-se que na Esfera onde vivem não há mais dores e enfermidades que são comuns em nosso orbe.

O benfeitor ainda ressaltou que esse voluntariado de amor é, sobretudo, sacrificial, porque é muito gratificante a ascensão aos planos superiores da vida, enquanto que a descida às furnas provacionais constitui verdadeiro desafio.

Assim, nessa linha de raciocínio, pode-se ter uma pálida ideia do que significou a descida de Jesus, dos altíssimos planos espirituais de inigualáveis magnificências, para mergulhar nas densas e espessas trevas do nosso planeta. Ele sempre se retirava, em certos momentos, para ficar a sós, a fim de manter a sintonia com o Pai, a fim de orar e meditar.

Dr. Bezerra de Menezes fez ainda algumas considerações e, logo em seguida, eles iniciaram a visitação ao *Santuário da Esperança.*

No pórtico de entrada eram aguardados por um espírito nobre que os recebeu com jovialidade e ternura. O mentor apresentou-os sem articular a palavra oral e, sim pelo pensamento. Miranda deslumbrou-se, pois muitas vezes, quando na Terra, perguntava-se como seriam as comunicações nas Esferas superiores da vida e naquele momento estava vivenciando essa experiência.

Os espíritos apresentavam-se com a mesma característica terrestre, sem exotismo ou de cor estranha, estatura de um metro e oitenta, aproximadamente, com harmonia de forma e beleza incomum.

Foram conduzidos a um grandioso prédio de três pisos, onde no segundo andar foram recepcionados por um grupo de estudiosos da área do perispírito. Dr. Bezerra de Menezes os apresentou ao responsável pelo centro de pesquisa que passou a explicar a necessidade da adaptação dos visitantes de outra dimensão às condições planetárias em que deveriam operar.

Em outra sala, havia um número expressivo de espíritos sob um jato de energia luminosa, profundamente concentrados, mentalizando os objetivos que os traziam à Terra, a fim de plasmarem as necessidades típicas do veículo carnal de que se revestiriam quando no processo reencarnatório.

Em **O Livro dos Médiuns**, Feb, 1980, Allan Kardec aborda a questão do perispírito em vários capítulos e respectivos itens. Porém, vou destacar a nota do Codificador, inserta no cap. IV, it. 74, pergunta XII, tendo registrado que as respostas foram dadas pelo espírito S. Luis.

> *Nota. Já foi explicado que a densidade do perispírito, se assim se pode dizer, varia de acordo com o estado dos mundos. Parece que também varia, em um mesmo mundo, de indivíduo para indivíduo. Nos Espíritos moralmente adiantados, é mais sutil e se aproxima da dos Espíritos elevados; nos Espíritos inferiores, ao contrário, aproxima-se*

NAS FRONTEIRAS DA NOVA ERA

da matéria e é o que faz que os Espíritos de baixa condição conservem por muito tempo as ilusões da vida terrestre.

Aos leitores que, porventura, tenham lido a obra do espírito André Luiz, psicografada por nosso sempre lembrado Francisco Cândido Xavier, intitulada **Missionários da luz**, devem recordar do capítulo 13 que trata da reencarnação de Segismundo e dos cuidados que cercaram a programação estabelecida, presidida pelo benfeitor espiritual Alexandre, para que o êxito estivesse assegurado. No referido caso os mínimos detalhes foram observados.

Agora vamos transpor para a programação dos irmãos que estão descendo das alturas de uma estrela, da magnitude de Alcíone, para o nosso planeta, cuja psicosfera se apresenta densa e de baixo teor vibratório, quão cuidadosas devem ser as providências que teriam, por certo, sido programadas muito antes para minimizar os efeitos danosos que poderiam prejudicar o bom êxito do magno projeto da transição planetária.

Portanto, o que Miranda e seus companheiros assistem é parte dessas providências espirituais, talvez não de todo reveladas ou franqueadas para nosso entendimento.

Prosseguindo em seu relato, o autor espiritual acrescenta que aquela *(...) operação delicada de remodelagem perispiritual facultava ao espírito o retorno psíquico ao período em que as reencarnações eram-lhes penosas, e, portanto, imprimiam nos tecidos delicados da sua estrutura as necessidades evolutivas.*

Suely Caldas Schubert

Atenção especial para esse trecho acima, quando é mencionado que no passado esses espíritos elevados, que estão colaborando com o processo de regeneração do nosso orbe, tiveram, como nós outros, a mesma caminhada evolutiva. Por meio da fieira das reencarnações experimentaram semelhantes necessidades e estagiaram nas faixas inferiores da escalada evolutiva. O exemplo desses queridos irmãos nos estimulam a seguir-lhes os passos, pois a cada um o galardão que fez por merecer, no reino dos Céus.

Por fim uma explicação também muito interessante, que nos remete a essa lógica inquestionável, que a Terceira Revelação propicia ao ser humano, conforme nosso Miranda, porque ao tempo em que acontecia a adaptação perispirítica também eram transmitidas, por delicados aparelhos acoplados à cabeça, notícias do cotidiano terrestre, objetivando facilitar-lhes o trânsito com os demais membros da grande família humana em que se localizariam. Oh! Que providência digna da grande sabedoria desses orientadores superiores que vieram das alturas siderais! Eu os admiro e sei que você que lê também ficará maravilhado.

Dr. Bezerra de Menezes, que certamente estava familiarizado com todo aquele trabalho, exteriorizava ondas de bem-estar e alegria, falando-nos, mentalmente, como era ali de domínio geral, da *Terra do amanhã*, quando as dores bateriam em retirada, e as criaturas voltadas para o bem pudessem fruir as dádivas da harmonia.

O benfeitor agradeceu em nome de todos a deferência dos bondosos amigos despedindo-se profundamente gratos.

Enquanto retornavam, Dr. Bezerra de Menezes explicou que os engenheiros de Alcíone criaram os pousos onde ficariam aqueles que deveriam reencarnar, para depois poderem transitar na psicosfera terrestre, participando dos labores espirituais.

Miranda completa asseverando que *verdadeiras vias de comunicação entre a bela estrela e a Terra haviam sido abertas, vencendo as colossais distâncias, a fim de que o intercâmbio se fizesse com segurança, utilizando-se recursos específicos de volição.*

CAPÍTULO 17
ÚLTIMAS ATIVIDADES

AS ATIVIDADES ERAM contínuas, informa Miranda; inúmeros sofredores acorriam, buscando auxílio na sociedade em que estavam hospedados. Rapidamente, porém, anunciava-se a hora do retorno.

Muitos serviços foram executados naqueles dias com visitas a diversas instituições espíritas que sofreram os assédios perniciosos do perseguidor, recolhido, naquele momento para tratamento, conforme ficou registrado em capítulo anterior, embora algumas ainda permaneçam, segundo o autor, sob o guante de sofrimentos, o que demoraria algum tempo de experiências aflitivas para a necessária recuperação.

Comenta Miranda que:

Quando se não ouve e não se segue a diretriz do amor, o sofrimento se apresenta como o grande mestre que corrige e orienta, lapida a brutalidade diamantina fazendo surgir a estrela fulgurante, e, mesmo prolongando-se no tempo, termina por produzir os resultados benéficos que todos desejamos.

Fazendo um balanço das atividades ele relaciona que o Centro Espírita Amor e Caridade havia se recomposto. O irmão Anacleto, por sua vez, despertou para a realidade dos seus deveres, voltando a ser o dedicado trabalhador de antes, deixando a lição preciosa de que ninguém está livre dos assédios perversos das trevas e das quedas abissais no erro, mantendo-se, pois a vigilância e a prece, constantemente.

A jovem Martina havia encontrado o rumo da iluminação interior e cuidava da gestação com amor.

O programa relacionado com os trabalhadores de Alcíone, que se ofereceram para contribuir com o sublime labor da transição planetária, tinha continuidade segura.

Assim, na penúltima noite em que eles se encontravam na atividade especial, o benfeitor anunciou que desejava visitar um dos lugares mais sombrios da cidade. Passamos-lhe a palavra.

– Vivemos – explicou-nos – no mundo, o período da drogadição, evocando a figura simbólica de um dos quatro cavaleiros do apocalipse de João, sendo que as crianças e os jovens são as vítimas inermes mais prejudicadas, embora a epidemia alcance todos os níveis de idade e segmentos sociais.

Nas fronteiras da nova era

Punge-nos os sentimentos a situação deplorável dos viciados, que se permitem a enfermidade moral que os destrói de maneira perversa e contínua. Temos visitado esses lugares infelizes onde as fronteiras do mundo espiritual mesclam-se com as do mundo material em nefasto intercâmbio de exaustão e loucura.

Gostaríamos, desse modo, que nossa visita à Cracolândia *local, desde que as grandes cidades têm-nas encravadas no seu coração, conhecidas pelas autoridades e pelas pessoas impotentes para anulá-las. Verdadeiras regiões punitivas na Terra, são redutos de infelicidade e de perversão, demonstrando a inferioridade do nosso querido planeta e as dores superlativas dos espíritos que as buscam.*

Revistamo-nos de compaixão e do sentimento solidário de caridade, a fim de nos adentrarmos nessa comunidade de desditosos, forrados pelos elevados propósitos do auxílio e da ternura espiritual, perguntando-nos, no imo da alma: — Que faria Jesus em nosso lugar, caso aqui estivesse?

E como nos enviou em Seu lugar, deveremos realizar quanto nos seja possível, bem próximo da Sua sublime ação. Oremos, preparando-nos para o labor, logo mais, quando esteja presente o maior número de vítimas.

Ante o convite do mentor todos se recolheram em silêncio e oração, procurando a sintonia mais adequada com o Mestre de Nazaré.

Às 23h rumaram para o centro da cidade, em região sombria de pequena rua localizada entre duas avenidas, onde predominava a imundície e o desespero; depararam com uma situação confrangedora. Passemos a palavra para o autor:

> *Misturavam-se, em terrível luta de território, traficantes encarnados de aspecto feroz, e entidades* animalescas, *irreconhecíveis como seres humanos que eram, embora desencarnados, enquanto, nas redondezas, moças e rapazes ofereciam-se ao mercado da prostituição mais vil, a fim de adquirirem recursos para o vício destruidor.*
>
> *Algumas crianças, ditas de* rua, *engalfinhavam-se em disputas de resto de* crack *que ficavam nos cachimbos improvisados ou sobre as caixas de madeira que serviam de mesas, tombando, quase fulminados, pelo tóxico avassalador.*
>
> *Esquálidas umas, outras já hebetadas como sombras infantis transitavam, revolvendo latas de lixo, derreadas algumas no solo sobre esteiras imundas ou invólucros de papelão rasgados, transformadas em leito infecto, em meio a ratazanas vorazes...*
>
> *Mais terrificantes eram a paisagem espiritual e as emanações morbíficas que apresentavam os desencarnados acoplados aos perispíritos daqueles que se lhes transformaram em vítimas e eram usurpados nas energias e nos vapores da droga ultrajante.*
>
> *Em razão do tempo em que a região estava sob a injunção destrutiva de vidas, tornara-se uma área infernal, com as características morbosas de outros*

NAS FRONTEIRAS DA NOVA ERA

*lugares espirituais fora da Terra, verdadeiros in-
fernos, onde os seres infelizes padeciam as agruras
do comportamento inditoso que se haviam permi-
tido (...).*

*Continuamente ouviam-se discussões acaloradas
entre mulas — os jovens que conduziam a merca-
doria — e usuários, por novas quotas ou por paga-
mento não feito em relação a dívidas anteriores,
que resultavam em lutas corporais com imensos
prejuízos para ambos os litigantes, enquanto espíritos cruéis locupletavam-se e estimulavam as con-
tendas, que lhes pareciam agradáveis espetáculos
de loucura...*

*Não seria aquela situação o mais baixo degrau da
degradação humana ou o fundo do poço, caso exis-
tissem?!*

Miranda comenta que não caberia a ninguém jul-
gar, senão compadecer...

Dr. Bezerra de Menezes reuniu todos no centro da
rua estreita e trevosa e erguendo a voz iniciou uma oração:

— Senhor de misericórdia!
*Tende compaixão de todos nós, os exilados filhos
rebeldes que abandonamos o caminho traçado por
nosso Pai, optando pelas veredas tortuosas do sofrimento, caindo nos abismos profundos da loucura.
Ontem, fascinados pelo poder e desestruturados
emocionalmente para vivenciá-lo, comprome-
temo-nos terrivelmente com muitas vidas que
ceifamos com crueldade, com existências que de-*

sencaminhamos ao sabor do nosso orgulho, com corações que despedaçamos na ânsia de submetê-los aos nossos caprichos, com os irmãos de jornada que transformamos em escravos desditosos, hoje retornamos carregando culpas indescritíveis e profundas, tormentos inextricáveis, porque filhos do remorso, procurando fugir da responsabilidade mediante os anestésicos da ilusão...

E ao fazê-lo, pensando em aliviar as angústias que ferem os sentimentos, mergulhamos nos pântanos pestosos da autodestruição e das obsessões que nos são impostas pelas vítimas que nos aguardavam além do pórtico do corpo transitório...

Eis-nos aqui, em deplorável situação, sem conseguirmos recuperar-nos dos crimes, mais piorando a própria situação, em face do desprezo pelas vossas leis de complacência, mas também de justiça.

Neste conúbio de dementados pelo ódio e pelo medo, perdemos o rumo, não sabendo onde começam as nossas opções, desde que vivemos sob os camartelos daqueles que se nos associaram desde aqueles dias infelizes, desesperados procurando fazer justiça... Como, porém, fazê-la, se todos eles são tão inditosos quanto nós outros, os responsáveis pela sua desventura?

Apiedai-vos, Clemente e Justiceiro, permitindo que o vosso amor ultrapasse os limites das leis estabelecidas e nos alcance, a fim de podermos reabilitar-nos, seguindo as vossas lições de vida eterna e de compaixão...

Socorrei-nos, Senhor dos desvairados e dos esquecidos pelo mundo!

Nas fronteiras da nova era

Repeti a vossa estada entre nós, desde há dois mil anos, quando todos nos haviam abandonado e nos resgatastes pelo vosso incomparável amor, vindo ter conosco nos antros de miséria!
Ajudai-nos a auxiliar com a vossa sublime compaixão.

Ao silenciar, todos comovidos, perceberam suave claridade que foi dominando o antro terrível, e diversos espíritos generosos surgiram, enquanto a névoa densa se diluía, procurando amparar os que se encontravam entorpecidos no solo, libertando alguns dos obsessores espirituais e afastando alguns dos traficantes. Convidados à ação a equipe prestamente passou a dirigir aos sofredores energias vigorosas aos que ali estavam.

Por sua vez, Jésus Gonçalves, profundamente comovido, recordando-se dos dias em que padeceu a hanseníase, atendia aos pacientes mais idosos, com imensa ternura. Em seguida passou a falar com alguns dos espíritos vingativos, narrando a sua própria experiência em séculos recuados quando também sucumbiu ao poder e à ambição, até o momento em que Jesus o convidou para a redenção sob a cruz de sofrimentos inenarráveis. Diversos espíritos foram tocados por seu verbo suave e suas vibrações amorosas, enquanto ele invocava a proteção de Jesus e da Senhora Mãe Santíssima.

A atenção de Miranda foi despertada por um jovem de quase vinte anos de idade, que estremecia em febre, em convulsões e o mentor lhe transmitiu psiquicamente que era o momento da sua desencarnação, em razão da tuberculose que minava suas últimas energias. De súbito ele expeliu uma golfada de sangue e logo depois começou a desencarnar, vitimado por terrível hemoptise. Foi quando se aproximou uma senhora desencarnada, chamando-o de filho querido. Dr. Bezerra de Menezes afastou os espíritos que desejavam extrair as últimas energias do rapaz, que passou a ser socorrido pela genitora, que sempre o visitara, sem conseguir auxiliá-lo com mais eficiência.

◆ ◆ ◆

Diante desse doloroso caso recordei-me de um artigo que escrevi e que foi publicado na revista *Presença Espírita*, relatando uma comunicação mediúnica que eu intermediei, cujo espírito comunicante havia desencarnado por overdose. A seguir transcrevo o artigo, que sintetizei.

"No ano de 2010, participei, pela terceira vez, com um grupo de amigos, do MOVIMENTO VOCÊ E A PAZ, uma vitoriosa iniciativa de Divaldo Franco e da Mansão do Caminho.

Durante seis dias acompanhamos Divaldo em visitas aos bairros da linda cidade de Salvador, levando a proposta da Paz, movimento arreligioso, sem caráter político, visando exclusivamente conscientizar as pessoas da imprescindível necessidade de trabalharmos pela paz, que obviamente começa em nós.

O esforço desse trabalho de Divaldo Franco merece ser ressaltado, enaltecido e, sobretudo, servir de exemplo a ser seguido por todos os que se interessam em promover a pacificação das almas, o que nos levará a uma Humanidade mais harmoniosa, solidária e feliz.

Assim, na noite de 17 de dezembro de 2010, sexta-feira, nós fomos em caravana, acompanhando o médium baiano ao bairro Pituba.

Nas fronteiras da nova era

Eram 19 horas. Como sempre acontece, ao chegar encontramos o cenário perfeitamente organizado, para que o evento fosse realizado com sucesso. Palco armado, decorado, iluminação e som excelentes. Pessoas foram se aproximando, trazendo cadeiras, bancos, almofadas, sentando-se no gramado e, aos poucos, quase duas mil pessoas aguardavam o início.

Notava-se que o público estava atento, alegre, expectante.

Divaldo chegou, Nilson ao lado, juntamente com a equipe da Mansão do Caminho e a festa teve início, pois todos queriam receber um aperto de mão, uma saudação, um olá fraterno e carinhoso, que Divaldo distribui sorridente.

Quem estava triste, desanimado, cansado, pelas situações do dia a dia, num átimo se alegrou e tudo se diluiu, nesse convívio abençoado.

Às 20 horas, alguns expositores convidados fizeram a preparação do tema que Divaldo iria abordar. Os queridos Ruth Brasil e Marcel Mariano ali estavam falando da paz, evidenciando, com muita propriedade, os benefícios da solidariedade entre todas as criaturas.

Em seguida foi a vez de Divaldo, apresentando, de forma muito bela, a proposta do MOVIMENTO VOCÊ E A PAZ.

O público estava atento. Em torno da praça, grandes edifícios, com muitas de suas janelas abertas e iluminadas, evidenciavam pessoas que assistiam e também participavam interessadas. O som espraiava-se e as palavras fluíam em cascatas luminosas.

463

O final foi apoteótico, pois todos entoaram de mãos dadas, a linda canção *Paz pela Paz*, de Nando Cordel, em uma única vibração de amor, de alegria e de paz, que repercutiu pela cidade".

Muito mais poderia escrever sobre esse grandioso movimento, entretanto, meu objetivo, após citá-lo em linhas gerais, é relatar a comunicação mediúnica que ocorreu em nossa reunião na noite de 21 de dezembro de 2010, na Sociedade Espírita Joanna de Ângelis, em Juiz de Fora, MG.

A seguir, em resumo, as palavras do Espírito comunicante que falou por meu intermédio e que desencarnara muito jovem. Ele começou de forma direta:

> — *Eu estava lá, assisti a tudo, bem ali na praça, desde o começo. Fui com um pequeno grupo e um guia, que nos levava como aprendizado. Especialmente no meu caso, pois morei no bairro da Pituba. E foi exatamente ali, que comecei a trilhar o pior caminho que poderia escolher. Fui usuário do crack e morri por conta disso.*
> — *Quase dez anos já transcorreram. Dizer o que sofri é difícil. Eu era de família classe alta, não vivia nas ruas, estava cursando faculdade, quando resolvi fazer uma experiência, que no meu modo de pensar, seria uma vez apenas. Mas não foi assim. Fraquejei total e outras vezes foram acontecendo. Para encurtar a história, cheguei ao máximo e foi dessa forma que me transferi para este outro lado, com 22 anos apenas.*

Nas fronteiras da nova era

(O doutrinador, diante da pausa emocionada do comunicante, falou-lhe carinhosamente, procurando reconfortá-lo).

Retomando a palavra, o jovem comunicante prosseguiu:

> — *Entretanto, o que mais me fez sofrer foram as recordações da minha família, que poderia estar assistindo, da janela de nosso antigo prédio, a Divaldo Franco discursar. Mas se mudaram logo depois, para evitar lembranças dolorosas. E se estivessem, eu poderia estar ali, ao lado deles... Eu poderia usufruir da companhia da minha família, debruçado na janela... Mas, ai de mim, eu estava sim, ali, mas no gramado, envolto em minha tristeza, tentando recompor a minha vida. Quero corrigir o meu erro. Estou aprendendo muito, através de amigos espirituais dedicados, que me ampararam e ao meu atual grupo.*
>
> — *A proposta dos guias é preparar-nos para que um dia possamos também ajudar aos jovens que estão sendo vítimas das drogas. Mas por enquanto temos muito a aprender, pois junto a eles, os infelizes dependentes, iremos encontrar o outro grupo, o dos Espíritos maus, que se empenham em viciá-los, instigando tanto aos traficantes quanto aos jovens e crianças a essas experiências.*

O comunicante, emocionado, despediu-se, agradecendo ao ensejo de assistir ao MOVIMENTO VOCÊ E

SUELY CALDAS SCHUBERT

A PAZ. O doutrinador, então, lhe falou de Jesus, rogando ao Mestre que o abençoasse. Todos os presentes, comovidos, o envolveram em vibrações de amor e de compaixão. Ele pediu que nos lembremos dele, e disse o seu nome: Rafael.

Uma vez mais nos conscientizamos da importância do movimento em prol da paz, que Divaldo empreende há treze anos. Nem de longe conseguimos avaliar a repercussão das visitas aos bairros, quando a mensagem é lançada e as sementes de luz se espraiam beneficiando encarnados e desencarnados.

O semeador saiu a semear. As sementes terão o seu tempo certo na leira dos corações.

♦ ♦ ♦

Na sequência o relato de Miranda prossegue.

Alguns casos foram atendidos, entretanto não podendo contribuir de maneira mais direta, toda equipe orava em benefício daqueles irmãos equivocados.

Miranda enfatiza a questão do livre-arbítrio e que as escolhas de cada um são respeitadas. Em meio à madrugada, sob o auxílio de Hermano, foram abrigados os irmãos infelizes que foram conduzidos e que seriam atendidos.

Miranda comenta que passaram o último dia em reunião com Hermano e demais trabalhadores do Amor e Caridade, visitando algumas das instituições que faziam parte do programa.

Capítulo 18
Labores finais e despedidas

A EQUIPE DIRIGIDA pelo Dr. Bezerra de Menezes, após os labores habituais da instituição, participou da reunião de despedida, quando seriam socorridos alguns irmãos desencarnados trazidos da Cracolândia.

O mentor Hermano, solícito, assim também em outros trabalhos realizados, possibilitou a que fossem conduzidos à sala mediúnica em parcial desprendimento pelo sono, os médiuns Celestina e Marcos, também o doutrinador Marcelo e mais alguns dos cooperadores da Casa, a fim de que fossem atendidos os irmãos necessitados de socorro espiritual.

Em seguida à prece, proferida por Dr. Bezerra de Menezes, dona Celestina entrou em transe profundo, dando passividade a um dos espíritos deformados que se agitava sob a dependência da drogadição que absorvia através da sua vítima encarnada. Petitinga, de pronto, começou a aplicar-lhe passes de desintoxicação fluídica, intensificando, igualmente, a doação de energias na médium a fim de que não fosse prejudicada pelas terríveis fixações mentais do comunicante.

Graças ao processo de incorporação, gradualmente foi-se operando no infeliz irmão ligeira modificação na estrutura perispiritual, quando conseguiu então perguntar o que estava ocorrendo.

SUELY CALDAS SCHUBERT

Em simultâneo, Eurípedes Barsanulfo adentrou ao recinto, trazendo uma jovem adormecida que se apresentava em grave estado de debilidade orgânica, emocional e psíquica. Tendo sido despertada por ele, olhando com estranheza em torno, reconheceu a seu lado o espírito de uma jovem que a abraçou e falou-lhe carinhosamente, chamando-a de Vivianne.

Por outro lado o mentor, atendendo ao comunicante, explicou-lhe que se encontrava em um hospital para que fosse tratado. O enfermo com dificuldade falou que não estava enfermo e sim, infeliz. A partir desse instante estabeleceu-se um diálogo entre ambos, sendo que o comunicante, mais lúcido, passou a relatar sua dramática história, tendo sido assassinado e traído pela mulher que tomou parte na trama, razão pela qual se encontrava promovendo a justiça. O mentor esclareceu quanto à questão da justiça divina, inclusive afirmando que o seu procedimento não era de justiça e, sim, de vingança.

Observemos o que diz Dr. Bezerra de Menezes:

> *A nossa Vivianne renasceu para resgatar o tormentoso deslize moral. Embora sem as marcas físicas da nefasta conduta, trouxe no íntimo, no cerne do ser, as memórias do erro, a culpa, o arrependimento que a fizeram, desde a infância, solitária, triste, desditada... Sentindo-se amargurada, sem compreender a razão do seu infortúnio, atraiu-o pelo pensamento, conforme estabelecido pelas soberanas leis que, onde estiver o infrator aí se encontrará a sua vítima...*
> *Cabia-lhe compadecer-se da sua desgraça e aju-*

Nas fronteiras da nova era

dá-la na reabilitação pelas ações do bem, a fim de que pudesse emergir do caos do erro, alcançando a área da elevação moral. No entanto, deu-se o oposto. O amigo, reconhecendo-a, inspirou-lhe mágoas, mediante hipnose, nela fixando o pensamento doentio, tornando-a mais desventurada e levando-a às fugas do lar, em desconcerto emocional, empurrando-a para o antro de onde acaba de ser retirada pela misericórdia de Jesus Cristo.

Como, porém, o amor de Deus não tem limites, este é o momento em que o caro amigo também merece compaixão e socorro, fruindo a bênção do despertamento para uma nova realidade que lhe facultará a paz e o recomeço sob outras condições favoráveis à plenificação.

Ante a declaração do comunicante que não conseguiria perdoar, o mentor respondeu que tal não seria necessário de imediato, mas que ele lhe concedesse o direito de expor o problema sob o ponto de vista dela.

Ato contínuo, amparada por Eurípedes, a jovem em desdobramento espiritual aproximou-se e, reconhecendo-o deu um grito de horror:

– Michel! Deus meu! Não me mate, deixe-me na paz que eu não mereço... Não sou assassina. Sou vítima de uma trama perversa. Piedade, meu Deus! Como tenho sofrido!...

Ocorreu, então, o diálogo entre ambos, sendo que Viviane passou a narrar que tinha sido enganada pelo algoz, Antoine de Val, que fingindo-se amigo era um bandido perverso que desejava apossar-se dos bens que eram de ambos. Reconhecendo que seu erro tinha sido ser leviana e condescendente com o traidor. Mencionou que, enquanto Michel cuidava das videiras, na região de Champagne-Ardenne, Antonie de Val procurava seduzi-la, todavia ela tentou contar a Michel o que acontecia, porém ele evitava o assunto. Foi quando se iniciou a Primeira Guerra Mundial e a França foi envolvida. Antoine, que era um desocupado, vivendo às suas custas foi convocado.

Prosseguindo, a jovem relembrou:

Quase às vésperas da despedida, quando você mesmo organizou uma festa em homenagem ao infame, depois que todos se retiraram ele embriagou-nos, usando também sonífero que aplicou em você, fazendo-o tombar desfalecido em nosso leito...

O miserável abusou da minha honra, roubou-nos os melhores bens: dinheiro, joias e outros valores, depois matou-o impiedosamente a punhaladas, evadindo-se sem que os nossos empregados pudessem ver o que se passara em nosso Chateaux. Quando despertei, não me recordava do acontecido, exceto da agressão física de que também eu fora vítima.

O escândalo foi terrível, prossegue Vivianne, longos os inquéritos policiais, com tentativas de envolvimento da minha pessoa, busca pelo evadido, que logo após partiu para o front *na Linha Maginot, fronteiriça com a Alemanha... onde o miserável pereceu nos primeiros combates, sem haver usufruído o resultado da rapina.*

Somente vim a saber disso, muito tempo depois, quando envelhecida, em Paris, onde passei a viver com alguns recursos resultantes da venda da pro-

Nas fronteiras da nova era

priedade e da divisão entre os seus familiares e eu própria.

Encerrando o relato, Vivianne citou que renasceu amparada por Giselle, sua irmã e que lhe era querida amiga, suplicando piedade tanto para ela quanto para ele próprio, para que encontrassem a paz.

Michel estava aturdido, pois ignorava a realidade dos fatos narrados por aquela que supunha traidora e assassina, foi nesse momento que viu Giselle, a irmã amada, que o convidava em nome da mãezinha de outrora a ir com ela. Esclarecendo que para ele haveria o ensejo de retornar nas mesmas terras, onde já se encontrava aquele que lhe seria o pai, Antoine.

♦♦♦

Interrompendo a narrativa para um relato dramático.

Na prática mediúnica, algumas vezes defrontamo-nos com casos inusitados como, por exemplo, o de um obsessor, que obedecendo às ordens do chefe começou a induzir certo homem, ainda jovem, ao suicídio. Esse obsessor, comunicando-se na nossa sessão mediúnica, relatou que havia sido incumbido de induzir determinado indivíduo ao suicídio, pois se tratava de uma vingança de seu chefe.

De imediato começou a *tarefa*, conseguindo aproximar-se e, porque a pessoa encontrava-se deprimida, revoltada com a vida, conseguiu fácil ligação mental e vibratória. O comunicante elogiava as próprias técnicas, dizendo ser muito eficiente.

O esclarecedor abordou-o com muito carinho, a certa altura perguntando o que teria contra a vítima; ele respondeu que não tinha nada pessoal, nada contra aquele que era sua vítima, chegando a mencionar que teve pena ao vê-lo tão sofrido. Nesse exato instante o comunicante começou a dizer que estava se sentindo sem forças, sem saber explicar o motivo, para logo em seguida dar um grito, porque via a seu lado uma mulher, que reconheceu ter sido uma de suas aventuras. Esta criatura – relembrou – ele abandonou quando estava grávida e nunca mais teve notícias do que lhe havia acontecido. Ele ficou quieto por alguns segundos e então começou a dizer com emoção na voz:

> – *Não é possível! Não é verdade! Então este homem é o meu filho, que não conheci, que nunca tive notícias!* E acrescentava: *Oh que desgraçado sou! Sempre quis conhecer um filho, que os tive, mas nunca soube de nenhum, porque me mudava frequentemente de cidade para fugir da polícia, que me procurava por assaltos diversos. E imaginar que o estava induzido a que se matasse! Ainda bem que me impediram que prosseguisse, revelando-me a verdade...*

Chorando, ele foi levado após prometer que iria mudar a partir daquela revelação, e quando estivesse em melhores condições passaria a ajudar o filho que antes perseguia.

Às vezes um obsessor pode estar agindo com intenção de vingança contra alguém, sem se dar conta de que

NAS FRONTEIRAS DA NOVA ERA

a vítima é inocente do que está sendo acusada; ou então, aquela pessoa a quem está prejudicando gravemente pode ser alguém ligado, afetivamente, ao seu próprio passado.

♦♦♦

Continuando:

Giselle irradiava suave luminosidade com a qual envolveu o desditoso irmão, que suplicava: – *Socorre-me, anjo de nossas vidas, tu que sempre foste emissária de Jesus na Terra! Perdoa-me a loucura e diminui a ardência da loucura que me consome há quase uma eternidade.*

Giselle o envolveu com ternura, enquanto o mentor o adormecia, conduzindo-o para outro recinto. Vivianne também foi amparada e depois seria reconduzida ao corpo, no mesmo antro onde se encontrava, imaginando ter sonhado com situações muito belas, que a ajudariam a sair do gueto de miséria, amparada diretamente por Giselle, que continuaria a ajudá-la.

Miranda conclui com uma observação que merece ser citada: *O limite do amor é o infinito, sem dúvida, sendo o solucionador para todas as questões afligentes de que se tem notícia.*

Outras comunicações sofridas ocorreram e, após os atendimentos, vozes espirituais que cantavam se espalharam por todo o ambiente, que se transformou em um anfiteatro de aspecto grego. A *Torre de vigia* havia sido desfeita, por desnecessidade, e para a etapa final dos trabalhos muitos trabalhadores foram chegando.

Suave perfume impregnava o ambiente, a sala apresentava-se grandiosa.

Nesse ambiente, onde todos se conservavam em prece, belíssimo jato de luz caiu sobre a plataforma de destaque, surgindo ali o *Santo de Assis,* acompanhado por dois de seus companheiros das primeiras horas. As emanações de paz e ternura que irradiavam recaíam sobre cada um dos presentes.

Francisco sorriu para a plateia e com voz suave, exorou:

Divino Pastor das almas terrestres!

Vinde, por misericórdia e compaixão, ao abismo onde nos encontramos, a fim de retirar-nos das escarpas em que nos seguramos antes da queda total. Transformai a vossa cruz de amor em ponte que nos alce do tremedal ao planalto salvador, facultando-nos a libertação.

Distendei a vossa coroa de espinhos transformados em elos fortes da corrente de segurança para que unam a nossa à vossa sublime existência.

Alargai vosso olhar sobre a Terra em transição dolorosa, de modo a diminuir as dores que se generalizam e a todos alcançam, convidando aqueles que choram à reflexão em torno do Excelso Bem, neles inspirando o anelo pela paz e pela ventura que logo mais tomarão conta do planeta.

Amparai os convidados de outra dimensão que ora se corporificam para o trabalho da experiência iluminadora do mundo, de modo que consigam insculpir nas paisagens ainda sombrias do orbe as indefiníveis claridades da esperança e da fraternidade plena.

Tomai dos nossos mais nobres pensamentos e en-

Nas fronteiras da nova era

tretecei a grinalda de sabedoria que nos deve exornar a fronte, auxiliando-nos em todas as decisões imortalistas.

Santo, que sois, conferi-nos a vossa benção de carinho, a fim de que o nosso roteiro de urzes transforme-se em senda de sublimação.

(...) E perdoai-nos a pequenez e a pobreza em que ainda nos encontramos, sem possuirmos nada para oferecer, exceto o próprio ser a serviço do nome do vosso Nome.

Despedi-nos, Senhor da madrugada da Ressurreição, de maneira que vençamos a morte, a dor e o medo de servir-vos para todo o sempre.

Assim seja!

Philomeno de Miranda comenta que a visão daquele instante ímpar permaneceria em sua tela mental para sempre.

Em silêncio, em meio a lágrimas – escreve Miranda as palavras finais que encerram a obra – despediram-se do benfeitor Hermano, que agradeceu a Dr. Bezerra de Menezes e aos integrantes da equipe o labor ali desenvolvido, abraçando também aos demais companheiros,

(...) que participaram, em ambos os planos da vida, do trabalho de iluminação que viéramos cumprir e, enquanto o silêncio em nós entoava gratidão, nossa pequena caravana retornou ao formoso reduto em que residimos, havendo-se dissolvido sob as bênçãos do amanhecer da Nova Era. Antes de nos separarmos em nossa comunidade,

> *olhamos o planeta amado aureolado da claridade dos astros e não posso negar que somente as lágrimas puderam falar as palavras impossíveis de serem enunciadas.*
>
> *Uma vaga de saudade, de ternura e de gratidão invadiu-nos a todos, enquanto firmávamos os votos de amar e servir sem descanso sob as bênçãos de Jesus.*

Conclusão

O amanhecer da nova era

No claro-escuro da madrugada já se podia antever a promessa do amanhecer, apesar da pesada noite de sombras que até então predominava. A inexorável luz lentamente vencia as trevas. O planeta, em suas circunvoluções naturais, trazia no seu bojo bilhões de seres, qual fantástico laboratório onde se processa a sublime alquimia que transubstancia o ser para a escalada evolutiva.

Manoel Philomeno de Miranda fala, em toda sua obra, acerca de etapas consideráveis do processo de crescimento espiritual que resgata a criatura do charco moral em que se debatia, para a clareira que se abre entre possibilidades infinitas, para quem se dispõe a transpor o ontem nefasto para o dia que está prestes a nascer. É um salto mental, prodigioso sim, mas extremamente compensador e prazeroso no cômputo geral.

Por meio dos dois livros, **TRANSIÇÃO PLANETÁRIA** e **AMANHECER DE UMA NOVA ERA,** nos de-

NAS FRONTEIRAS DA NOVA ERA

paramos com esse momento decisivo da vida humana. Personagens verídicos, que desfilam em suas páginas, saem das trevas para a luz, quais prisioneiros do mito da caverna de Platão que, de súbito, percebem que algo mais existe além do terrível cativeiro da ignorância em que se compraziam.

Dores superlativas são expostas, desde aquelas sofridas pelas vítimas da colossal onda que varreu as costas banhadas pelo Oceano Índico, até as dores morais igualmente avassaladoras, que se revertem em horizontes promissores para que a mulher e o homem desses dias de transição refaçam a caminhada com novos ensejos que a misericórdia divina proporciona.

Que não sejam de estranhar os fatos aqui narrados. Fazem parte de um universo especial, o do conhecimento espiritual, através das revelações que necessitam ser proclamadas, com vista ao ser imortal que somos todos nós, carentes de explicações racionais diante do quadro desolador que a Humanidade apresenta àquele que reflexiona e busca respostas, que não se acomoda diante da suposta salvação que lhe é oferecida de bandeja, pelas augustas mãos de Jesus, sem que nada tenha feito para sair do marasmo e da alienação que lhe são causas do vazio existencial em que vive.

Promessas vêm e vão, como fogos-fátuos que apenas disfarçam a crua realidade em que esse mundo de provas e expiações se debate e estorcega, que tentam empanar a claridade da manhã que se anuncia, como se fosse possível deter o inevitável brilho do Sol Maior, que é Jesus, o sublime Governador do orbe terreno.

Jesus e Vida! Diz a inefável e amada mentora Joanna de Ângelis, no prefácio de seu livro com este título, cujo primeiro capítulo eu abordarei nessas considerações finais, porque está em perfeita consonância com a questão 1019 de **O Livro dos Espíritos** (Feb, 2006), cuja resposta foi dada pelo Espírito São Luis e nos remete exatamente à grande transição planetária, ora em curso.

Revela S. Luis, na questão mencionada:

> *Aproximai-vos do momento em que se dará a trans-formação da Humanidade, transformação que foi predita e cuja chegada é acelerada por todos os homens que auxiliam o progresso. Ela se verificará por meio da encarnação de Espíritos melhores, que constituirão na Terra uma geração nova. Então, os Espíritos dos maus, que a morte vai ceifando dia a dia, e todos os que tentam deter a marcha das coisas serão daí excluídos, pois que viriam a estar deslocados entre os homens de bem, cuja felicida-de perturbariam. Irão para mundos novos, menos adiantados, desempenhar missões* **penosas**, *onde poderão trabalhar pelo seu próprio adiantamento e, ao mesmo tempo, pelo progresso de seus irmãos mais adiantados.* (grifo no original)

Esclarece Joanna de Ângelis:

> *Opera-se na Terra, neste largo período, a grande transição anunciada pelas Escrituras e confirmada pelo Espiritismo,*
> *O planeta sofrido experimenta convulsões espe-ciais, tanto na sua estrutura física e atmosférica,*

NAS FRONTEIRAS DA NOVA ERA

ajustando as suas diversas camadas tectônicas, quanto na sua constituição moral. Isto porque, os espíritos que o habitam, ainda estagiando em faixas de inferioridade, estão sendo substituídos por outros mais elevados que o impulsionarão pelas trilhas do progresso moral, dando lugar a uma era nova de paz e de felicidade.

Os espíritos renitentes na perversidade, nos desmandos, na sensualidade e na vileza estão sendo recambiados lentamente para mundos inferiores onde enfrentarão as consequências dos seus atos ignóbeis, assim renovando-se e predispondo-se ao retorno planetário, quando recuperados e decididos ao cumprimento das leis de amor. (**Jesus e Vida**. Leal, 2007)

Admirável Doutrina dos Espíritos! Estes luminares do Bem e da Paz que trazem para o plano terráqueo as notícias das altas programações espirituais que somente gradativamente vão sendo desveladas, de acordo com as condições espirituais da Humanidade.

A assertiva de Joanna de Ângelis de que os espíritos maus, quando recuperados, poderão retornar ao convívio com os que mereceram ficar e "herdar a Terra" – conforme proclamou o Senhor Jesus no Sermão do Monte, quando diz: **Bem-aventurados os mansos, porque estes herdarão a Terra** – confirma a misericórdia divina que instituiu como uma das leis do Universo, a evolução.

Assim, caros leitores, que me acompanharam nessa viagem pelos campos do conhecimento espiritual, em tentativa de mergulhar no grandioso oceano da Verdade, reconhecemos nos ensinamentos desse querido Espírito Manoel Philomeno de Miranda uma possibilidade de ampliar nossos horizontes mentais, que abrem perspectivas infinitas para a vida de cada um de nós.

Acompanhamos passo a passo a recuperação de muitos Espíritos que se desviaram do caminho que leva ao Pai, compreendendo que todos igualmente estagiamos em faixas inferiores, o que nos faculta compreensão fraternal em relação a eles, desde os mais perversos aos que mais nos inspiram simpatia, exatamente porque não estamos acima do bem e do mal.

Já se pode entrever a noite da grande transição, divisando ao longe as fronteiras que anunciam o AMANHECER DA NOVA ERA.

Espero, com toda a alma e coração, que nos encontremos um dia, vivendo as bênçãos do **mundo de regeneração.**

Jesus vai adiante e aguarda a todos os que desejam ir até Ele.

FIM